ÉLÉMENTS

DE

DROIT PUBLIC

à l'usage des Étudiants en Droit (Capacité)

PAR

HENRY NÉZARD

*Professeur agrégé de Droit public
à l'Université de Caen.*

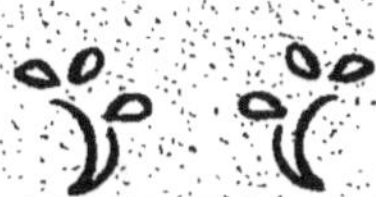

PARIS

Société d'Édition et de Publications   Librairie Nouvelle de droit et de jurisprudence

Librairie Félix JUVEN   Arthur ROUSSEAU, éditeur

13, rue de l'Odéon, 13   14, rue Soufflot, et rue Toullier, 13

1911

ÉLÉMENTS

DE

DROIT PUBLIC

DU MÊME AUTEUR

Théorie juridique de la fonction publique. Paris, Larose, 1901, 1 vol., 770 pages. (*Épuisé.*)

Albéricus Gentilis ; contribution à l'étude des origines du droit international. Paris, Giard, 1903.

Les Principes généraux du droit disciplinaire. Paris, Rousseau, 1903, 1 vol., 427 pages. (*Épuisé.*)

Les Budgets provisoires. Paris, Giard, 1904 (Extrait de la *Revue de science et de législation financières*).

L'Évolution du suffrage universel en Prusse et dans l'Empire allemand. Paris, Giard, 1905 (Extrait de la *Revue du droit public et de la science politique*).

La Situation juridique des employés des services publics : les employés des téléphones et l'article 224 du Code pénal. Paris, Berger-Levrault et Cie, 1905 (Extrait de la *Revue générale d'administration*).

La Municipalisation du service de l'éclairage public et la ville de Paris. Paris, Giard, 1905 (Extrait de la *Revue de science et de législation financières*).

Le Suffrage politique en Autriche. Paris, Berger-Levrault et Cie, 1907 (Extrait de la *Revue générale d'administration*).

La Réforme électorale en Autriche. (*Revue politique et parlementaire*, juillet 1907).

Le Suffrage universel en Prusse (*Revue politique et parlementaire*, juin 1908).

Le Contrôle juridictionnel des Règlements d'administration publique. Paris, Berger-Levrault et Cie, 1910 (Extrait de la *Revue générale d'administration*).

ÉLÉMENTS

DE

DROIT PUBLIC

à l'usage des Étudiants en Droit (Capacité)

PAR

HENRY NÉZARD

Professeur agrégé de Droit public
à l'Université de Caen.

PARIS

Société d'Édition et de Publications	Librairie Nouvelle de droit et de jurisprudence
Librairie Félix JUVEN	Arthur ROUSSEAU, éditeur
13, rue de l'Odéon, 13	14, rue Soufflot, et rue Toullier, 13

1911

PRÉFACE

Ce petit livre n'est point un traité dogmatique ayant pour objet d'exposer des idées personnelles à l'auteur. Il n'a pas davantage pour but d'opposer les théories et opinions diverses des juristes qui ont contribué à l'élaboration de notre Droit public. L'auteur en a délibérément écarté les controverses ; il a jugé inutile de surcharger le texte de notes et de références, et n'a fait que de rares incursions dans le domaine du Droit comparé.

Il a simplement cherché à faire œuvre de vulgarisation en indiquant les solutions pratiques que les problèmes constitutionnels, administratifs ou financiers ont reçu dans la jurisprudence du Parlement, des administrations et des tribunaux. Il s'est efforcé, sans donner trop d'entorses à la vérité, de réduire les idées générales à des notions simples, en des formules brèves et précises, rejetant dans un petit texte le développement historique ou la réglementation des institutions qu'il étudie.

Cette méthode lui était dictée par le but de l'ouvrage.

Celui-ci est destiné aux aspirants au grade de **Capacité en Droit** (programme du 14 février 1905), aux élèves des Écoles primaires supérieures (programme du 26 juillet 1909), des Écoles professionnelles et Écoles de commerce qui, les uns et les autres, n'ont qu'un temps très limité à consacrer à l'étude de l'ensemble de notre Droit public.

a

Il pourra également servir de guide aux Étudiants en Droit qui trouveront ici une esquisse des matières juridiques exposées et développées dans les savants traités de MM. Esmein et Duguit, pour le Droit constitutionnel ; Berthélemy et Hauriou, pour le Droit administratif ; Jèze et Allix, pour la Législation financière.

Il sera enfin lu avec fruit par le grand public. Dans un régime démocratique, tout citoyen participe à la puissance publique, souvent par l'exercice de fonctions accessibles à tous, toujours au moins par celui du droit de vote ; il ne saurait le faire en connaissance de cause que s'il connaît l'organisation et le fonctionnement du gouvernement et de l'administration de son pays.

L'expérience de l'enseignement donné aux capacitaires, jeunes gens qui en général n'ont reçu qu'une instruction primaire, a prouvé à l'auteur que le but pratique qu'il recherchait ne pouvait être atteint que par la méthode qu'il a suivie.

H. N.

Caen, le 1er Juillet 1910.

TABLE DES MATIÈRES

INTRODUCTION

§ 1. — Le droit public.

§ 2. — Fondement du droit public.

§ 3. — Sources du droit public.

PREMIÈRE PARTIE

LES DROITS INDIVIDUELS

Chapitre Premier. — L'ÉGALITÉ.

Chapitre II. — LA LIBERTÉ.

§ 1. — La liberté individuelle.

§ 2. — L'inviolabilité du domicile privé.

§ 3. — La liberté du travail, du commerce et de l'industrie.

§ 4. — Le droit de propriété.

§ 5. — La liberté de conscience et la liberté des cultes.

§ 6. — La liberté de réunion.

§ 7. — La liberté de la presse.

§ 8. — La liberté d'association.

DEUXIÈME PARTIE

DROIT PUBLIC GÉNÉRAL

L'ÉTAT : SES ÉLÉMENTS, SES FONCTIONS, SES ORGANES.

TROISIÈME PARTIE

ORGANISATION POLITIQUE ET ADMINISTRATIVE DE LA FRANCE

Chapitre Premier. — L'ORGANISATION ÉLECTORALE.

Section I. — *La composition du corps électoral.*

CHAPITRE II. — L'ASSEMBLÉE NATIONALE.

CHAPITRE III. — LES CHAMBRES LÉGISLATIVES.

Section II. — *Les Ministres.*

§ 1. — **Nomination des ministres.**

§ 2. — **Attributions des ministres.**

§ 3. — **Responsabilité des ministres.**

Chapitre V. — **L'ADMINISTRATION GÉNÉRALE.**

Section I. — *L'administration centrale.*

§ 1. — **Les agents.**

§ 2. — **Les Conseils.**

Section II. — *L'administration régionale.*

§ 1. — **Le département.**

§ 2. — **L'arrondissement.**

§ 3. — **Le canton.**

§ 4. — **La commune.**

Chapitre VI. — **L'ADMINISTRATION LOCALE.**

Section I. — *Le département.*

§ 1. — **Le Préfet.**

§ 2. — **Le Conseil général.**

§ 3. — **La Commission départementale.**

Section II. — *La Commune.*

§ 1. — **La municipalité.**

§ 2. — **Le Conseil municipal.**

QUATRIÈME PARTIE

LES SERVICES PUBLICS SPÉCIAUX

Chapitre Premier. — LA DÉFENSE NATIONALE ET LE SERVICE MILITAIRE.

Section I. — *L'armée de terre.*

Section II. — *L'armée coloniale.*

Section III. — *L'armée de mer.*

Section IV. — *Les mesures de défense.*

Chapitre II. — LE DOMAINE NATIONAL.

Section I. — *Le domaine public.*

§ 1. — Le contenu du domaine public.

§ 2. — Le régime juridique du domaine public.

§ 3. — La délimitation du domaine public.

SECTION II. — *L'aménagement du domaine public : les travaux publics.*

§ 1. — Les modes d'exécution.

§ 2. — Bénéfices exceptionnels procurés par l'exécution des travaux publics.

§ 3. — Dommages causés par l'exécution de travaux publics.

SECTION III. — *Le domaine privé.*

§ 1. — Le domaine privé de l'Etat.

§ 2. — Le domaine privé départemental.

§ 3. — Le domaine privé communal.

§ 4. — Le domaine des Etablissements publics spéciaux.

Chapitre III. — LES FINANCES PUBLIQUES.

§ 4. — Les auxiliaires de la justice.

Section IV. — *Les tribunaux administratifs.*

Section V. — *Les actions ou recours.*

§ 1. — Les recours administratifs.

§ 2. — Les recours juridictionnels.

I. — *Les recours en annulation.*

II. — *Les recours de pleine juridiction.*

III. — *Les recours en interprétation.*

Section VI. — *Les actes non susceptibles de recours.*

CONCLUSION

INTRODUCTION

§ 1. — Le droit public.

1. Le droit public, c'est l'ensemble des règles de droit qui s'appliquent à l'État. — Il se divise en deux branches :

1º Le **Droit public international** ou droit des gens (c'est-à-dire des nations) qui régit les rapports des États entre eux. Il détermine, par exemple, les règles que doivent observer les soldats de deux pays qui se font la guerre (respect de la propriété privée, respect des non-combattants), les règles qui sont suivies dans la conclusion de traités de paix, de commerce, etc.

Cette partie du droit public demeure en dehors de notre programme.

2º Le **Droit public interne** qui règle les relations de l'État avec les citoyens qui le composent ou les rapports des différents organes de l'Etat entre eux.

Cette branche du droit public se subdivise elle-même en quatre parties :

a) Le *droit constitutionnel* qui détermine l'organisation et la compétence des grands pouvoirs publics : chambres, président de la République, ministres.

b) Le *droit administratif* qui régit les rapports des agents publics avec les particuliers ou avec leurs subordonnés et règle le fonctionnement des services publics.

c) Le *droit pénal* qui détermine quels actes individuels (crimes, délits, contraventions) sont dangereux pour l'ordre social, et de quelles peines l'autorité publique doit en punir les auteurs.

d) La *procédure civile* et la *procédure criminelle* qui fixent les règles d'organisation, de compétence et de fonctionnement des juridictions judiciaires.

Du droit pénal et de la procédure nous n'aurons à parler qu'à l'occasion de l'organisation judiciaire ; quant au droit constitutionnel et au droit administratif qui font l'objet de ce traité, il n'est pas possible d'établir entre eux une séparation absolue et d'ailleurs sans intérêt ; aussi les étudierons-nous en même temps.

Toutes ces règles de droit lient l'Etat dans son activité, dans ses rapports avec les individus. Comment se fait-il que l'Etat, qui nous apparaît comme tout puissant, n'ait pas le pouvoir de tout faire, ni de faire quoi que ce soit comme il lui plaît ? C'est la question du fondement du droit public, question qui est liée à celle des origines et du but de l'Etat et pour nous, Français, à celle des sources historiques de nos institutions politiques.

§ 2. — Fondement du droit public.

2. L'État est un fait naturel et nécessaire. — L'homme, par sa nature même, est un être qui ne peut vivre qu'en société. Il n'y a pas de Robinsons. Son instinct de sociabilité le pousse à rechercher ses semblables, à former avec eux des groupements, dont le premier et le plus naturel est la famille. Toute société humaine, une fois constituée, lie de plus en plus étroitement ses membres les uns aux autres. En effet, quand plusieurs individus sont associés, ils se divisent naturellement et selon leurs aptitudes lles tâches nécessaires pour faire vivre leur société : les uns assurent la protection extérieure, d'autres préparent les aliments, d'autres les vêtements, etc. Par suite de cette division du travail social, les individus deviennent de plus en plus dépendants les uns des autres : le soldat a besoin du boulanger, le boulanger du tailleur, etc. D'autre part, la société s'étend progressivement parce que chaque jour de nouveaux individus ou groupements viennent s'y joindre pour profiter des avantages qu'elle procure. Le groupe primitif ce fut la famille, la réunion de plusieurs familles a formé la horde, le clan ou le village ; celle de plusieurs clans ou villages a constitué la tribu ou la cité suivant que le peuple était nomade ou avait une résidence fixe. Ces agglomérations successives d'hommes ayant même race, même origine, même langue, mêmes coutumes, mêmes intérêts, se sont faites, se font ou se feront à peu près partout suivant les mêmes formes. Quand elles deviennent permanentes et durables, quand elles se fixent sur un territoire déterminé, quand surtout elles acquièrent, grâce aux traditions de l'histoire, une conscience collective qui les différencie les unes des autres, ces sociétés deviennent des **nations**.

Mais, pour que la nation ne se dissocie pas, pour que le groupement puisse bien remplir le but d'intérêt à la fois collectif et individuel qu'il se propose, il faut qu'aucun de ses membres ne puisse satisfaire ses intérêts particuliers au détriment de ceux d'un autre membre ou de ceux de la collectivité ; il est indispensable, au contraire, que chacun concoure à réaliser une plus grande solidarité. Pour la sauvegarde des intérêts particuliers, pour la réalisation du but collectif, il est nécessaire qu'un pouvoir supérieur aux individus intervienne pour protéger les uns et organiser l'autre : ce pouvoir c'est la puissance publique ou la souveraineté. Une nation fixée sur un territoire déterminé et chez laquelle est politiquement organisée une puissance publique devient un **Etat.**

L'Etat est ainsi un fait fatal et la souveraineté un pouvoir nécessaire. Celle-ci est fondée et légitimée dans la mesure où elle assure la protection des intérêts particuliers et le développement de la solidarité des membres de la nation : les règles les plus favorables à cette protection et à ce développement constituent le droit idéal vers lequel elle doit tendre, idéal tout relatif d'ailleurs, parce qu'il varie avec les peuples. Or, l'Etat exerce son activité sous trois formes juridiques : il fait des lois générales ; il les applique par des actes administratifs particuliers et par des jugements. Dans l'exercice de sa fonction législative, l'Etat, pour que son action soit légitime, doit faire des lois conformes à ce droit idéal qui constitue son but propre. Dans celui de sa fonction administrative ou de sa fonction juridictionnelle, il doit appliquer à tous et à lui-même les règles qu'il a édictées parce qu'elles traduisent sous une forme positive ce droit idéal, parce que l'Etat cesserait de poursuivre son but s'il ne s'y soumettait point et que dès lors son action deviendrait illégitime. Dans toutes les phases de son activité, l'Etat obéit donc à des règles qui ont un fondement commun; il est soumis au Droit et l'ensemble de ces règles de droit qui s'appliquent à l'Etat constituent le droit public. Cette conception solidariste du droit oblige l'Etat non seulement à ne rien faire qui aille contre le but de la société, mais encore à faire tout ce qui doit contribuer à resserrer les liens sociaux, par exemple, à assister l'individu malade, à instruire l'enfant. C'est à cette conception que se rattachent un grand nombre de lois relativement récentes, sur la gratuité de l'enseignement, sur l'assistance médicale, sur l'assistance des vieillards, sur les retraites ouvrières.

Mais, si cette conception tend à s'imposer de nos jours, cependant ce n'est point celle sur laquelle s'est fondé le droit public français. Celui-ci a trouvé son fondement dans l'individualisme de la Révolution française qui a fait passer les prérogatives de l'individu avant les intérêts de la collectivité.

§ 3. — Sources historiques du droit public français.

3. Le droit public français est issu de la Révolution de 1789 qui a été provoquée par le mouvement philosophique du xviiiᵉ siècle, et qui a donné aux intérêts des individus des garanties légales.

L'ancien régime constituait ce qu'on appelle *un* **régime de police**, c'est-à-dire un système de gouvernement dans lequel les intérêts des particuliers sont soumis à la volonté arbitraire de la puissance publique.

Le Gouvernement et l'Etat étaient incarnés dans la personne du roi : « L'Etat c'est moi » disait Louis XIV. Le roi n'était pas lié juridiquement vis-à-vis de ses sujets ; suivant une vieille formule « le roi de France ne tient son royaume que de Dieu et de son épée » et il n'a pas à rendre compte à ses sujets de l'exercice de son pouvoir.

Ce pouvoir est d'ailleurs illimité à l'égard des individus ; il y a bien des « **lois fondamentales du royaume** » qui déterminent l'ordre de succession au trône, interdisent de lever des impôts sans le consentement des Etats généraux, d'aliéner le domaine de la couronne, mais ces lois n'ont pas pour objet de protéger les individus contre la puissance publique ; elles ne visent que les intérêts généraux du pays. D'ailleurs les rois s'empressent de les enfreindre quand elles gênent leur politique.

Le roi édicte bien des lois qui règlent l'action des pouvoirs publics ; mais *il n'est pas lié lui-même par la loi qu'il a faite*, ses agents peuvent disposer arbitrairement de la personne et des biens des particuliers.

Il peut disposer de la personne : il n'y a pas de *liberté individuelle*. Des serfs demeurent « *attachés à la glèbe* », c'est-à-dire ne peuvent quitter sans l'autorisation du seigneur propriétaire, le domaine sur lequel ils sont nés et avec lequel ils sont vendus. Le roi, par des *lettres de cachet*, exile ou fait emprisonner sans jugement ; des particuliers, par faveur et parfois contre argent, obtiennent de ces lettres pour se débarrasser d'adversaires redoutés ou de parents encombrants.

La puissance publique peut disposer des biens des particuliers : la propriété individuelle, non seulement est grevée de droits féodaux (ex. : chasse), mais encore peut être « retirée » à son propriétaire pour l'exécution de travaux publics sans compensation pécuniaire, une indemnité n'étant accordée que par faveur.

La Révolution, au régime de police qui laisse les intérêts individuels à la discrétion de la puissance publique, a substitué un **régime légal** dans lequel les fonctionnaires ne peuvent agir que conformément à des lois qui protègent ces intérêts. S'ils violent ces règles, les fonctionnaires voient leurs actes annulés par des tribunaux, ils peuvent être personnellement condamnés à des peines ou à une réparation, ils peuvent être la cause d'une condamnation de l'Etat à des dommages-intérêts envers le particulier victime de l'acte illégal.

4. Les sources du droit révolutionnaire. — Cette réforme profonde de notre organisation politique, dont les détails apparaîtront dans la suite, n'a pas été improvisée par la Révolution. Elle a, au contraire, été préparée dans le domaine des idées, un peu par l'étude des institutions étrangères, et surtout par un grand mouvement libéral proprement français qui, né au xvıe siècle, s'est épanoui au xvıııe siècle.

Les **Institutions étrangères** ont inspiré parfois les hommes de la Révolution.

L'étude des *Républiques grecques et romaine* avait, au xvııe et au xvıııe siècles, créé une sorte d'éducation républicaine dans un milieu monarchique.

Les *institutions de l'Angleterre* qui s'acheminait lentement vers la liberté politique depuis les révolutions du xvııe siècle, nous furent révélées par **Voltaire**, Raynal et **Montesquieu.**

Les *colonies anglaises de l'Amérique du Nord* s'étaient révoltées en 1770, avaient proclamé leur indépendance, fondé les Etats-Unis, promulgué des Déclarations de droits et des Constitutions écrites établissant des Républiques : les jeunes Français qui avaient combattu à côté des colons rapportèrent le texte et l'esprit de ces Constitutions.

Un mouvement libéral né en France même, s'était manifesté lors des guerres de religion. La critique de l'absolutisme monarchique avait été très âpre au xvıe siècle, tant de la part des Calvinistes qui attaquèrent les rois soumis à l'église catholique que de la part des catholiques qui ne voulaient pas que le protestant Henri IV montât sur le trône de France. Ce mouvement libéral fut quelque peu étouffé au xvııe siècle par l'établissement de l'absolutisme monarchique ; mais il se réveilla violemment à la fin du xvıııe siècle grâce aux écrits des *Encyclopédistes* comme **Diderot** et **Volnay** et aux *théories du droit naturel et du contrat social* de **Rousseau** et de **Mably.**

Ces derniers, notamment, faisant passer la théorie du droit naturel dans le domaine politique, firent accepter et imposèrent à l'opinion la conception du *Contrat social.* D'après Rousseau, les hommes auraient d'abord vécu dans un état de nature, c'est-à-dire inorganisé, état de liberté absolue et d'anarchie. Mais c'était là un état de guerre entre les individus, c'était le règne de la force brutale. Alors, pour vivre en **paix,** les hommes auraient sacrifié une partie de leur liberté individuelle ; ils auraient passé entre eux un contrat, par lequel ils constituaient une autorité supérieure à laquelle ils s'engageaient à obéir ; ils auraient créé l'Etat. Mais l'Etat ne posséderait pas une puissance illimitée, il ne jouirait que des pouvoirs que lui auraient consenti les individus. L'Etat serait limité dans son autorité par le respect des droits individuels antérieurs et par conséquent supérieurs à ceux de l'Etat.

Cette théorie du Contrat social est scientifiquement fausse ; il n'y a pas d'exemple historique d'une semblable convention. D'ailleurs, avant de passer un contrat, il faut déjà que l'idée de contrat existe et cette idée ne peut naître que dans une société déjà organisée juridiquement. Même si on ne considère le Contrat social que comme une fiction, c'est-à-dire une hypothèse purement logique pour expliquer l'Etat, c'est là une fiction singulièrement dangereuse, car laissant l'Etat juge de l'étendue des sacrifices que lui doit l'individu, elle peut aboutir à l'absolutisme. Nous avons vu qu'au contraire, l'Etat trouvait son fondement juridique et les limites de sa compétence dans l'idée de la solidarité humaine.

Quelqu'inexacte que soit cette base du Contrat social donnée à la société politique, elle a cependant été singulièrement féconde ; elle a inspiré toute la Révolution française, elle a renversé l'arbitraire de l'ancien régime et établi un gouvernement légal de liberté sous lequel nous vivons toujours.

5. a Révolution. — On sait comment, dans les faits, s'est réalisée l'œuvre révolutionnaire.

Le déficit permanent du Trésor contraignait le gouvernement royal à chercher des ressources nouvelles. On ne pouvait demander celles-ci au peuple déjà écrasé d'impôts. Il fallait donc imposer la noblesse et le clergé. Ceux-ci, en particulier dans l'Assemblée des Notables de 1787, se refusaient à contribuer aux dépenses du royaume. Alors, par des édits, e roi voulut leur imposer des charges nouvelles. Ces édits, le Parlement refusa de les enregistrer. Le Gouvernement n'avait pas assez la confiance de la nation pour vaincre ces résistances. Il décida de convoquer les Etats Généraux : les députés des trois ordres furent réunis le 5 mai 1789. Malgré l'opposition des nobles et du clergé, les députés du tiers décidèrent que les délibérations devaient avoir lieu, non pas par ordre mais en commun, parce que l'Assemblée devait représenter, non pas des classes sociales mais toute la nation dont les intérêts étaient en jeu. Quelques députés du clergé étant venus se joindre à eux, ils se déclarèrent, le 17 juin, *Assemblée nationale* : ce fut, en effet, la première assemblée représentant la nation française dans son ensemble.

Les nobles obtinrent du roi qu'il fît fermer le 20 juin, la salle des séances : alors, les députés du tiers et quelques-uns du clergé se rendirent dans une salle privée, celle du Jeu de Paume ; là, l'Assemblée prit le fameux arrêté connu sous le nom de Serment du Jeu de Paume, par lequel elle faisait serment de ne pas se séparer sans avoir donné une constitution à la France.

L'Assemblée devenait ainsi, en fait, *Assemblée Constituante*. Le roi essaya d'arrêter le mouvement révolutionnaire : il vint, dans une séance solennelle du 23 juin, et par une déclaration royale, offrit une sorte de constitution octroyée. Puis il invita les ordres à se séparer pour leurs délibérations. La noblesse et le clergé obéirent. Le tiers état ne bougea pas. Le marquis de Brézé, maître des cérémonies, vint leur répéter l'ordre du roi. Mirabeau lui adressa cette réponse : « Allez dire au roi que nous sommes ici par la volonté du peuple et que nous n'en sortirons que par la force des baïonnettes ». L'Assemblée demeura, déclara repousser la Constitution offerte par le roi et maintenir ses arrêtés antérieurs, affirmant sa volonté de voter une Constitution rédigée par les représentants du peuple ; puis, craignant de la part du Gouvernement une dissolution ou un coup d'Etat, elle déclara les députés inviolables. Le roi céda et invita lui-même, le 27 juin, les autres ordres à se réunir au Tiers. L'Assemblée constituante était définitivement acceptée. L'œuvre révolutionnaire commençait.

L'Assemblée constituante qui s'était attribué la mission d'organiser un gouvernement légal, en a donné à la France les deux premiers monuments juridiques, à savoir, une *Déclaration des Droits* et une *Constitution écrite.*

6. La Déclaration des droits. — L'Assemblée constituante a affirmé d'une manière particulièrement énergique et solennelle la nécessité d'un gouvernement légal, l'obligation pour l'Etat de respecter les intérêts naturels des individus et d'organiser la liberté politique des citoyens, par la loi votée définitivement le 2 octobre 1789 sous le nom de *Déclaration des Droits de l'Homme et du Citoyen* :

« Les représentants du Peuple français, constitués en Assemblée nationale, considérant que l'ignorance, l'oubli ou le mépris des Droits de l'homme sont l'unique cause des malheurs publics et de la corruption des gouvernements, ont résolu d'exposer, dans une déclaration solennelle, les droits naturels, inaliénables, imprescriptibles et sacrés de l'homme, afin que cette déclaration, constamment présente à tous les membres du corps social, leur rappelle leurs droits et leurs devoirs ; afin que les actes du Pouvoir législatif et ceux du Pouvoir exécutif, pouvant être à chaque instant comparés avec le but de toute institution politique, en soient plus respectés ; afin que les réclamations des citoyens, fondées désormais sur des principes simples et incontestables, tournent toujours au maintien de la Constitution et au bonheur de tous.

» En conséquence, l'Assemblée nationale reconnaît et déclare, en présence et sous les auspices de l'Etre suprême, les droits suivants de l'Homme et du Citoyen :

» *Article premier.* — Les hommes naissent et demeurent libres et égaux en droits. Les distinctions sociales ne peuvent être fondées que sur l'utilité commune.

» *Art.* 2. — Le but de toute association politique est la conservation des droits naturels et imprescriptibles de l'homme. Ces droits sont la *liberté*, la *propriété*, la *sûreté* et la *résistance à l'oppression.*

» *Art.* 3. — Le principe de toute souveraineté réside essentiellement dans la Nation ; nul corps, nul individu ne peut exercer d'autorité qui n'en émane expressément.

» *Art.* 4. — La liberté consiste à faire tout ce qui ne nuit pas à autrui ; ainsi l'exercice des droits naturels de chaque homme n'a de bornes que celles qui assurent aux autres membres de la société la jouissance de ces mêmes droits. Ces bornes ne peuvent être déterminées que par la loi.

» *Art.* 5. — La loi n'a le droit de défendre que les actions nuisibles à la société. Tout ce qui n'est pas défendu par la loi ne peut être empêché, et nul ne peut être contraint à faire ce qu'elle n'ordonne pas.

» *Art.* 6. — La loi est l'expression de la volonté générale. Tous les citoyens ont droit de concourir personnellement ou par leurs représentants à sa formation. Elle doit être la même pour tous, soit qu'elle protège, soit qu'elle punisse. Tous les citoyens étant égaux à ses yeux, sont également admissibles à toutes dignités, places et emplois publics, selon leur capacité et sans autre distinction que celle de leurs vertus et de leurs talents.

» *Art.* 7. — Nul homme ne peut être accusé, arrêté, ni détenu, que dans les cas déterminés par la loi, et selon les formes qu'elle a prescrites. Ceux qui sollicitent, expédient, exécutent ou font exécuter des ordres arbitraires, doivent être punis ; mais tout citoyen appelé ou saisi en vertu de la loi, doit obéir à l'instant ; il se rend coupable par la résistance.

» *Art.* 8. — La loi ne doit établir que des peines strictement et évidemment nécessaires, et nul ne peut être puni qu'en vertu d'une loi établie et promulguée antérieurement au délit, et légalement appliquée.

» *Art.* 9. — Tout homme étant présumé innocent, jusqu'à ce qu'il ait été déclaré coupable, s'il est jugé indispensable de l'arrêter, toute rigueur qui ne serait pas nécessaire pour s'assurer de sa personne doit être sévèrement réprimée par la loi.

» *Art.* 10. — Nul ne doit être inquiété pour ses opinions, même religieuses, pourvu que leur manifestation ne trouble pas l'ordre public établi par la loi.

» *Art.* 11. — La libre communication des pensées et des opinions est un des droits les plus précieux de l'homme ; tout citoyen peut donc parler, écrire, imprimer librement, sauf à répondre de l'abus de cette liberté dans les cas prévus par la loi.

» *Art.* 12. — La garantie des droits de l'homme et du citoyen nécessite une force publique ; cette force est donc instituée pour l'avantage de tous, et non pour l'utilité particulière de ceux auxquels elle est confiée.

» *Art.* 13. — Pour l'entretien de la force publique et pour les dépenses d'administration, une contribution commune est indispensable ; elle doit être également répartie entre tous les citoyens, en raison de leurs facultés.

» *Art.* 14. — Chaque citoyen a le droit de constater par lui-même ou par ses représentants, la nécessité de la contribution publique, de la consentir librement, d'en suivre l'emploi, d'en déterminer la quotité, l'assiette, le recouvrement et la durée.

» *Art.* 15. — La société a le droit de demander compte à tout agent public de son administration.

» *Art.* 16. — Toute société dans laquelle la garantie des droits n'est pas assurée, ni la séparation des pouvoirs déterminée, n'a point de constitution.

» *Art.* 17. — La propriété étant un droit inviolable et sacré, nul ne peut en être privé, si ce n'est lorsque la nécessité publique, légalement constatée, l'exige évidemment et sous la condition d'une juste et préalable indemnité. »

Cette déclaration est une œuvre essentiellement française toute différente des lois de procédure anglaises ou américaines dont on a voulu la rapprocher. D'une part, elle vise très nettement tous les abus critiqués de l'ancien régime : d'autre part elle reflète parfaitement les conclusions de la philosophie du droit naturel du XVIIIe siècle sur la base des droits de l'homme et sur celle des droits du citoyen.

a) Les **droits de l'homme** ou droits naturels, ce sont ceux qui appartiennent à tout individu quels que soient son sexe, son âge, sa capacité, sa dignité, par exemple aux femmes, aux enfants, même aux condamnés qui ont subi une peine infamante. L'homme étant essentiellement, dans la philosophie spiritualiste qui inspira le XVIIIe siècle, une pensée active, il a le droit naturel, la liberté intangible de penser et d'extérioriser sa pensée, c'est-à-dire de développer son activité physique, intellectuelle et morale. De plus, tous les hommes ayant également une pensée, ils ont tous un droit égal à développer leur activité. Donc, tous les hommes sont libres et ils sont tous également libres. La liberté et l'égalité sont ainsi les deux droits naturels fondamentaux (Déclaration, art. 1er).

L'*égalité civile*, conséquence de l'égalité naturelle et résultat de l'identité des clauses du Contrat social pour tous les individus, entraîne l'abolition de tous les privilèges de juridiction, d'impôt (Déclaration, art. 13), d'admission aux fonctions publiques (Déclaration, art. 6 *in fine*).

La *liberté civile*, conséquence de la liberté naturelle que l'individu n'a pas aliénée intégralement dans le Contrat social « consiste à pouvoir faire tout ce qui ne nuit pas à autrui » (Déclaration, art. 4) dans les limites de la loi. Elle postule la *sûreté individuelle* et l'*inviolabilité du domicile* contre les arrestations et détentions arbitraires

(Déclaration, art. 7 et 8), la *liberté du travail*, du *commerce* et *de l'industrie* qui condamne les corporations oppressives ; la *liberté de conscience* (art. 10) qu'avait méconnu la révocation de l'édit de Nantes, et l'obligation imposée d'appartenir à la religion catholique pour avoir un état-civil ; la *liberté de la presse* qu'ignora tout l'ancien régime (art. 11). Le principe de la liberté engendre même le *droit de propriété*, celle-ci résultant du libre développement de l'activité individuelle et l'individu ayant un droit inviolable au produit de son activité (Déclaration, art. 17).

b) Les **droits du citoyen** ne sont pas seulement les droits naturels en tant qu'ils sont garantis par la loi, ce sont aussi les *droits politiques* qui consistent dans la participation à l'exercice de la puissance publique ; à la fonction législative (art. 6), au vote de l'impôt (art. 14), à l'administration et à la justice, par le suffrage politique, par l'exercice des fonctions de juré, par l'admission aux fonctions publiques. Mais ces prérogatives politiques sont bien plus des fonctions sociales établies pour la bonne organisation du gouvernement, que des droits proprement dits. Aussi la Révolution en a-t-elle restreint souvent l'exercice.

7. La Souveraineté nationale. –– La Déclaration, à la souveraineté de droit divin qui faisait du roi le maître de ses sujets a substitué la **souveraineté nationale** qui donne à l'ensemble des citoyens le droit de déterminer la forme du gouvernement et d'organiser les pouvoirs publics par une Constitution.

Or, du principe de la souveraineté nationale se sont dégagées les conséquences suivantes qui se sont imposées à l'organisation du gouvernement :

1º **L'établissement de la République.** — En effet, la nation étant souveraine, tous les organes de la puissance publique doivent être immédiatement ou médiatement responsables envers elle. Les uns comme les représentants le seront directement puisqu'ils sont obligés de se soumettre à des élections fréquentes et perdront leur fonction si les électeurs jugent qu'ils l'ont mal remplie. Les autres, comme les fonctionnaires, le seront indirectement puisqu'ils peuvent être révoqués par les gouvernants qui eux-mêmes dépendent directement de la nation ou de ses représentants. Or, dans une monarchie héréditaire, le chef de l'Etat n'est pas responsable : il ne peut, en droit, être privé du pouvoir. Dans un gouvernement personnel comme celui de Napoléon Ier ou de Napoléon III, le peuple ne peut manifester sa désapprobation qu'en faisant une révolution. Ces régimes sont donc incompatibles avec le principe de la souveraineté natio-

nale. La Constituante cependant en 1791 ne tira pas cette conséquence logique du principe. C'est que le peuple était alors encore
sincèrement attaché à la royauté qui l'avait jadis défendu contre
les seigneurs. Mais la contradiction entre la souveraineté nationale
et le principe monarchique éclata rapidement et la République fut
proclamée en 1792.

2° **Le gouvernement par le peuple.** — La Déclaration affirme le
droit pour le peuple de participer à la confection des lois (art. 6) et
au vote de l'impôt (art. 14), soit en décidant lui-même des mesures
les plus importantes de gouvernement, soit en désignant des députés
qui le feront en son nom.

3° Le **suffrage populaire** ou droit pour le peuple soit de voter directement les lois, soit d'élire les députés qui les font. La Révolution,
il est vrai, n'accorda pas à tous les individus le droit de vote : elle
exigea des électeurs le paiement d'un léger impôt direct, signe d'une
petite fortune. C'est seulement la République de 1848 qui a proclamé
le suffrage universel.

Enfin et par dessus tout, au lieu du régime arbitraire de police
pratiqué par la royauté avant 1789, la Déclaration annonce l'établissement d'un gouvernement légal par le vote d'une Constitution qui
détermine et limite les pouvoirs des gouvernants. La Déclaration a
même été placée en tête de cette première constitution française,
celle du 3 septembre 1791.

8. Le régime constitutionnel. — Une constitution, c'est
l'acte initial et fondamental du souverain qui détermine la forme du
gouvernement, organise les pouvoirs publics et fixe leurs attributions.

Dans l'ancien régime, le roi pouvait tout faire et le faire comme il
lui plaisait. Le peuple français devenu souverain à la place du roi
a, au contraire, établi un régime constitutionnel qui limite les prérogatives de la puissance publique.

La Constitution protège ainsi les intérêts individuels en interdisant
aux pouvoirs qu'elle institue et qui ne tiennent que d'elle leurs prérogatives, de prendre certaines mesures (lois, actes administratifs
ou jugements) qu'elle défend.

Elle protège en outre la liberté politique en déterminant la compétence respective des organes du gouvernement et en interdisant ainsi
à chacun d'eux d'empiéter sur les attributions des autres. Les Constituants de 1791 en particulier ont pensé que la liberté serait en péril
si tous les pouvoirs de l'Etat étaient confiés à la même autorité, car
celle-ci pourrait commettre impunément tous les crimes puisqu'il
n'y aurait aucune autre puissance plus forte qu'elle pour l'en empê-

cher. Ils ont posé le principe de la *séparation des pouvoirs*. La Constitution de 1791 donne à une assemblée législative la fonction de rédiger et voter les lois, au roi, la mission de les faire exécuter, à des juges, celle de les appliquer ou de les interpréter en cas de contestation. Ainsi l'un des trois pouvoirs ne saurait devenir tyrannique, car il serait arrêté par les deux autres et en cas de conflit entre les pouvoirs, celui-ci serait tranché par le peuple souverain dans des élections qui assurent sa suprématie.

C'est pour donner plus de force à cette protection des droits individuels et de la liberté politique que la Révolution a voulu l'assurer par une loi écrite.

Dans l'ancien régime, la plupart des règles de droit étaient coutumières. Même les lois fondamentales n'étaient pas toujours fixées dans des textes. Le système a persisté en Angleterre où la tradition seulement détermine les pouvoirs du roi et du Parlement. La coutume s'adapte sans doute mieux aux mœurs qu'elle réglemente et avec lesquelles elle évolue : mais elle est plus arbitrairement interprétée et toujours moins facilement connue des intéressés. La loi écrite au contraire, s'impose plus impérieusement au juge et peut être plus aisément portée à la connaissance des citoyens. La Révolution a consacré le principe des Constitutions écrites pour donner une forme solennelle à ce qu'elle considérait comme un nouveau *Contrat social* et pour en faire un moyen d'éducation politique pour les citoyens qui la doivent connaître.

Telle est l'œuvre de la Révolution française qui par la Déclaration des droits et par la Constitution de 1791 a fondé un droit public nouveau.

9. Valeur politique des principes de 1789. — En fait, l'œuvre révolutionnaire s'est imposée à la plupart des pays d'Europe et, malgré des éclipses passagères, à la France.

Les principes de 1789 ont été par les armées de la Révolution et du premier Empire, dans les plis du drapeau tricolore, transportés dans toute l'Europe continentale. Ce sont eux qui ont inspiré au cours du xixe siècle toutes les Constitutions des pays de l'Allemagne du sud, de l'Italie, de la Belgique, et qui ont même amené des pays féodaux comme la Prusse et l'Autriche au régime constitutionnel.

Ils se sont enfin imposés définitivement à la France et constituent encore aujourd'hui la base du droit public français.

Depuis 1791 en effet, nous n'avons cessé de vivre sous un régime constitutionnel, et toutes nos Constitutions se réclament des principes de 1789.

La Constituante, son œuvre terminée, se sépara en septembre 1791. Mais la Constitution, pour avoir voulu maintenir le principe monarchique, en contradiction avec celui de la souveraineté nationale, et rendu la révision constitutionnelle impossible pendant les quatre législatures suivantes, ne reçut qu'une application éphémère. Le roi n'avait accepté que contraint et forcé les liens constitutionnels ; après une vaine tentative de fuite, il refusa de sanctionner les lois de l'Assemblée législative contre les émigrés et les prêtres insermentés, il demanda aux souverains étrangers de l'aider à rétablir, en France, l'ancien régime ; le peuple, par la Révolution du 10 août 1792, mit fin à la monarchie et par là même à la Constitution de 1791. L'Assemblée législative prononça la suspension du roi, organisa en fait une République en confiant le pouvoir exécutif à un Conseil exécutif provisoire, et convoqua une Convention ou Assemblée constituante pour faire une nouvelle constitution.

La Convention, dès sa réunion, proclama la République le 22 septembre 1792 et en fit le début d'une ère nouvelle. Mais, pour lutter contre l'invasion étrangère et l'anarchie intérieure, il lui devint nécessaire de déroger aux principes de 1789 en organisant le **Gouvernement révolutionnaire.** Elle viola le principe de la séparation des pouvoirs en centralisant entre ses mains, non seulement le pouvoir législatif, mais encore le pouvoir exécutif et le pouvoir judiciaire. Elle exerça l'un par le *Conseil exécutif* élu par elle et surveillé par son *Comité de défense générale*, puis par son *Comité de Salut public ;* l'autre, par des tribunaux révolutionnaires contrôlés par les mêmes comités ou par les *représentants en mission.*

Après l'échec d'un projet de Constitution dressé par les Girondins, les Montagnards firent voter la **Constitution du 24 juin 1793.** Celle-ci, précédée d'une Déclaration des droits plus développée que celle de 1789, confiait le pouvoir constituant à la nation, le pouvoir législatif à un *Corps législatif* qui préparait les projets de lois et au peuple qui les ratifiait, le pouvoir exécutif à un *Conseil exécutif* élu par le Corps législatif et le pouvoir judiciaire à des juges élus par les assemblées électorales et rendant la justice au nom du peuple.

Mais la Constitution n'avait été votée que pour donner satisfaction aux représentants des départements jaloux de l'influence de Paris sur la Convention ; elle ne fut pas mise en vigueur ; il fallait laisser un pouvoir souverain au gouvernement qui avait à la fois à soutenir des guerres extérieures et à réprimer des tentatives fédéralistes à l'intérieur. L'invasion repoussée et la paix rétablie, la Convention vota et mit en vigueur une nouvelle Constitution.

La **Constitution du 5 fructidor an III** est encore placée sous l'égide d'une déclaration des droits accompagnée d'une déclaration des devoirs de l'homme et du citoyen : le pouvoir législatif est exercé par un Corps législatif de deux Chambres : le *Conseil des Cinq Cents* et le *Conseil des Anciens ;* l'exécutif par un *Directoire* de cinq membres nommés par le Conseil des Cinq Cents sur une liste dressée par le Conseil des Anciens, et le pouvoir judiciaire par des juges toujours élus. Cette Constitution ne put fonctionner normalement : pour avoir séparé d'une façon absolue les pouvoirs, elle provoqua une série de conflits entre le Directoire et les Assemblées représentatives, conflits qui ne furent résolus que par des coups d'Etat : les directeurs annulent quarante-deux élections royalistes le 18 fructidor an V, puis toutes les élections jacobines le 22 floréal an VI ; le Corps législatif se venge le 30 prairial an VII en mettant en accusation deux directeurs ; l'anarchie facilita le coup d'Etat du 18 brumaire an VIII par lequel le général Bonaparte établit sa dictature.

Bonaparte fit rédiger par Sieyès la **Constitution du 22 frimaire an VIII**. Il ne pouvait renier le passé glorieux de la Révolution : il fit insérer dans le titre VII de la Constitution, sous la rubrique « Dispositions générales », une garantie des droits. C'est là tout ce qui rappelle les principes de 1789. On ne pouvait proclamer solennellement la liberté politique qui était confisquée. On n'avait d'ailleurs plus foi dans la vertu des principes. La Constitution affaiblit le pouvoir législatif en faisant proposer les lois par le seul gouvernement, en en donnant la préparation à un *Conseil d'Etat* nommé par ce dernier, en les faisant discuter par un *Tribunat* et voter par un *Corps législatif*. Elle donne le pouvoir exécutif à trois *Consuls*, dont le premier qui a les attributions les plus importantes et en tout cas la prépondérance, doit être Bonaparte, et le pouvoir judiciaire à des juges qui auparavant élus furent dès lors nommés par le gouvernement. Ce système organisé pour assurer le gouvernement personnel du Premier Consul, fut fortifié par le **Sénatusconsulte de l'an X** qui lui donna le consulat à vie et par le **Sénatusconsulte de l'an XII** qui établit l'Empire. Le Sénat conservateur qui devait assurer le respect de la Coustitution ne protégea jamais les particuliers et n'exerça guère ses pouvoirs que pour prononcer en 1814 la déchéance de Napoléon-Bonaparte et rétablir la monarchie.

Il semblait que le règne des principes de 1789 fût terminé et la souveraineté abolie par ce fait que la **Charte de 1814** était « *octroyée* » par le bon vouloir de Louis XVIII et non votée par des représentants du peuple. Cependant, Louis XVIII avait, dans la proclamation de Cambrai du 28 juin, promis de respecter les réformes révolutionnaires. Le début de la Charte contient, en effet, une garantie des droits individuels, inspirée de celle de 1789. Mais les lois faites par une *Chambre des députés* élus au suffrage censitaire et une *Chambre des pairs* nommés par le roi sont sanctionnées par le roi; elles sont exécutées par *le roi* et les *ministres* qu'il nomme ; elles sont appliquées par des juges nommés par le roi et rendant la justice en son nom.

La monarchie restaurée, malgré l'avertissement donné par l'accueil chaleureux fait à l'**Acte additionnel aux Constitutions de l'Empire,** constitution libérale que Napoléon promulgua pendant les Cent Jours, évolua dans un sens peu conforme aux principes de 1789. C'est au nom de ces principes que le peuple fit la Révolution de 1830 contre le gouvernement de Charles X qui avait méconnu la souveraineté nationale en prononçant deux dissolutions successives de la Chambre et en supprimant les libertés de la presse et de réunion par les *Ordonnances de juillet*.

La **Charte de 1830** confirma la garantie des droits de 1814. Mais la violation de la souveraineté nationale persistait dans le maintien d'un régime électoral censitaire qui ne donnait le droit de vote qu'à ceux qui payaient deux cents francs de contributions directes.

Les résistances du gouvernement qui se refusa à étendre le droit de suffrage, provoquèrent la Révolution de février 1848 qui proclama la République et le suffrage universel. La **Constitution du 4 novembre 1848,** votée par l'Assemblée nationale au nom de la souveraineté populaire, reprit la tradition des Constitutions révolutionnaires. Elle contient à la fois, dans le préambule, une Déclaration des droits et, dans le Chapitre II, une garantie des droits. En outre, elle sépare les différents pouvoirs ; elle confie la confection des lois entièrement à une *Assemblée législative* élue, le pouvoir exécutif à un *Président de la République* élu par le peuple, le judiciaire à des juges nommés par le Président mais rendant la justice au nom du peuple.

Mais l'Assemblée législative élue en vertu de cette Constitution restreignit les droits politiques par la loi électorale du 31 mai 1849 ainsi que le droit de réunion et la liberté de la presse. L'indiscipline générale permit au Président Louis-Napoléon-Bonaparte de renouveler le procédé de l'an VIII et de rétablir l'Empire. Toutefois, dans l'art. premier de la **Constitution du 14 janvier 1852**, il « reconnaît, confirme et garantit les grands principes proclamés en 1789 et qui sont la base du droit public des Français » et il soumet les actes constitutionnels au vote du peuple. Mais les droits individuels en fait furent violés par les lois restrictives de la liberté de la presse, par les *lois de sûreté générale* qui permettaient d'emprisonner et de déporter sans jugement. Le *Sénat*, chargé de maintenir la Constitution, n'annula aucun des actes qui la violaient ; les lois préparées par le *Conseil d'Etat*, défendues par les Conseillers d'Etat devant le *Corps législatif* qui les votait, n'étaient définitives qu'avec la sanction impériale ; elles étaient exécutées par l'Empereur et par ses ministres responsables seulement devant lui. Mais, sous la pression des événements et de l'opinion publique, Napoléon III dut réformer la Constitution de 1852 et, à l'Empire autoritaire succéda ce qu'on a appelé l'Empire libéral. Il aboutit à la **Constitution du 21 mai 1870** rétablissant effectivement la liberté politique. La guerre franco-allemande éclata ; le désastre de Sedan provoqua la Révolution du 4 septembre 1870 qui proclama la République.

L'assemblée nationale, élue en 1871, était composée en majorité de monarchistes ; mais ceux-ci, divisés en légitimistes qui voulaient faire monter sur le trône le comte de Chambord et en orléanistes qui désiraient y voir le comte de Paris, ne purent s'entendre. Les républicains parvinrent à faire voter la **Constitution républicaine de 1875** dans les trois lois du 24 février (modifiée par la loi constitutionnelle du 14 août 1884), 25 février et 16 juillet 1875. C'est la Constitution qui nous régit actuellement. Elle ne reproduit ni Déclaration ni garantie des droits. C'est qu'elle n'est point une œuvre systématique et théorique. Elle n'est qu'une solution pratique pour l'organisation des pouvoirs publics. Elle a été votée par une transaction entre les républicains et les orléanistes, transaction pour laquelle il était prudent d'aller vite et de s'abstenir de toute déclaration de principes. Mais la Révolution de 1870 s'était faite au nom des principes de 1789 ; il était inutile de les rappeler en 1875 parce que toutes les Constitutions antérieures s'en étaient réclamé, parce qu'ils étaient acceptés à peu près par tous et qu'enfin on les considérait comme un patrimoine définitivement acquis au peuple français. Néanmoins, les principes de 1789 sont encore à la base de notre droit public : il y a quelques années à peine, le Parlement en ordonnait l'affichage dans toutes les écoles et édifices publics.

10. Valeur juridique des Déclarations et des Constitutions. — L'absence d'une déclaration expresse des droits dans la Constitution de 1875, absence qui ne s'explique que par

une référence tacite au texte de 1789, ne saurait d'ailleurs juridiquement diminuer les garanties légales des droits individuels. En effet
les textes des Déclarations et des Constitutions n'ont pas une force
irréfragable.

Les Déclarations de droits n'assurent pas le respect des facultés
individuelles qui, pour être exercées librement, doivent être protégées
par des dispositions législatives. Un droit individuel n'est jamais illimité. Il a au contraire des limites dans le droit égal chez autrui et dans
l'ordre public. Or, souvent, des lois d'ordre public, des actes de police
ont empêché les individus d'exercer leurs droits. Ce n'est que quand
le législateur en a effectivement organisé le respect, que le citoyen en
a vraiment la jouissance. Ainsi, en réalité, la liberté de la presse et la
liberté de réunion, proclamées en 1789, n'existent guère que depuis les
lois de 1881 qui ont abrogé les dispositions restrictives des lois pénales.
Aussi des juristes pensent-ils que les déclarations de droits n'ont pas
de valeur juridique, de force constitutionnelle, que ce sont de simples
« déclarations de principes » données comme guide, non comme règle
impérative au législateur. Mais les Constituants de 1789 avaient une
foi profonde dans la puissance de la raison ; ils pensaient qu'il était
suffisant de proclamer ces principes rationnels pour en assurer efficacement l'éternel respect.

Cependant, à côté des déclarations de droits, plusieurs Constitutions
placent des *Garanties de droits* qui sont de véritables lois positives et
ne peuvent certainement être transgressées par les pouvoirs publics.

D'autre part, la Constitution s'impose bien en droit à tous les
organes de l'Etat qui la doivent respecter. Cependant des Constitutions ont pu être violées et peuvent encore l'être par le législateur
sans que l'organisation politique impose une sanction à cette violation. Si le Parlement vote une loi paralysant un droit garanti par
la Constitution, cette loi est inconstitutionnelle. Elle n'en sera pas
moins applicable car, dans notre système politique français, les
agents administratifs et les juges doivent appliquer les lois votées
par le Parlement.

On ne peut demander par voie de recours direct l'annulation de
cette loi à aucune autorité. Sieyès a tenté, en l'an III, d'organiser une
autorité chargée d'annuler les lois inconstitutionnelles ou les lois
portant atteinte aux droits individuels garantis, il l'appelait une
« jurie constitutionnaire ». Il l'a effectivement organisée dans la
Constitution de l'an VIII sous le nom de « Sénat conservateur de la
Constitution » mais l'institution fut inutile car le Sénat n'était pas
libre et les particuliers ne pouvaient exiger de lui l'annulation d'une
loi.

On ne peut davantage, par voie d'exception, demander aux tribunaux français de ne pas vous appliquer, lorsque vous êtes poursuivi ou que vous avez un procès devant eux, la loi contraire à la Constitution. Les tribunaux des Etats-Unis le peuvent faire. En effet, aux Etats-Unis, la séparation absolue des pouvoirs veut que l'un des pouvoirs constitués puisse ne pas tenir compte d'un acte inconstitionnel accompli par un autre pouvoir. Le juge, chargé de résoudre les conflits de lois doit donner la prépondérance à la loi constitutionnelle sur la loi ordinaire. Pareille faculté n'appartient point aux tribunaux français. Sans doute, si une loi n'était pas régulièrement votée par les deux Chambres et promulguée par le Président de la République, le juge n'en devrait pas tenir compte parce qu'elle ne serait pas une loi véritable. Mais si la loi est régulière en la forme, le juge doit l'appliquer. C'est là une règle qui date de la Révolution. Les Constituants de 1789 n'ont pas voulu que les tribunaux judiciaires pussent, comme les Parlements de l'ancien régime, arrêter l'œuvre du pouvoir législatif.

D'ailleurs, ce serait faire jouer aux tribunaux un rôle politique en vue duquel ils ne sont pas organisés et dans lequel ils perdraient de leur autorité.

Il n'y a donc contre le danger des lois inconstitutionnelles que des barrières fragiles : le Président de la Chambre ou du Sénat ne doit pas laisser mettre en discussion des propositions de loi contraires à la Constitution et le Président de la République a le droit de demander aux Chambres de délibérer une seconde fois sur le projet voté qui lui paraît violer le texte constitutionnel.

11. Tendances du droit public moderne. — Malgré que le régime constitutionnel n'ait pas ainsi de sanction absolue, malgré l'erreur fondamentale du Contrat social sur laquelle se sont fondés les premiers Constituants, il faut cependant admirer l'œuvre de la Révolution française. Elle a affirmé la nécessité de protéger l'individu contre la toute-puissance de l'Etat et des gouvernants; elle a sauvegardé ses intérêts naturels, la liberté individuelle et l'égalité civile; elle a fondé les droits politiques, fait de tous les Français, non pas des sujets, mais des citoyens libres et assuré à des degrés divers un régime de liberté politique qui dure depuis plus d'un siècle.

Est-ce à dire que les formations politiques et sociales de la Révolution soient définitives ? Assurément non. Toute œuvre humaine est perfectible. La Révolution a sans doute par sa conception du droit naturel solidement établi les droits positifs de l'individu et les obligations négatives de l'Etat ; elle a assuré les deux droits fondamentaux inscrits en premier lieu sur le frontispice de tous nos monuments publics, la *liberté* et l'*égalité*. Mais elle a négligé le troisième terme de la devise républicaine : la *fraternité* ajoutée par la République de 1848, traduction morale du fait scientifique de la solidarité qui veut que, quand souffre un membre de la société, c'est la société tout entière qui est atteinte. Or, c'est seulement sur l'idée de solidarité que se fondent les *devoirs de l'individu* et les *devoirs de l'Etat.*

Les devoirs de l'individu, la Révolution les a affirmés sans leur donner aucune base : c'est parce que tous les citoyens d'un pays sont solidaires que tous sont assujettis, suivant l'expression de la Constitution de 1793 à « l'honorable obligation de contribuer aux charges publiques » ; c'est pour la même raison que tous doivent à la patrie le service militaire, pour défendre le patrimoine moral que nous ont légué nos ancêtres.

Les devoirs de l'Etat ne sont pas davantage justifiés par ses doctrines. Il ne suffit pas cependant que l'Etat, par ses lois, n'apporte aucun obstacle au libre développement de l'individu, il faut encore que l'Etat fasse ce qui est nécessaire pour faciliter ce développement, qu'il instruise l'enfant, assiste le malade sans ressources, aide l'individu valide à gagner sa vie. Les Déclarations des droits de 1789 et de 1793 ont bien promis d'assurer l'instruction de tous et déclaré les secours publics aux indigents une dette sacrée. Mais la Révolution n'a pas eu le temps de remplir cette obligation : la deuxième République a échoué dans l'organisation des ateliers nationaux répondant à l'idée du droit au travail. C'est la troisième République qui, par les lois de 1882 et de 1886, a assuré à tous un enseignement public et gratuit. C'est elle aussi qui, à la charité, vertu individuelle, a substitué le devoir social de la fraternité et de la solidarité en organisant l'assistance publique et spécialement, pour ne citer que les mesures les plus récentes, l'assistance des enfants (loi 27 juin 1904), l'assistance des vieillards et incurables (loi 14 juillet 1905) et les retraites ouvrières et paysannes (loi 6 avril 1910).

Ainsi à la conception individualiste du droit qui était celle de la Révolution française, tend à se substituer celle du **droit social,** fondé sur la solidarité qui resserre les liens de tous les membres de la société.

Cependant une nouvelle conception, issue des théories oubliées de Proudhon, s'est fait jour depuis quelques années et tend à substituer à l'organisation politique de la société une organisation purement économique.

Le **syndicalisme** veut réagir contre la méconnaissance des intérêts professionnels qui résulte de nos systèmes politiques. La Révolution a isolé l'individu en brisant les liens corporatifs. Ceux-ci se sont rétablis peu à peu par les syndicats professionnels, associations de membres d'une même profession. Mais les syndicats n'étant pas obligatoires pour l'ouvrier d'un métier ne réunissent qu'une partie de ceux qui l'exercent. Ils n'ont qu'une capacité civile très limitée, c'est-à-dire qu'ils ne peuvent posséder que quelques biens. Ils n'ont enfin aucun droit politique et ne participent pas, malgré leurs unions ou fédérations, à l'administration des intérêts du pays.

Aussi le mouvement syndicaliste a-t-il pour objet de développer l'action des syndicats. Il a pour but ultime de grouper les individus obligatoirement non plus dans des formations politiques comme la commune, le département et l'Etat, mais dans des groupements économiques, dans des syndicats. Les syndicats, unités sociales substituées aux communes utilités politiques, se grouperaient en unions et en fédérations générales qui seraient substituées aux Etats. Ainsi à l'organisation politique actuelle serait substituée une organisation purement économique, et la souveraineté politique, la puissance administrative feraient place au lien syndical. Ce lien serait tout puissant, puisque chaque syndicat des ouvriers d'une même profession demeurerait autonome, c'est-à-dire maître chez lui et que les Fédérations ne constitueraient pour lui qu'un bureau de renseignements.

Le mouvement syndical repose assurément, en partie, sur une idée juste, à savoir que les intérêts professionnels n'ont pas de représentation dans la société issue du droit révolutionnaire. Cependant la troisième République leur a ouvert des cadres nouveaux en légitimant les *syndicats* (loi 21 mars 1884) dont des projets actuels se proposent d'étendre la capacité. Le même mouvement a envahi les administrations publiques, par les associations de fonctionnaires. Enfin des organes professionnels ont été créés par l'institution de Chambres de commerce, Conseils du travail, Chambres des Arts et manufactures et conseils multiples placés auprès de chaque ministère (V. n° **160**). Tous ces organes, syndicats, associations, chambres de commerce, conseils du travail sont quotidiennement consultés par les ministres et commissions parlementaires, dans l'élaboration des projets de loi. Aujourd'hui donc les intérêts professionnels ont voix consultative dans l'administration du pays. Peut-être pourrait-on aller plus loin encore dans cette voie, et au lieu d'organismes purement consultatifs faire, comme en Australie, de l'une des deux Chambres politiques, un organe élu par des groupements professionnels. Sur ce terrain, il y a place pour l'expérience.

Mais d'aucuns estiment qu'il n'est pas désirable de voir réaliser une organisation purement syndicaliste. L'individu, pris dans les liens des syndicats, plus étroitement encore que dans ceux de la corporation de l'ancien régime, n'aura plus guère de liberté. Le syndicat, dans la Fédération, pourra être opprimé par un syndicat plus fort. L'un et l'autre le seront d'autant plus fréquemment que les luttes d'intérêts sont plus violentes que les luttes politiques. Dans un groupement politique, les individus ont des intérêts multiples qui parfois les rapprochent et d'autres fois les séparent. Ces divergences atténuent les conflits. Au contraire dans une organisation syndicale, tous les intérêts agissent dans le même sens, contre un même individu ou un même syndicat. Ceux-ci ne sauraient être protégés contre la violence, puisqu'aucune autorité supérieure ne serait assez fortement établie pour arrêter l'oppresseur. Le syndicalisme intégral nous ramènerait ainsi au système féodal, dans lequel les individus étaient groupés en classes sociales cherchant à s'imposer les unes aux autres. Et c'est précisément contre une telle organisation que la raison humaine a lutté pendant plusieurs siècles pour affranchir les individus ; c'est pour cet affranchissement qu'elle a fait la Révolution de 1789 qui a donné à tous la liberté et l'égalité exercées sous le contrôle de la souveraineté nationale.

C'est ce droit individualiste issu de la Révolution qu'il nous faut maintenant étudier.

PREMIÈRE PARTIE

LES DROITS INDIVIDUELS

CHAPITRE PREMIER

L'ÉGALITÉ

12. Tous les hommes sont « égaux en droits ». Cela ne veut pas dire qu'ils sont tous égaux en fait : pas plus qu'on ne peut empêcher qu'il y ait des individus physiquement plus grands, plus forts et d'autres plus petits ou plus faibles, on ne peut décréter que tous auront la même quantité de propriété ou de richesse. Même si une loi établissait par un partage cette égalité dans la possession des biens, celle-ci serait aussitôt détruite parce que le fainéant deviendrait pauvre et le travailleur s'enrichirait.

Mais l'égalité civile est une égalité de droit, c'est-à-dire que tous les individus doivent être protégés par la loi dans la même mesure.

Tous les individus jouissent des mêmes avantages sociaux que procure la loi et sont assujettis aux mêmes charges qu'elle impose, parce que « la loi est la même pour tous. » (Décl. art. 6.)

13. Ils sont égaux devant les avantages que donne l'organisation juridique :

a) **L'égalité devant la loi** condamne les privilèges tels que ceux que possédait la noblesse sous l'ancien régime et qui ont été abolis le 4 août 1789. Il ne reste plus aux nobles que leurs titres de duc, marquis, comte, baron, etc., titres purement honorifiques, et ne procurant aucune exemption de charges.

La Révolution avait même proscrit l'usage du titre nobiliaire (loi du 19 juin 1790). Mais Napoléon Ier rétablit une nouvelle noblesse tantôt personnelle, tantôt héréditaire avec des majorats ou biens donnés à charge de les transmettre aux aînés des héritiers. La Restauration reconnut les titres de la nouvelle noblesse et rétablit l'ancienne.

b) **L'égalité devant la justice** civile et pénale fait que tous pour le même procès ou le même délit doivent comparaître devant les mêmes juges ou être exposés aux mêmes peines. La Révolution a supprimé les juridictions privilégiées réservées aux nobles et les juridictions d'exception nommées spécialement pour connaître de certains crimes ; elle a frappé tous les criminels des mêmes peines alors que dans l'ancien régime les peines variaient avec la qualité du condamné : ainsi les nobles condamnés à mort étaient décapités tandis que les roturiers étaient pendus.

Mais il n'y a pas violation de l'égalité, pas de juridiction d'exception dans ce fait que la connaissance de certains faits ou de certains délits est attribuée, quels que soient les justiciables, à une classe particulière de juridictions permanentes considérées comme plus capable de mieux juger les procès en vue desquels elles sont organisées : ainsi les procès administratifs sont portés devant des juridictions administratives, **les** complots et attentats politiques devant la Haute Cour, les délits militaires devant les Conseils de guerre.

c) **L'égale admissibilité de tous aux fonctions publiques** (Décl., art. 6). Dans l'ancien régime on ne pouvait être nommé à certaines fonctions si l'on ne professait pas la religion d'Etat c'est-à-dire la religion catholique ; les grades militaires étaient réservés aux nobles. L'égalité a fait supprimer ces causes d'exclusion, un soldat peut devenir général, un tanneur a pu s'élever à la Présidence de la République.

Mais l'égalité n'empêche pas que des conditions d'âge, d'aptitude, de capacité soient imposées aux candidats aux fonctions publiques. Toutefois, elle n'est vraiment réalisée que quand tout individu est mis à même d'acquérir la capacité, les connaissances réclamées des candidats : la gratuité de l'enseignement public en est la condition.

14. L'égalité des avantages légaux a pour corollaire l'égalité des charges sociales :

a) **L'égalité devant l'impôt.** L'impôt doit être « réparti entre tous les citoyens en raison de leurs facultés » dit la Déclaration des droits (art. 13). Les nobles et les membres du clergé en étaient exemptés avant 1789 : c'était là un privilège que la Révolution a fait disparaître.

Mais il ne résulte pas du principe d'égalité que tous doivent payer le même chiffre d'impôts : la contribution de chacun doit être proportionnelle à sa fortune.

Peut-elle être progressive ? c'est-à-dire, si celui qui possède 1000 francs paie 10 francs ; celui qui possède 100.000 francs doit-il payer plus de 1.000 francs, par exemple 1.500 ou 2.000 francs ? On a affirmé que le principe d'égalité voulait que l'impôt demeurât exactement proportionnel à la fortune de chaque contribuable. Ce serait exact s'il n'y avait qu'un seul impôt. Mais nous verrons qu'à côté de l'impôt direct pour lequel se pose la question de progressivité, nous payons des impôts indirects perçus à l'occasion d'un fait de consommation. Or, les impôts indirects pèsent sur tous également quelle que soit leur fortune ; la progressivité introduite dans l'impôt direct est donc légitime au moins quand elle n'est qu'un moyen de rétablir la proportionnalité violée par l'impôt indirect. Elle a été introduite dans l'impôt des mutations par décès (loi du 30 mars 1902).

Mais le principe d'égalité ne permet pas d'exempter complètement d'impôts certains citoyens. Il est des exemptions qui ont un caractère d'assistance, telles que celle qui est accordée à l'indigent ou au père de sept enfants. Mais les autres constitueraient de véritables privilèges analogues à ceux de l'ancien régime. Elles ont été condamnées par la Convention qui décida, dans la Constitution de 1793, article 101 : « Nul n'est dispensé de l'honorable obligation de contribuer aux charges publiques. » Elles sont particulièrement dangereuses dans une démocratie issue du suffrage universel ; en effet, des électeurs peuvent ainsi par leurs votes inciter leurs représentants à mettre à la charge de la nation de lourdes dépenses dont ils ne supporteront pas le poids.

b) **L'égalité devant le service militaire**, devant une charge particulièrement lourde, n'a été réalisée que par la loi de 1905 qui impose à tout citoyen valide le sacrifice de deux années de sa vie pour s'instruire dans le métier des armes.

Avant 1872, tout conscrit pouvait payer un remplaçant qui prenait sa place à l'armée ; la loi de 1872 imposa l'universalité du service militaire, sauf cependant pour les prêtres et membres de l'enseignement. Mais une partie du contingent ne servait qu'un an et l'autre cinq ans : la loi de 1889 réduisit le service à trois ans mais l'imposa aux anciens dispensés pour une année ; enfin la loi de 1905 a réalisé l'égalité absolue en appelant tous les concrits pour deux ans sous les drapeaux (V. n° 189).

CHAPITRE II

LA LIBERTÉ

15. « La liberté consiste à pouvoir faire tout ce qui ne nuit pas à autrui », dit la Déclaration des droits (article 4). Elle subit donc des restrictions qui sont légitimes quand elles ont pour but d'assurer le libre développement de l'activité de chacun. Mais les limites de la liberté ne sont plus, comme avant 1789 dans le régime de police, fixées arbitrairement dans chaque cas par le roi ou ses agents.

Une sorte de régime de police est rétabli cependant par la **déclaration d'état de siège.** En cas de guerre, dans une place assiégée ou menacée par l'ennemi, il faut une autorité très forte : les garanties des citoyens sont sacrifiées à l'intérêt public ; tous les pouvoirs passent à l'autorité militaire. Même en dehors du cas de guerre extérieure, quand des troubles sérieux se produisent sur un point du territoire, on peut déclarer un état de siège fictif : c'est là une mesure grave qui suspend les garanties de la liberté. Aussi l'état de siège ne peut-il être déclaré en principe que par les Chambres : si elles sont en vacances, la loi concilie la nécessité d'assurer l'ordre avec celle d'éviter un coup d'Etat, elle permet au chef de l'Etat de déclarer l'état de siège, mais en convoquant de suite le Parlement.

L'état de siège suspend la liberté individuelle : les autorités militaires peuvent arrêter tous individus même pour des faits non prévus par la loi pénale et les déférer aux tribunaux militaires ; il suspend la liberté du domicile en permettant toutes perquisitions de jour et de nuit, la liberté de la presse, des réunions, etc...

Les limites de la liberté sont soumises à un régime de légalité, c'est-à-dire que des restrictions ne peuvent être apportées à la liberté que par le législateur d'une manière générale et identique pour tous.

16. La réglementation des libertés individuelles assure l'ordre public et le respect des prérogatives de chacun, soit par des mesures préventives, soit par des mesures répressives.

Le **système préventif** c'est celui de l'autorisation administrative préalable à tout usage de la liberté. Ainsi, pendant longtemps, pour publier un journal, il a fallu une autorisation du Ministère de l'Intérieur. Ce système tient en tutelle les individus et participe encore du régime de police bien que la loi détermine les conditions générales de l'autorisation. Aussi n'est-il maintenu qu'en cas de nécessité absolue, quand la répression arriverait trop tard pour punir la faute qu'il eût fallu prévenir : les navires ne sont autorisés à débarquer leurs passagers qu'avec une patente nette certifiant qu'il n'y a à bord aucune épidémie ; les propriétaires ne peuvent, dans les villes, faire construire de maisons qu'en respectant certaines conditions d'hygiène (Loi du 15 février 1902). Il serait trop tard pour sévir quand l'épidémie aurait éclaté, mieux vaut la prévenir ; il serait très onéreux de faire démolir la maison malsaine une fois construite, il est préférable d'empêcher la construction.

Le **système répressif** respecte au contraire le principe de liberté. L'individu, en règle générale, peut tout faire, mais s'il outrepasse les libertés légales, son acte sera nul en droit, il ne produira pas d'effets juridiques et même, si cet acte constitue un délit, l'auteur sera condamné à une peine. La déclaration qu'il doit faire parfois à l'administration avant d'user d'une liberté légale, avant par exemple de fonder un journal, ne constitue pas un obstacle pour l'exercice du droit; elle n'a pour but que d'aider à la répression ultérieure en cas de délit commis, que de déterminer qui est responsable. C'est là le seul régime vraiment libéral qui n'a guère été réalisé en France que sous la troisième République pour la jouissance de la plupart des droits individuels, liberté de réunion, liberté d'association, liberté de la presse, etc.

17. L'exercice des droits individuels est maintenu dans les limites légales par la police et la justice.

Il y a une police administrative et une police judiciaire.

La **police administrative** a une mission surtout préventive. Aussi intervient-elle peu fréquemment dans un système répressif. Elle ne le fait guère que par des mesures générales ou règlements qui déterminent les détails d'application des lois mais ne peuvent apporter des restrictions nouvelles à l'exercice des droits individuels. Elle est exercée par le chef de l'Etat, les préfets et les maires qui, seuls, peuvent faire des règlements de police et qui ont sous leurs ordres des commissaires de police.

La **police judiciaire** a une mission répressive. Elle constate par des procès verbaux les infractions que la police administrative n'a pu empêcher, en rassemble les preuves, en recherche les auteurs et les livre aux tribunaux chargés de les punir. Les officiers de police judiciaire sont les juges d'instruction, les procureurs de la République et leurs substituts avec leurs auxiliaires, les juges de paix, officiers de gendarmerie, gardes champêtres, gardes forestiers, etc. Tous sont placés sous la surveillance du procureur général près la Cour d'appel qui leur donne des ordres et les surveille (V. n° **282**).

L'une et l'autre de ces deux polices concourent ainsi au respect de la réglementation des différentes libertés publiques qu'il nous faut maintenant étudier.

§ 1. — La Liberté individuelle.

La **liberté individuelle** ou sûreté, éloquemment défendue par Voltaire et Montesquieu au XVIIIe siècle est proclamée par l'article 7 de la Déclaration des droits et garantie par presque toutes nos Constitutions. Elle consiste dans le droit de ne pouvoir être arrêté et détenu que dans les cas fixés par la loi et sous les conditions qu'elle détermine. Elle s'analyse dans trois règles :

18. Première règle : *Nul individu ne peut être arrêté et détenu que dans les cas expressément déterminés par la loi.* — On ne peut être arrêté et détenu que dans deux cas :

a) *Par une mesure d'instruction judiciaire.* — L'auteur d'un délit pris sur le fait peut être arrêté par tous les agents de police judiciaire. Tout prévenu peut être détenu jusqu'à son jugement. La détention préventive peut constituer soit une mesure de sûreté qui empêchera le prévenu de commettre un second délit pour effacer les traces du premier, soit une mesure d'instruction qui interdit au prévenu de se concerter avec des complices ou de suborner des témoins, soit une garantie de l'exécution de la condamnation car l'inculpé pourrait se dérober par la fuite à la peine qui le menace. Mais elle n'est légitime que si elle répond à ces nécessités. Aussi la liberté provisoire doit être accordée dans certains cas au prévenu qui présente des garanties suffisantes et elle peut toujours l'être dans les autres cas.

b) *En vertu d'un jugement de condamnation.* — Remarquons d'abord qu'une condamnation ne peut être arbitraire. « Nul ne peut être puni qu'en vertu d'une loi établie et promulguée antérieurement » (Déclar. de 1789, art. 8). Alors que dans l'ancien droit les peines étaient arbitrairement fixées par le juge, elles sont aujourd'hui légales, c'est-à-dire déterminées par la loi pour chaque délit. Ces principes sont à la base du droit pénal moderne.

D'autre part, l'arrestation et la détention qui en est le but peuvent avoir lieu pour faire subir à un condamné une peine privative de liberté, emprisonnement, détention, réclusion, travaux forcés.

Elles constituent aussi un moyen de contraindre un condamné à exécuter un jugement. La contrainte par corps (emprisonnement) pouvait jadis être prononcée contre tout débiteur qui se refusait à payer ses dettes : elle ne peut plus l'être de nos jours qu'au profit de l'Etat contre l'individu qui se refuse à acquitter l'amende et les frais de justice auxquels il a été condamné, et au profit de particuliers contre celui qu'ils ont fait condamner à des dommages-intérêts et qui ne veut pas les payer.

19. Deuxième règle : *L'arrestation et la détention d'un individu ne peuvent être ordonnées en vertu de la loi que par des fonctionnaires déterminés qui présentent des garanties particulières d'indépendance.* — Ces fonctionnaires, ce sont les fonctionnaires judiciaires, et en particulier le juge d'instruction. Celui-ci rend des ordonnances qui portent le nom de mandats.

La loi distingue quatre sortes de mandats :

a) *Le mandat de comparution*, simple assignation ordonnant à l'inculpé en liberté de venir devant le magistrat pour être interrogé sur des faits qui lui sont imputés ;

b) Le *mandat d'amener*, ordre du juge adressé à tous agents de la force publique d'appréhender tel individu et de l'amener devant lui pour subir un interrogatoire ;

c) Le *mandat de dépôt* par lequel le prévenu est placé en état de détention provisoire ;

d) Le *mandat d'arrêt* par lequel, après conclusions du procureur de la République, le juge d'instruction met le prévenu définitivement en état de détention préventive.

Exceptionnellement, le procureur de la République, les Cours et Tribunaux peuvent ordonner des arrestations, et sans ordre, les agents de la police judiciaire peuvent arrêter un délinquant en cas de flagrant délit. Mais l'individu arrêté doit toujours être interrogé dans les vingt-quatre heures par un juge d'instruction ; il a le droit d'être assisté, même au cours de l'instruction, par un avocat (loi du 8 décembre. 1897).

De ces garanties dont la genèse est dans la Déclaration des droits, quelques-unes ne se sont fait recevoir que tardivement dans notre droit pénal. Elles ont été toutes plus ou moins méconnues par divers gouvernements qui ont fait procéder à des arrestations et condamnations par des Comités du Parlement ou des commissions administratives pour se débarrasser d'adversaires politiques : le *Comité de sûreté générale* et le *Comité de Salut public* pendant la Révolution ont envoyé directement des individus devant les tribunaux ; les *Cours prévôtales* de la Restauration, les *Commissions mixtes* du Second Empire composées du préfet, du procureur général et du commandant de corps d'armée ont disposé de la vie et de la liberté des particuliers ; toutes les lois dites de « sûreté générale » (loi des suspects, 1793 ; décrets, 8 décembre 1851 ; loi 27 février 1858) ont effrontément violé la liberté individuelle en la mettant à la discrétion d'agents administratifs ne jouissant pas de l'indépendance nécessaire pour rendre la justice. De ces régimes, il reste encore aujourd'hui une trace dans l'article 10 du Code d'Instruction criminelle qui permet au préfet de requérir un juge d'instruire une affaire et même de procéder personnellement à une instruction judiciaire, à des perquisitions domiciliaires, etc. Mais l'article n'est plus guère appliqué et va être supprimé.

20. Troisième règle : *Ceux qui permettent, ordonnent ou maintiennent une arrestation ou une détention illégales commettent un crime dont ils sont responsables.* — Le Code pénal, en effet, contient des dispositions qui frappent de peines les juges qui ordonnent des arrestations arbitraires (Code pénal, article 120), les particuliers qui séquestrent des individus libres (Code pénal, article 341 et suivants). En outre, les victimes peuvent poursuivre en dommages-intérêts devant les tribunaux ceux qui ont ordonné ou participé à ces actes illégaux.

Mais la liberté individuelle ne peut être sérieusement garantie que si l'indépendance et la responsabilité des juges est parfaitement organisée. Leur indépendance est assurée par l'inamovibilité (V. n° **265**). Leur responsabilité n'est malheureusement que difficilement mise en jeu : leur responsabilité pénale ne peut être mise en mouvement que par le ministère public, par une procédure compliquée et leur responsabilité civile ne peut l'être que par la voie périlleuse de la prise à partie (C. Instr. cr. 112 et s.; C. Pr. civ. 505-516) qui expose le demandeur à des peines en cas d'échec (V. n° 295).

21. Régimes exceptionnels de police. — Le principe de la liberté individuelle reçoit un certain nombre d'exceptions, en dehors de celle déjà signalée de l'état de siège, exceptions que justifie l'intérêt général et qui rétablissent un régime de police à l'égard des vagabonds et mendiants, des aliénés, des malades, des étrangers et des membres de familles ayant régné en France.

a) Les **vagabonds et mendiants** déjà condamnés pour mendicité peuvent être internés administrativement dans un dépôt de mendicité.

b) Les **aliénés** peuvent constituer un danger pour la société et pour l'ordre public. S'il s'agit d'un fou furieux, le préfet peut ordonner d'office son internement dans un établissement d'aliénés; il avertit le procureur de la République ; il doit recevoir chaque mois un rapport du médecin de l'établissement sur l'état mental de l'interné. S'il s'agit d'un cas de folie douce, seule la famille peut placer volontairement l'aliéné dans un établisement public ou privé en produisant un certificat médical constatant l'état mental de la personne à placer.

Ces dispositions de la loi du 30 juin 1838 sont en soi assez dangereuses : l'insuffisance du contrôle du personnel médical et du personnel judiciaire permet parfois de véritables séquestrations d'individus sains d'esprit.

c) Vis-à-vis des **malades atteints de maladies épidémiques,** il est nécessaire de prendre des mesures préventives pour éviter la propagation. C'est ainsi que les passagers d'un navire, qui présente à bord des cas confirmés ou suspects d'une maladie pestilentielle, peuvent être retenus en observation à l'arrivée au port (Loi du 3 mars 1822 et décret du 2 janvier 1896,) ou isolés dans un lazaret. De même en cas d'épidémie, le gouvernement pourrait ordonner des mesures de quarantaine et d'isolement contre des malades ou des suspects, ou établir des cordons sanitaires infranchissables autour d'un village ou d'un quartier de ville (Loi du 15 février 1902). La loi de 1902 impose à tous les individus de se faire vacciner au moins au cours de la première, onzième et vingt-et-unième année, aux médecins de déclarer les malades atteints de maladies transmissibles et auxquels ils donnent leurs soins.

d) **Les étrangers** qui, en tant qu'hommes, jouissent des droits naturels et individuels ainsi que des garanties de ces droits, sont cependant, dans un but de sécurité nationale, soumis à des lois spéciales de police.

Ils doivent faire une déclaration de résidence dans toute commune où ils arrivent pour exercer un commerce, une profession ou une industrie.

En outre, ils peuvent, sans condamnation judiciaire, être expulsés par mesure administrative prise par le Ministère de l'Intérieur ou même par le préfet dans les départements frontières.

e) **Les membres des familles ayant régné en France** sont suspects de pouvoir provoquer des troubles dont ils profiteraient pour rétablir la monarchie. Tous les gouvernements qui se sont succédé en France au cours du XIXe siècle, ont pris des mesures spéciales contre les membres de la dynastie qui les avait précédés. La loi du 22 juin 1886 interdit seulement aux chefs de ces familles et à leurs héritiers directs le territoire de la République, laissant au Président de la République le soin de prendre une mesure identique vis-à-vis des autres membres qui troubleraient l'ordre public.

§ 2. — Inviolabilité du domicile privé.

22. **L'inviolabilité du domicile** est une conséquence de la liberté de la personne qui doit avoir un asile inviolable. Elle consiste dans l'interdiction de pénétrer dans la maison ou l'appartement privé d'un individu sans son consentement.

Elle est même plus impérative pendant la nuit car sa violation troublerait alors davantage la tranquillité des habitants. La nuit, personne, pas même les agents de l'autorité, n'ont le droit de pénétrer dans l'intérieur d'une maison, sauf en cas de réclamation venant de l'intérieur ou en cas d'inondation ou d'incendie. L'interdiction ne s'applique pas aux maisons ouvertes au public, comme les débits de boissons.

De jour, les agents de l'autorité ne peuvent pénétrer dans la maison d'un citoyen qu'en vertu d'une décision de l'autorité judiciaire telle qu'un mandat de perquisition ou un ordre d'exécution de jugement. Il n'y a d'exception qu'en cas de délit flagrant qui permet de poursuivre l'auteur jusque dans un domicile privé sans attendre le mandat du juge d'instruction.

Comme la liberté individuelle, l'inviolabilité du domicile est garantie par la responsabilité pénale des officiers de police judiciaire et de leurs auxiliaires qui la violeraient arbitrairement (article 184 du Code pénal).

Elle supporte cependant des dérogations :

a) Les préfets, en vertu de l'article 10 du Code d'instruction criminelle peuvent encore ordonner des perquisitions.

b) Les agents des contributions indirectes peuvent pénétrer chez les marchands de vins, distillateurs, soumis à leur surveillance.

c) Ils peuvent également pénétrer chez les particuliers soupçonnés de fraude mais à la condition de se faire accompagner du maire ou d'un commissaire de police ou du juge de paix.

§ 3. — La liberté du travail, du commerce et de l'industrie.

23. La **liberté du travail, du commerce et de l'industrie** est également le prolongement de la liberté physique. L'homme libre de son activité doit pouvoir travailler comme il l'entend, louer ses services, fabriquer un produit, faire tel négoce qu'il lui plaît, en tel lieu, de telle manière que bon lui semble. C'est pourquoi la Constituante a aboli les corporations qui empêchaient un ouvrier de se faire patron, de travailler suivant ses procédés et à un tarif qui lui plaisait.

Mais la Constituante poussa son individualisme à l'excès en interdisant l'association libre et la coalition, entente entre ouvriers en vue de faire grève, ou entre patrons en vue de fermer tous leurs ateliers. Ces dispositions destinées en apparence à assurer la liberté, y étaient défavorables. On était parti de cette idée qu'il y a égalité entre le patron et l'ouvrier et que le louage de services reste purement individuel. Cela est inexact : il n'y a pas égalité parce que, d'une part, l'ouvrier travaille pour vivre et faire vivre sa famille, le patron travaille pour faire fructifier ses capitaux ; l'un ne peut aussi aisément se passer de manger que l'autre de gagner de l'argent. D'autre part, la Constituante se refusait à toute réglementation du travail parce qu'elle estimait que l'ouvrier ne doit au patron que son travail et le patron ne doit à l'ouvrier que le salaire. Il n'en est **pas** cependant ainsi car à l'occasion du travail et de ses risques, l'ouvrier **fait** dépôt de sa vie elle-même entre les mains du patron et celui-ci lui doit des garanties. Ces deux contestations ont apparu encore plus évidentes quand, avec la découverte de la vapeur, aux petits ateliers ont succédé de vastes usines possédées par de puissantes sociétés anonymes et contenant de puissantes machines. La transformation économique a provoqué les modifications de la législation.

Les coalitions ont été permises par l'abolition des articles du Code pénal qui punissaient les grèves (loi du 25 mai 1864). Les associations professionnelles ou syndicats ont été autorisés. (Loi du 21 mars 1884). Les ouvriers peuvent ainsi opposer la force du nombre à celle des capitaux. La liberté est rétablie. Mais elle serait en échec si l'on usait de la force pour contraindre un ouvrier à la grève : le code pénal a maintenu le délit de violence et d'entrave à la liberté du travail.

D'autre part, le législateur est intervenu pour réglementer les conditions même du **contrat de travail,** pour remplir son devoir de solidarité et protéger l'ouvrier dont la liberté ne peut toujours se défendre elle-même contre les accidents, contre des fatigues excessives qui auraient leur répercussion sur la race : tel a été le but des lois sur l'hygiène et la sécurité des travailleurs (loi du 12 juin 1893), le travail de nuit des femmes et enfants (loi du 2 novembre 1892), les accidents du travail (loi du 9 avril 1898), la durée de la journée de travail (loi du 30 mars 1900), le repos hebdomadaire (loi du 13 juillet 1906).

Il n'y a dans ces dispositions rien de contraire à la liberté du travail. Il n'y en aurait pas davantage dans un contrat collectif de travail passé entre un syndicat et un patron pour déterminer, sous le contrôle du législateur, et le respect des lois votées, les conditions générales auxquelles devront satisfaire les louages individuels de services.

24. Ses applications. — La liberté du travail, même sous ses formes nouvelles, reste donc à la base de notre organisation économique dans laquelle elle reçoit chaque jour de nombreuses applications telles que :

a) La *liberté des étrangers* de venir travailler en France, sous la seule condition de faire une déclaration de résidence.

b) La *liberté pour les industriels de fabriquer leurs produits* suivant les procédés qu'ils veulent employer, sous la seule condition de respecter la propriété industrielle des invehteurs qui ont pris des brevets et des marques de fabrique.

c) La *liberté pour les commerçants de fixer leurs prix de vente* sous cette réserve que les municipalités peuvent taxer le prix du pain et de la viande et que les lois pénales frappent ceux qui accaparent des denrées de première nécessité pour en faire monter artificiellement les prix.

d) Enfin le *libre exercice de toute profession* ne peut être restreint par des règlements de police qui imposeraient des conditions extra-légales.

25. Restrictions. — Cependant, du fait de la loi, la liberté du travail a subi des atteintes assez nombreuses bien que souvent justifiées par de louables considérations :

a) Certaines professions sont assujetties à des *conditions de capacité technique* à raison du danger social que des ignorants pourraient faire courir à leurs clients : il en est ainsi des professions d'avocat, de médecin, de pharmacien.

b) Des industries ne peuvent être exercées qu'après une *déclaration administrative* destinée à faciliter la surveillance de la police : fabrication d'armes, ouverture d'une auberge, d'une hôtellerie, etc.

c) D'autres, dans un intérêt de sécurité ou de *salubrité publique* doivent être *autorisées par l'administration* : il en est ainsi notamment des *établissements dangereux*, incommodes ou insalubres : fabriques de dynamite, d'engrais, d'acide sulfurique, etc.

d) Enfin *des industries ont été monopolisées* par l'Etat ou les communes : les unes dans un but fiscal (pour l'Etat, monopole des allumettes, du tabac, des poudres, des cartes à jouer, et, pour les communes, monopoles des abattoirs, des halles et marchés publics, du pesage et mesurage publics) ; les autres, qui sont de grands services publics, en vue de les faire gérer dans un but d'intérêt national ou communal et non dans l'intérêt financier d'une compagnie privée : tels sont, pour l'Etat, les postes et télégraphes et en partie les chemins de fer et pour les villes, les monopoles de distribution d'eau, de gaz, d'électricité.

§ 4. — **Le droit de propriété**.

26. Le droit de propriété, c'est le droit de disposer à son gré de ses biens, de ses revenus, du produit de son travail et de son industrie.

Il trouve son fondement juridique dans ce fait que toute propriété est le résultat de l'activité individuelle dont le fruit appartient naturellement à son auteur.

Il est justifié par son but social : la perspective de posséder en propre le produit de son travail stimule l'esprit d'entreprise des individus ; la jouissance paisible qu'on en a assure le repos pour la vieillesse ; ce droit complète la liberté en lui donnant des moyens de défense.

Il peut revêtir des formes qui se multiplient avec la civilisation : propriété foncière, propriété industrielle (brevets d'invention), propriété littéraire et artistique (droits de l'auteur sur la reproduction de son livre ou de l'objet d'art qu'il a créé), propriété mobilière (sur les meubles ou les capitaux d'une société représentés par des titres), etc.

La propriété est un droit individuel, non pas en ce sens que tous doivent être propriétaires, mais en ce sens que tous peuvent acquérir des objets de propriété.

C'est là le sens que lui a donné la Constituante en déclarant la propriété un droit inviolable et sacré (Déclaration des droits, art. 17), la Convention, en décrétant le 18 mars 1793 la peine de mort contre ceux qui proposeraient le partage des terres et la Révolution, pendant le gouvernement directorial, en condamnant Babeuf qui demandait la mise en commun de toutes les propriétés.

La Révolution n'a pas cependant appliqué en toutes circonstances ces principes : elle a maintenu dans notre droit pénal la *confiscation* générale des biens de certains condamnés et l'a appliquée aux émigrés. Cette peine accessoire a été abolie en 1814 et notre Code pénal ne connaît plus que la confiscation spéciale des objets dont la possession constitue un délit, comme des allumettes de contrebande, ou qui ont servi à commettre un délit, comme le fusil d'un braconnier.

27. Restrictions. — Le droit de propriété subit des restrictions légitimes lorsqu'elles sont commandées par l'intérêt public qui doit l'emporter sur l'intérêt individuel. Ainsi, **dans** un but de salubrité publique, la loi impose aux immeubles bâtis des charges spéciales qui frappent les *logements insalubres* et fait défense de fouiller les terrains dans le voisinage des sources d'eaux minérales ; pour faciliter la circulation, elle impose des servitudes d'utilité publique comme l'*alignement* des constructions (V. nº 209) ou l'obligation de laisser un passage pour le *halage* des bateaux le long des rivières navigables et flottables (V. nº 205) ou la défense de planter des arbres à une certaine distance des routes ; pour faciliter la défense, elle interdit de construire dans une certaine zone autour des fortifications (V. nº 202).

Les propriétaires de *marais* peuvent être contraints de les dessécher (loi 16 septembre 1807) ; les propriétaires de *forêts* ne peuvent toujours les défricher ; ceux qui possèdent un terrain sous lequel il y a du charbon ou du minerai sont bien propriétaires du dessus et du dessous, cependant en vue d'assurer une bonne exploitation des *mines* l'Etat dépouille le propriétaire de son droit sur le dessous, concède la mine à un exploitant qui présente des garanties suffisantes à charge seulement de payer une redevance annuelle au propriétaire de la superficie.

Enfin, pour l'exécution de travaux publics, les personnes administratives (Etat, départements, communes) peuvent priver un propriétaire de son bien foncier suivant une procédure organisée que nous étudierons (V. nº 220 et s.) et moyennant une indemnité équitable et préalable à la dépossession.

La liberté individuelle, l'inviolabilité du domicile, la liberté du travail, le droit de propriété garantissent le développement de l'activité physique et des intérêts matériels de l'individu ; ses intérêts moraux sont assurés par les droits qui permettent la libre manifestation de sa pensée, liberté des cultes, liberté de réunion, de presse, d'association, d'enseignement.

§ 5. — La liberté de conscience et la liberté des cultes.

28. La liberté de conscience c'est la liberté de croire ou de ne pas croire à certains dogmes, d'adopter une religion ou de n'en professer aucune ; la liberté du culte, c'est le droit de prendre part aux actes et cérémonies extérieures par lesquels se manifeste une religion, ou de ne participer à aucun d'eux.

La liberté de conscience, pour être respectée, exige que tous les actes civils auxquels un citoyen peut être astreint ne revêtent aucun caractère religieux, elle entraîne la neutralité absolue de l'Etat en cette matière. La législation moderne en a déduit les conséquences suivantes :

1º **La laïcisation de tous les services publics.** Ainsi l'état civil a été sécularisé. Jadis, les actes de baptême, de mariage, d'enterrement, dressés par les curés, tenaient lieu d'actes de l'état civil, il en résultait que ceux qui ne professaient point la religion catholique ne pouvaient avoir d'état civil ; les lois de la Révolution ont créé les registres civils de naissance, de mariage, et de décès qui sont tenus par le maire. Pour vaincre des résistances, le législateur a interdit au prêtre de célébrer aucun mariage religieux avant qu'ait eu lieu le mariage civil.

De même l'enseignement public est neutre. D'une part, la loi du 28 mars 1882 a décidé que l'instruction religieuse ne fait pas partie du programme des écoles et la loi du 30 octobre 1886 exige que le personnel enseignant soit laïque.

De même encore, les services des pompes funèbres en dehors des églises ont été laïcisés (loi 28 décembre 1904).

D'une façon générale, les fonctions publiques sont et doivent être accessibles à tous sans condition de religion.

2º **La liberté des funérailles** (loi 15 novembre 1887). Chacun, par une déclaration faite à la mairie peut décider si ses funérailles seront religieuses ou simplement civiles ; la loi interdit aux maires et préfets de prendre des arrêtés imposant des conditions particulières aux unes ou aux autres.

3º Enfin, sont illégales toutes mesures qui imposent des **pratiques religieuses** telles que l'obligation de décorer sa maison sur le passage des processions.

29. La **liberté du culte** est assez difficile à assurer. Sans doute il est toujours loisible de pratiquer chez soi tous actes religieux. La liberté du culte privé est alors la conséquence de l'inviolabilité du domicile. Mais la liberté du culte public, c'est-à-dire des cérémonies auxquelles le public est convié et peut assister, est plus délicate à maintenir. D'une part, tout homme croit aisément que ses conceptions religieuses sont la vérité absolue et veut par suite les imposer aux autres. D'autre part, des gouvernements, pour diriger les hommes, ont souvent vu dans les ministres des cultes des auxiliaires qu'il fallait soutenir ou des adversaires qu'il fallait combattre.

Dans l'ancien régime, il y avait une religion de l'Etat : le culte catholique ; elle était exclusivement protégée par l'Etat qui combattait les autres cultes et faisait de l'hérésie un délit.

La Constituante affranchit les autres cultes mais maintint le système de la religion d'Etat au profit du culte catholique pour lequel elle vota la *Constitution civile du clergé*. Celle-ci, imbue des doctrines gallicanes, réglait l'organisation intérieure de l'Eglise ; elle fut repoussée par le pape ; des cultes officiels multiples surgirent ; la Convention en 1795 déclara que l'Etat ne devait pas se mêler des querelles religieuses et vota la *Séparation des Eglises et de l'Etat*. Mais Napoléon, pour consolider son pouvoir usurpé, rechercha l'alliance du pape et conclut avec lui le **Concordat** de 1802. Napoléon, sans rétablir une religion d'Etat, donna cependant un caractère officiel aux *cultes reconnus* (catholique, protestant, israélite), et soumit les cultes *non reconnus* à un régime arbitraire de police. Les ministres des cultes reconnus redevinrent des fonctionnaires salariés et furent traités comme tels ; l'autorité civile intervint dans l'organisation ecclésiastique par la nomination des évêques, des curés; les règles de la police des cultes donnèrent au gouvernement le droit de contrôler la publication, en France, des actes du pape et d'annuler ceux contraires à notre droit public.

Le régime concordataire a été souvent critiqué au XIXe siècle comme contraire à la liberté religieuse et à la liberté des citoyens. D'une part, les libres-penseurs, ne pratiquant aucune religion, déclaraient ne pas vouloir participer aux dépenses des cultes qui leur étaient étrangers, et ceux qui suivaient un culte non reconnu se pouvaient plaindre de l'inégalité de traitement dont ils étaient l'objet. D'autre part, les catholiques se plaignaient de la dépendance de leurs ministres vis-à-vis du gouvernement. Sur ce point, des difficultés surgirent en 1904 entre le gouvernement français et le pape qui voulut, en violation du Concordat, suspendre un évêque nommé par le gouvernement et intervenir dans la politique extérieure de la France en protestant contre la visite du Président de la République au roi d'Italie. Elles provoquèrent le vote de la loi du 9 décembre 1905.

30. La séparation des Eglises et de l'Etat établie par la loi du 9 décembre 1905 assure la liberté des Eglises vis-à-vis de l'Etat et un régime d'égalité entre tous les cultes.

D'une part, les Eglises recouvrent leur liberté pour le choix de leurs ministres, leur législation intérieure et l'organisation de leurs circonscriptions ecclésiastiques.

D'autre part, d'après l'article 2 de la loi « la République ne reconnaît, ne salarie ni ne subventionne aucun culte. »

En outre, afin de permettre aux Eglises de s'organiser civilement, d'administrer leur patrimoine et de pratiquer leurs cérémonies, la loi décide que :

a) Des *associations cultuelles* qui se formeront pour l'exercice du culte recevront les biens des fabriques et menses épiscopales supprimées, pourront percevoir des cotisations sur les fidèles et s'aider réciproquement en formant des Unions.

b) Les *édifices* appartenant à l'Etat ou aux communes resteront affectés au culte, à charge pour les associations cultuelles de les entretenir.

c) Les *réunions cultuelles*, c'est-à-dire les cérémonies religieuses pourront avoir lieu même sans déclaration.

L'Eglise catholique, qui a accepté ce régime en d'autres pays, a refusé d'user de ces moyens légaux qui, dit-elle, n'assurent pas le respect de la hiérarchie ecclésiastique : dès lors, en l'absence d'associations et de toute personne morale à qui les biens des fabriques auraient pu être attribués, ceux-ci ont été dévolus à des établissements de bienfaisance, et, faute d'une personne morale pour la recevoir, aucune fondation religieuse ne peut être créée. Les églises sont demeurées en fait à la disposition des fidèles et des ministres du culte, mais ceux-ci en jouissent sans titre juridique et ne sont que de simples usagers ; personne n'est astreint à entretenir les églises puisque ce soin n'est plus imposé à l'Etat ni aux communes.

Les autres églises, au contraire, ont usé des dispositions de la loi. Les protestants ont formé des associations cultuelles qui cadrent avec leurs conseils presbytéraux et consistoires. Ces associations se sont groupées en quatre Unions : l'*Union nationale des Eglises réformées évangéliques*, l'*Union des Eglises réformées de France*, les *Eglises réformées unies*, l'*Association générale de l'Eglise luthérienne en France.*

Les israélites ont constitué l'*Union des associations cultuelles israélites en France.*

Dans tous les cas, les règles sur la police des cultes contenues dans la loi de 1905 reçoivent application ; les processions et l'usage des cloches demeurent réglementés par les arrêtés municipaux ; il est interdit d'élever de nouveaux emblêmes religieux sur les monuments publics autres que ceux destinés au culte ; toutes atteintes à la liberté du culte portées tant par des civils que par des prêtres constituent des délits réprimés par les tribunaux.

§ 6. — **La liberté de réunion.**

31. La **réunion,** c'est le fait de plusieurs personnes qui s'assemblent momentanément dans un même lieu pour entendre l'exposé des opinions de l'une d'elles avec ou sans débat contradictoire.

Par là même qu'elle est temporaire et comprend un nombre indéterminé d'auditeurs, elle se différencie de l'association qui réunit en permanence un nombre de membres déterminé. Cependant, les *clubs*, pendant la Révolution, tenaient à la fois de l'un et de l'autre. C'étaient des organisations permanentes qui provoquaient périodiquement des *réunions.*

Une réunion peut être privée ou publique.

Il y a **réunion privée** dans le fait de rassembler chez soi un nombre quelconque de personnes, sur invitation nominative. La liberté des réunions privées ne peut être **réglementée** : elle résulte nécessairement de la liberté individuelle et de l'inviolabilité du domicile.

Dans une **réunion publique** au contraire, tout le monde peut pénétrer : comme elle constitue un bon moyen d'éclairer les électeurs dans un pays de suffrage populaire, elle est un complément de la liberté politique. Mais comme elle peut faire courir des dangers à l'ordre public, elle a toujours été réglementée.

La liberté pour les citoyens, de s'assembler paisiblement et sans armes était garantie par la Constitution de 1791. Mais elle fut restreinte par la Convention et surtout par le Gouvernement Directorial qui avait vu des clubs imposer leur volonté aux représentants de la souveraineté nationale. Le régime de l'autorisation préalable fonctionna rigoureusement, sanctionné par le Code pénal, jusqu'à ce que l'interdiction d'un banquet politique ait provoqué la Révolution de 1848. Celle-ci cependant, par suite des troubles, ne put *organiser* la liberté de réunion et le Second Empire ne rendit la liberté qu'aux réunions qui n'avaient pas un caractère politique.

32. La liberté de réunion n'a été organisée que par la Troisième République qui, au régime de l'autorisation préalable a substitué celui de la *simple déclaration* par la loi du 30 juin 1881 et qui a même supprimé la nécessité d'une déclaration dans la loi du 28 mars 1907.

D'une part, le contrôle de l'autorité qui s'exerce pour la répression des crimes et délits est simplement assuré par la présence à la réunion d'un fonctionnaire, ordinairement d'un commissaire de police délégué par le maire ou le préfet, et qui a le droit de choisir sa place.

D'autre part, le maintien de l'ordre dans la réunion est assuré par les dispositions suivantes :

1° *La réunion doit être tenue dans un lieu clos et couvert*, c'est-à-dire fermé.

Les attroupements sur la voie publique sont interdits. Si dans l'attroupement des individus sont porteurs d'armes apparentes ou cachées, si un seul individu porteur d'une arme apparente n'est pas expulsé par les autres membres du rassemblement, l'attroupement est dit armé et doit être dispersé par la force publique après deux sommations. Si l'attroupement n'est pas armé et s'il met en danger la tranquillité publique, la police doit le disperser par l'emploi de la force après trois sommations.

2° *Elle ne peut se prolonger au delà de l'heure où se ferment les établissements ouverts au public* (théâtres, cafés, débits de boissons).

3° *Chaque réunion doit constituer un bureau* d'au moins trois personnes qui deviennent responsables des infractions commises contre la loi des réunions (actes et discours contraires aux bonnes mœurs, etc.)

4° *La police peut dissoudre* la réunion soit sur réquisition du bureau, soit spontanément en cas de violences exercées par les personnes présentes.

§ 7. — Liberté de la presse.

33. Les intérêts en jeu. — La liberté de la presse, c'est le droit de manifester sa pensée sous toutes les formes écrites : livres, brochures, revues, affiches, journaux, etc.

Elle était considérée par la Déclaration de 1789 comme un « des droits les plus précieux de l'homme » : son prix s'est accru dans les régimes de liberté politique et surtout dans un régime démocratique comme le nôtre : la multiplication des journaux et l'abaissement de leur prix à cinq centimes les met dans toutes les mains ; la presse est devenue un ressort de la vie politique, le mode d'élaboration de l'opinion publique et par conséquent de la volonté nationale.

Mais la liberté est limitée par le droit égal d'autrui. Or, si le publiciste aspire à pouvoir dire toute la vérité, il doit cependant respecter la vie privée des individus à qui des diffamations ou des injures par la voie de la presse porteraient un préjudice matériel et moral. D'autre part, la société n'a pas moins de droits ; s'il faut respecter la sincérité de toute œuvre littéraire, il n'est pas moins nécessaire de réprimer les atteintes portées à la décence et à la morale publique ; si la pensée doit demeurer indépendante, il n'est pas moins indispensable de défendre l'existence de la société contre la provocation à des crimes.

34. La conciliation de ces intérêts opposés peut être réalisée : d'une part, la liberté est assurée par l'absence de toutes mesures préventives contre la presse, de toutes interventions administratives comme *l'autorisation* d'ouvrir une imprimerie ou comme la *censure*, examen préalable du livre ou de l'article à publier : d'autre part, la réparation et la répression des délits commis sont assurées par la *responsabilité civile et pénale des auteurs*. Encore faut-il ajouter que la liberté doit recevoir ici une nouvelle garantie : cette responsabilité doit être mise en jeu le plus souvent, non devant les tribunaux correctionnels, qu'on pourrait suspecter de servir les vues politiques du gouvernement, mais devant la *Cour d'assises*, dont le jury est bien un organe de l'opinion publique appelée à statuer sur un fait qui lui a été soumis par la voie des journaux.

Ce régime essentiellement libéral de la presse est encore l'œuvre de la Troisième République.

Le régime de la presse a très exactement suivi les oscillations de la liberté politique. La Révolution française à ses débuts laissa une grande liberté à la presse ; mais le Gouvernement Conventionnel et plus encore le Directoire firent procéder à des *saisies* de journaux et à des mesures arbitraires de prohibition. Le Premier Empire fonda un régime préventif, excessivement rigoureux : il rétablit l'obligation du *brevet* (autorisation administrative) pour les imprimeurs ; il imposa la *censure* aux livres et journaux (décret 25 février 1810). La Restauration se montra tantôt libérale, tantôt autoritaire : et ce fut pour avoir supprimé toute liberté de la presse que Charles X tomba sous la Révolution de 1830. Le gouvernement de Louis-Philippe, après avoir desserré les liens des journaux, rétablit un régime de police par les *lois de septembre* 1835. La République de 1848 craignant les troubles et par suite de sa vie trop courte, n'eut pas le temps de réagir. Et le Second Empire inaugura une réglementation véritablement draconienne : la *censure* est établie pour tous les livres ; les journaux ne peuvent paraître sans une *autorisation* qui peut être suspendue et retirée ; leurs imprimeurs doivent déposer de gros *cautionnements* qui répondent de leur responsabilité et l'*impôt du timbre* frappe lourdement les imprimés. L'Empire libéral, en 1868, autorisa la simple déclaration pour les journaux et laissa aux tribunaux judiciaires le droit de suspension ou de suppression. Le gouvernement provisoire en 1870, décréta la liberté de l'imprimerie et abolit l'impôt du timbre. Mais l'Assemblée nationale n'admit pas la liberté de la presse qui ne fut rétablie qu'avec l'avènement du parti républicain au pouvoir.

85. Le régime de liberté. — La loi du 29 juillet 1881, au régime préventif de l'autorisation substitue le régime répressif de la responsabilité facilitée par la déclaration administrative.

Elle assure ainsi :

1º La **liberté de l'imprimerie et de la librairie** : l'imprimeur n'est tenu qu'à déposer à la mairie deux exemplaires des livres qu'il imprime avec indication de son nom et de celui de l'éditeur.

2º La **liberté de l'affichage** : les affiches sont astreintes au droit de timbre ; c'est là un impôt sur la publicité puisque les affiches électorales par exemple en sont dispensées : celles-ci, ainsi d'ailleurs que celles du gouvernement, sont protégées : leur lacération constitue un délit. Celles des particuliers doivent être en papier de couleur, non tricolore, le papier blanc étant réservé à celles du gouvernement.

3º La **liberté de la distribution et du colportage** : seuls les colporteurs de profession sont astreints à une déclaration.

4º Enfin la **liberté de la presse périodique**, c'est-à-dire des journaux.

Un journal peut être publié sans autorisation ni cautionnement aux deux conditions suivantes :

a) *Une seule déclaration* faite au parquet et indiquant le nom du gérant et celui de l'imprimeur.

b) *Un dépôt légal* de chaque numéro paru, fait à la fois au parquet et à la mairie ou préfecture, ou, à Paris, au ministère de l'Intérieur.

La déclaration et le dépôt ont pour but de faciliter la répression des délits commis, délits dont le gérant, ou l'auteur, ou l'imprimeur sont responsables.

Délits de presse. — En principe, il n'y a pas de délits d'opinion ; la loi ne punit que des faits positifs délictuels.

a) *Envers les particuliers* : l'*injure*, c'est-à-dire toute expression outrageante, et la *diffamation*, c'est-à-dire toute imputation même exacte, qui porte atteinte à l'honneur, peuvent donner lieu : 1° à une demande de dommages-intérêts devant le tribunal civil; 2° à une citation directe devant le tribunal correctionnel contre le gérant et l'auteur de l'article, sans que ceux-ci puissent se défendre en alléguant l'exactitude des faits rapportés.

b) *Envers les fonctionnaires publics*, les mêmes faits donnent compétence à la Cour d'assises devant laquelle le publiciste peut faire la preuve du fait incriminé. La loi a voulu que le fonctionnement des administrations publiques fut placé sous le contrôle de l'opinion publique représentée à la fois ici par la presse et par le jury.

c) *Envers la société*, les *délits* ne peuvent en principe être des délits d'opinion : on peut parfaitement dans un journal attaquer la Constitution, la République et défendre les idées monarchistes.

Cependant, il est des publications qui ont été jugées particulièrement graves et pour lesquelles compétence a été donnée aux tribunaux correctionnels : tels sont les articles de propagande anarchiste (lois du 12 déc. 1893 et 28 juillet 1894 votées à la suite du jet d'une bombe à la Chambre des Députés et de l'assassinat du Président Carnot) et les outrages aux bonnes mœurs (lois du 22 août 1882 et 16 mars 1898).

§ 8. — La liberté d'association.

36. La liberté d'association se rattache encore à la liberté individuelle : l'homme qui a le droit de disposer de son activité possède par là même le droit de la développer, de la multiplier en s'associant à d'autres individus. En effet, son activité s'accroît à raison du nombre même d'associations dont il fait partie : elle lui permet d'agir dans le monde juridique, non plus seulement par sa propre personne, mais aussi par une personne nouvelle, la personne morale que constitue l'association.

Cependant la liberté d'association ne s'est point aisément fait recevoir dans le droit moderne : l'individualisme révolutionnaire entendait écarter la tyrannie des corps moraux sur les volontés individuelles; il craignait l'accumulation entre les mains des personnes morales de biens de main-morte qui sont soustraits à la circulation et ne se fixent pas entre les mains de celui qui les peut le mieux exploiter ; par-dessus tout, il redoutait l'intervention d'associations trop puissantes pour être responsables dans le domaine politique où elle eût gêné la tendance autoritaire et centralisatrice de tout gouvernement. Ces préoccupations se sont atténuées de nos jours, sinon vis-à-vis des congrégations, du moins à l'égard des associations laïques.

D'une part, la *liberté des associations à but lucratif*, dont l'objet est de réaliser des bénéfices et de les partager entre les associés a été assez aisément admise parce que les sociétés civiles et les sociétés commerciales ne peuvent gêner le gouvernement. Cependant le Code de commerce exigeait une autorisation administrative pour la constitution des sociétés anonymes. La loi du 24 juillet 1867 les a libérées de cette obligation, à l'exception des sociétés d'assurance sur la vie qui ne l'ont été que par la loi du 17 mars 1905. Mais le fonctionnement des sociétés d'assurance-vie et d'assurance-accidents est soumis au contrôle du ministère du travail.

D'autre part, la *liberté des sociétés à but non lucratif* s'est heurtée à des craintes politiques et économiques. La loi des 14-17 juin 1791 les a interdites ; le Code pénal (art. 291 et suiv.) a établi un régime préventif : il a fait un délit de la participation à une association non autorisée de plus de vingt personnes ; la Révolution de 1848 a proclamé la liberté mais sans l'organiser. Cependant les autorisations furent aisément accordées, des syndicats ouvriers se sont constitués en fait. Le mouvement associationniste s'est amplifié dans la seconde partie du xixe siècle et a abouti enfin, par étapes, au régime libéral de la simple déclaration administrative.

Le législateur a successivement accordé le bénéfice du régime libéral aux syndicats professionnels, aux syndicats de propriétaires (V. n° 216), aux sociétés de secours mutuels avant d'en faire la règle générale de toutes les associations dans la loi du 1er juillet 1901.

37. Les syndicats professionnels. — Après une tentative éphémère de Turgot, la Constituante supprima les corporations oppressives (loi 2 mars 1791), interdit toute association (loi 14-17 juin 1791) et ne laissa subsister en fait que les compagnonnages d'ouvriers.

Le développement de fait des associations ouvrières sous le second Empire, retardé par la politique autoritaire de l'Assemblée nationale, reçut sa consécration en droit avec l'arrivée au pouvoir du parti républicain, dans la loi du 21 mars 1884 qui a donné aux syndicats professionnels le régime libéral de la déclaration.

Le syndicat se différencie de la corporation en ce sens qu'il n'est pas obligatoire : en fait partie qui veut.

Sa constitution est soumise à des conditions de fond et des conditions de forme.

Les **conditions de fond** sont les suivantes :

a) Un syndicat ne peut être formé *qu'entre personnes exerçant actuellement la même profession.*

b) Il doit avoir pour but « *la défense des intérêts économiques, industriels, commerciaux ou agricoles de la profession* » *:* c'est en se basant sur cette condition que le gouvernement a déclaré illégaux les *syndicats de fonctionnaires.*

c) Il ne peut être géré que par des *administrateurs français* jouissant de leurs droits civils et exerçant la profession en France.

Les **conditions de forme** sont aisément remplies :

a) Les fondateurs doivent *déposer un exemplaire des statuts* du syndicat à la mairie.

b) Ils doivent *indiquer la composition du conseil d'administration.*

Régulièrement constitué, le syndicat devient une personne morale qui peut plaider, recevoir des cotisations de ses membres, posséder les immeubles nécessaires à ses réunions, bibliothèques, ou cours professionnels.

Les syndicats peuvent former des Unions.

Un projet de loi rapporté en 1906 devant la Chambre des députés propose à juste titre d'admettre dans les syndicats les anciens ouvriers, et de développer leur capacité civile en leur permettant d'acquérir librement tous meubles ou immeubles. Ainsi les syndicats qui exercent librement leurs droits pourraient effectivement supporter la responsabilité civile qu'ils encourent par leurs délits.

38. Les sociétés de secours mutuels ont pour but d'assurer à leurs membres des secours en cas de maladie, blessures, infirmités ou de leur constituer ainsi qu'à leurs veuves ou enfants des pensions de retraites.

Il y a trois catégories de sociétés :

a) Les **sociétés libres** qui se constituent par une *déclaration* administrative à la préfecture ou sous-préfecture accompagnée d'un dépôt de statuts. Elles sont soustraites au contrôle administratif, mais leur capacité civile est restreinte : elles doivent être autorisées par le préfet à recevoir des dons et legs mobiliers, par le Président de la République à recevoir à titre gratuit des immeubles. Ceux-ci d'ailleurs doivent être aliénés car la société ne peut posséder que ceux nécessaires à son fonctionnement.

b) Les **sociétés approuvées** par arrêté ministériel voient en outre leur comptabilité soumise au contrôle administratif. Mais elles ont une capacité civile étendue, elles peuvent posséder des immeubles et elles bénéficient de l'exemption des droits de timbre et d'enregistrement pour *tous leurs actes* et de l'obligation des communes de leur fournir un local.

c) Les **sociétés reconnues d'utilité publique** n'ont pas plus de prérogatives que les précédentes (V. n° **39**).

39. Les **associations de droit commun** peuvent se former librement entre toutes personnes pourvu qu'elles aient un objet licite, c'est-à-dire non défendu par la loi. On ne concevrait pas que la loi protège une association de malfaiteurs ayant pour objet de commettre des vols ou de porter atteinte à l'intégrité du territoire national.

Les associations de droit commun peuvent revêtir l'une des trois formes suivantes :

1° L'association **non déclarée** : elle n'a pas de personnalité propre. Les biens qu'elle est censée posséder sont en réalité indivis entre ses membres.

2° L'association **déclarée** : celle-ci est formée par une déclaration à la préfecture ou sous-préfecture indiquant l'objet de l'association, son siège, la composition du conseil d'administration, et accompagnée de deux exemplaires des statuts. Elle constitue alors une personne morale dont la capacité n'est cependant pas illimitée : elle peut plaider, acquérir à titre onéreux mais non à titre gratuit si ce n'est les cotisations de ses membres et les subventions administratives, enfin posséder les immeubles nécessaires à son fonctionnement.

3° L'association **reconnue d'utilité publique** : la reconnaissance est un acte discrétionnaire du gouvernement. Elle est accordée par un décret en Conseil d'Etat à des associations qui sont d'un intérêt général : sociétés savantes, caisses d'épargne, sociétés d'assistance, etc.

Elle a pour effet de permettre à l'association de recevoir même des dons et legs avec l'autorisation administrative.

40. Sanction. — Toutes les associations dont le but deviendrait illicite ou qui violeraient la loi peuvent être *dissoutes*, non par un acte du gouvernement qui pourrait s'inspirer de motifs politiques, mais par un jugement du tribunal judiciaire, c'est-à-dire de juges indépendants.

Il n'y a d'exception qu'à l'égard des associations composées d'étrangers ou ayant leur siège à l'étranger et agissant de manière à fausser les conditions normales du marché des valeurs ou des marchandises : celles-ci peuvent être dissoutes par un décret en Conseil des ministres.

Cette législation des associations, bien que libérale, se ressent encore des craintes qui ont arrêté la liberté au commencement du xixe siècle. Pour que l'association puisse atteindre complètement son but il faut qu'elle reçoive la pleine capacité juridique : on devra donc donner aux syndicats, aux sociétés mutuelles, aux associations déclarées, la faculté d'acquérir librement à titre gratuit ou onéreux tous meubles ou immeubles. Le danger redouté de la main-morte n'est pas plus à craindre pour elles que pour les sociétés commerciales anonymes qui, elles aussi, ont une existence indéfinie.

41. Les Congrégations sont des associations d'individus qui se réunissent pour mener en commun une vie religieuse, pour en propager les doctrines par l'exemple, l'enseignement ou la prédication.

Une exception a été apportée au régime des associations contre les congrégations. Ce n'est point à raison de leur caractère religieux : en effet, une association laïque ayant un but religieux peut se former sous l'égide de la loi de 1901. Mais cette restriction est motivée par des raisons politiques et historiques. Dans une congrégation, les membres ne conservent pas leur liberté personnelle ; des congrégations ont à leur tête des étrangers résidant à Rome; toutes sont des organes secondaires de l'Eglise catholique au contrôle de laquelle elles sont soumises. Aussi l'évolution libérale qui s'est produite en France en faveur des associations a-t-elle laissé à l'écart les congrégations qui sont toujours demeurées soumises au régime préventif de l'autorisation préalable. La Révolution les avait supprimées ; des décrets-lois du premier Empire autorisèrent cependant des congrégations d'hommes ; la loi du 24 mai 1825 et le décret-loi du 31 janvier 1852 portent que le gouvernement pourra autoriser des congrégations de femmes. Comme en fait beaucoup de congrégations s'étaient passées de l'autorisation, la loi du 1er juillet 1901 exigea à nouveau la nécessité de l'autorisation législative pour la formation d'une nouvelle congrégation ou pour la création d'un établissement nouveau d'une congrégation ancienne. La congrégation régulièrement formée, a tous les avantages d'un établissement d'utilité publique pour les acquisitions de biens mais aussi elle est soumise à un contrôle administratif : elle doit présenter chaque année son compte financier et la liste de ses membres.

La loi de 1901, en outre, tout en maintenant les congrégations antérieurement autorisées, a prescrit la dissolution de celles qui ne l'étaient pas.

§ 9. — **La liberté d'enseignement.**

42. Sa raison d'être. — La liberté d'enseignement ne saurait se traduire par le droit pour tout individu de ne rien apprendre : l'obligation imposée à tous de recevoir au moins un enseignement primaire n'entrave pas la liberté individuelle mais, au contraire, permet et assure le libre développement de l'activité de chacun. Elle consiste d'une part, dans la liberté d'enseigner publiquement aux autres ce qu'on sait ou ce qu'on croit savoir, et d'autre part, dans la liberté pour chacun de choisir les maîtres auprès desquels on veut s'instruire. Ainsi conçue, elle apparaît bien comme un droit individuel : c'est une forme de la liberté d'opinion, de la libre communication des pensées.

On a nié l'existence de cette liberté parce que l'enseignement ne s'adresse pas à des adultes dont la raison est formée, mais à des enfants qui n'ont pas encore leur liberté personnelle et dont l'instruction formera la pensée, à des enfants qui deviendront des citoyens. Or, l'Etat a un intérêt supérieur à ce que ces enfants ne reçoivent pas une éducation qui les dresse en adversaires de la société, à ce qu'ils deviennent des citoyens capables d'user de leur liberté, capables de remplir les devoirs politiques et sociaux qui leur incombent dans une démocratie. C'est donc l'Etat qui doit assurer lui-même l'enseignement de tous, dans l'intérêt des enfants et dans l'intérêt de la société.

Mais, a-t-on répondu, en face des devoirs de l'Etat se dresse le droit du père de famille qui a le devoir de nourrir, d'élever et d'instruire ses enfants, et par suite le droit de choisir les.

maîtres qui dirigeront cette instruction. Tant que la famille subsistera dans son organisation actuelle, le droit du père de famille devra l'emporter sur celui de l'Etat.

En réalité ces deux opinions opposées peuvent être conciliées en laissant au père de famille la liberté de l'enseignement de ses enfants et en soumettant cet enseignement au contrôle de l'Etat. C'est là le système actuel.

43. Ouverture des écoles libres. — Le droit français permet à tout individu d'ouvrir des écoles libres et aux parents d'y envoyer leurs enfants. Mais le respect de la personnalité physique et morale de l'enfant est assuré : 1º par des conditions d'hygiène et de salubrité imposées à l'ouverture des écoles ; 2º par des conditions de moralité et de capacité exigées des maîtres ; 3º par une surveillance administrative des écoles libres, surveillance d'ailleurs insuffisante et que des projets actuels tendent à renforcer.

C'est encore la Troisième République qui a couronné l'édifice libéral en cette matière par la loi du 12 juillet 1875. La Révolution avait bien proclamé la liberté de l'enseignement dans la loi du 29 frimaire an II et dans l'article 300 de la Constitution de l'an III, mais elle ne l'avait pas organisée. Le Premier Empire, pour former et diriger les opinions politiques, établit le monopole d'Etat en faveur de l'Université (loi 10 mai 1807 ; D. 17 sept. 1808). Le monopole fut attaqué pendant la Restauration et la monarchie de juillet, tant dans un intérêt religieux pour les enseignements primaire et secondaire, que dans un intérêt scientifique pour l'enseignement supérieur. La loi du 28 juin 1833 donna la liberté de l'enseignement primaire. Puis la loi du 15 mai 1850 (loi Falloux) établit la liberté de l'enseignement secondaire, mais en même temps elle assurait la main-mise du clergé sur les écoles primaires libres et même sur les écoles primaires de l'Etat en donnant aux prêtres la surveillance de ces écoles ou en dispensant de tout brevet de capacité les sœurs qui présentaient des lettres d'obédience des supérieurs de leur congrégation. Cette main-mise n'a disparu qu'avec la loi du 30 octobre 1886. Enfin, la loi du 12 juillet 1875 a créé la liberté de l'enseignement supérieur.

Ainsi, dans la législation actuelle, à côté du service public de l'enseignement dont nous parlerons plus tard, il y a un enseignement libre : des écoles présentant des garanties d'hygiène et de salubrité peuvent être ouvertes par tous Français offrant des garanties de capacité dans les enseignements primaire et secondaire et n'étant pas membres d'une congrégation (loi 1er juillet 1901, art. 11 ; loi 7 juillet 1904).

Des écoles primaires peuvent être ouvertes par tous Français âgés de 21 ans, possédant le brevet de capacité. Le directeur doit faire une déclaration au maire de la commune où il veut ouvrir une école, avec indication du local, puis au préfet, au parquet et à l'inspecteur d'académie.

Le maire, pour raison d'hygiène, l'inspecteur d'académie pour toutes autres causes légales, peuvent faire opposition. Celle-ci est jugée par le Conseil départemental et, en appel, par le Conseil supérieur de l'Instruction publique. Les écoles libres sont soumises en droit sinon en fait à l'inspection administrative et leurs maîtres sont assujettis, pour les fautes graves de leur fonction, à la juridiction du conseil départemental qui peut les frapper de l'interdiction d'enseigner.

Des écoles secondaires peuvent être ouvertes par tous Français âgés de 25 ans. Ils doivent faire une déclaration au recteur de l'Académie, au préfet et au parquet, et déposer à l'appui les pièces constatant qu'ils ont été maîtres ou surveillants pendant 5 années dans un établissement secondaire et qu'ils sont bacheliers. Le préfet et le procureur de la République peuvent faire opposition : elle est jugée par le conseil académique avec appel au conseil supérieur de l'Instruction publique. Ces écoles en droit sont soumises à l'inspection administrative.

Des écoles d'enseignement supérieur peuvent être créées sans condition de capacité chez leurs directeurs ou professeurs pourvu que ceux-ci soient Français et âgés de 25 ans, et cela par une simple déclaration.

En réalité la liberté d'enseignement n'a pour but que de respecter la foi religieuse : les catholiques, en effet, veulent un enseignement suivant le dogme imposé par l'Eglise. Mais elle n'a pas d'intérêt scientifique : les professeurs de l'enseignement public (instituteurs, professeurs des lycées et collèges, professeurs des universités) jouissent de garanties très sérieuses contre les révocations arbitraires, leur indépendance assure leur liberté d'opinion. En fait, et à tous les degrés d'enseignement, toutes les opinions sont représentées, ce qui permet aux élèves de s'en former une librement.

§ 10. — Le droit de pétition.

44. Ses deux caractères. — Le droit de pétition, c'est le droit d'adresser par écrit aux autorités publiques (Chambres, ministres, administrateurs) des plaintes, réclamations ou observations.

Il est une conséquence à la fois de la liberté individuelle et de la liberté d'opinion.

De la première, il résulte en effet que chacun doit pouvoir se plaindre d'un acte arbitraire dont il a été victime et en demander réparation à l'autorité. Ainsi adressée dans un but personnel, la pétition constitue bien *l'exercice d'un droit individuel;* par conséquent ce droit appartient à tous, même aux femmes et aux étrangers.

La seconde exige que chacun puisse faire connaître son sentiment sur les affaires publiques et par conséquent même aux autorités constituées. Mais, envoyée à ce titre, la pétition poursuit un but d'intérêt public. Elle vise à obtenir du parlement ou du gouvernement une mesure générale. Elle est elle-même parfois collectivement signée par plusieurs personnes. Elle apparaît alors comme un droit d'initiative en matière de législation ou d'administration : elle cesse alors d'être un droit individuel ouvert à tous pour devenir un *droit politique* réservé aux seuls électeurs.

Telle n'a pas été cependant la pensée de nos diverses assemblées représentatives qui ont toujours reçu les pétitions de tous et par suite les ont toujours considérées comme l'exercice d'un droit individuel.

Le droit de pétition a pris une importance exceptionnelle pendant la Révolution : on vit défiler à la barre de la Constituante, de la Législative et de la Convention, des foules de pétitionnaires qui entravèrent les travaux des assemblées. Encore sous le régime qui n'admettait pas le droit d'initiative des Chambres en matière législative, la pétition a pu servir de moyen pour manifester la volonté populaire de voir voter une loi. C'est même de la pétition qu'est sorti le droit d'initiative populaire admis par notre Constitution de 1793 et par les Constitutions suisses.

Le droit de pétition ne présente plus guère d'intérêt aujourd'hui : la victime d'un acte arbitraire a à sa disposition des recours administratifs et judiciaires par lesquels elle obtiendra plus sûrement satisfaction ; en l'absence de recours, elle a à sa disposition une presse libre dont la publicité aura plus d'effet sur les gouvernements qu'une pétition discrète.

La pétition n'est astreinte à *aucune forme solennelle* : elle doit être écrite, signée, avec légalisation de la signature. Elle est dispensée du droit de timbre.

Si elle est adressée à une Chambre, elle doit être envoyée au Président de cette Chambre ; elle est examinée par la Commission des pétitions qui peut, ou la renvoyer avec avis favorable au ministre compétent pour y donner satisfaction, ou bien la soumettre à la Chambre, ou encore décider qu'il n'y a pas lieu à examen.

CHAPITRE III

LA FRATERNITÉ

45. C'est le devoir social qui, nous l'avons vu, découle du fait naturel que tous les membres d'une même nation sont solidaires. Chacun souffre du mal qui est éprouvé par l'Etat ou par un concitoyen et qui empêche ceux-ci de lui rendre les services qu'il en attend ; chacun bénéficie de la prospérité de l'Etat et de ses concitoyens car celle-ci les met à même de l'aider à son tour. La Fraternité impose ainsi des obligations à la fois à l'individu et à l'Etat.

Section I. — Devoirs de l'Individu vis-a-vis de l'Etat.

46. La société tout entière bénéficie ou pâtit des actions de chacun de ses membres. Tout sacrifice individuel consenti par l'intérêt particulier à l'intérêt général contribue à développer la solidarité et à affermir la société. Mais il est certains de ces sacrifices qui ont été prévus et organisés par le législateur.

L'esprit individualiste de la Révolution n'invitait pas les Constituants de 1789 à préciser d'un manière solennelle les obligations sociales de l'individu. Il faut attendre la Constitution de l'an III pour voir ajouter à la Déclaration des droits, une Déclaration des devoirs individuels :

DÉCLARATION DES DEVOIRS

Article premier. — La déclaration des droits contient les obligations des législateurs : le maintien de la société demande que ceux qui la composent connaissent et remplissent également leurs devoirs.

Art. II. — Tous les devoirs de l'homme et du citoyen dérivent de ces deux principes, gravés par la nature dans tous les cœurs : « Ne faites pas à autrui ce que vous ne voudriez pas qu'on vous fît. » — « Faites constamment aux autres le bien que vous voudriez en recevoir. »

Art. III. — Les obligations de chacun envers la société consistent à la défendre, à la servir, à vivre soumis aux lois, et à respecter ceux qui en sont les organes.

Art. IV. — Nul n'est bon citoyen s'il n'est bon fils, bon père, bon frère, bon ami, bon époux.

Art. V. — Nul n'est homme de bien s'il n'est franchement et religieusement observateur des lois.

Art. VI. — Celui qui viole ouvertement les lois se déclare en état de guerre avec la société.

Art. VII. — Celui qui, sans enfreindre ouvertement les lois, les élude par ruse ou par adresse, blesse les intérêts de tous : il se rend indigne de leur bienveillance et de leur estime.

Art. VIII. — C'est sur le maintien des propriétés que reposent la culture des terres, toutes les productions, tout moyen de travail et tout l'ordre social.

Art. IX. — Tout citoyen doit ses services à la patrie et au maintien de la liberté, de l'égalité et de la propriété, toutes les fois que la loi l'appelle à les défendre.

Les devoirs de l'individu envers la société sont les suivants :

1º Le *respect de la famille* et des obligations qu'elle impose (article 4) ; la famille est la base de l'organisation sociale que couronne l'Etat.

2º Le *respect des lois* (art. 1, 5 et suiv.) sans lequel il n'y a ni liberté ni justice, condition du progrès social, il n'y a que désordre et anarchie qui favorisent la force brutale et l'écrasement des faibles.

3º Le *travail* : quiconque exerce bien sa profession, remplit exactement les obligations de son métier même le plus humble, collabore à la grandeur de son pays puisque toutes les fonctions sociales sont nécessaires et solidaires les unes des autres.

4º Le *paiement de l'impôt* nécessaire pour l'organisation et la rémunération de tous les services publics dont tous profitent directement ou indirectement. Toute fraude fiscale constitue un manquement à ce devoir.

5º Enfin, en vue de la protection extérieure de l'Etat, le *service militaire* (art. 9) (V. nº **190** et suiv.). « Le service de la patrie, dit la loi du 4 mars 1791, est un devoir civique général. » Quelque regrettables que soient les guerres, on ne doit pas se dissimuler qu'elles seront toujours possibles jusqu'au jour où une organisation internationale aura à sa disposition une force militaire suffisante pour tenir en respect une puissance quelconque. Elles seront même d'autant plus fréquemment dirigées contre un pays que celui-ci déclarera ne pas vouloir y recourir et ne s'y sera pas préparé ; car ce pays sera le plus faible et on n'attaque que les faibles. Il est donc nécessaire d'assurer la sécurité extérieure du pays en demandant à chaque adulte de sacrifier quelques années de sa vie pour s'exercer dans le métier des armes en vue de défendre, le cas échéant, sa famille et sa nation. Cette obligation s'impose plus particulièrement aux Français : la France, nous l'avons vu, a donné à l'Europe les principes de la liberté politique ; elle a libéré des peuples opprimés, elle a protégé des peuples affranchis, sa disparition de la carte du monde, son absorption dans un Etat étranger serait une perte pour l'humanité tout entière et entraînerait un recul des idées libérales en tous pays.

Toutes ces obligations individuelles ne sont que des applications particulières du patriotisme, devoir également éloigné de l'internationalisme qui méconnaît les intérêts spéciaux d'une nation et de cette fausse conception en vertu de laquelle l'amour de la patrie n'est fait que de la haine de l'étranger.

L'exécution de ces obligations est d'un intérêt supérieur à celui du respect des droits individuels : l'égoïste uniquement préoccupé de se soustraire aux charges communes, l'oisif qui consomme sans produire et vit aux dépens des autres, le criminel qui porte atteinte aux personnes et aux propriétés, l'anarchiste qui prône aux citoyens la violation des lois, l'antimilitariste qui prêche aux soldats la désertion, nuisent à tous par leurs instincts anti-sociaux, retardent le progrès social et compromettent le patrimoine commun, matériel, intellectuel et moral, de liberté politique que nous ont légué nos prédécesseurs et que **nous** devons transmettre aux générations futures.

Section II. — Devoirs de l'État envers l'individu.

47. L'Etat avons-nous vu, ne doit pas seulement assurer le respect des droits individuels, il doit encore en faciliter aux citoyens la jouissance, il doit protéger leur activité physique et intellectuelle et les mettre à même de la développer.

A ce titre, il doit organiser tous les services publics nécessaires à la prospérité du pays et mettre ces services à la portée de tous : la création d'un domaine public, le percement de rues, la construction de chemins, l'organisation de moyens de transport, etc., ne constituent en réalité pour l'Etat que l'accomplissement de son devoir et la justification de sa raison d'être.

Mais il est certains services dont la création répond plus particulièrement à l'idée de solidarité : ce sont ceux d'assistance, de prévoyance, du travail et de l'enseignement.

§ 1. — L'assistance sociale.

48. L'assistance. — Si un individu est malade, infirme ou vieux, l'Etat doit lui assurer le moyen de se soigner, de se remettre en état de travailler ou au moins de subsister. D'après la Déclaration de 1793 (art. 21), « *les secours publics sont une dette sacrée, la société doit la subsistance aux citoyens malheureux, soit en leur procurant du travail, soit en assurant les moyens d'exister à ceux qui sont hors d'état de travailler.* » Même ceux qui n'admettent pas de droit à l'assistance reconnaissent qu'il est conforme à l'intérêt général d'élever les enfants trouvés, de soustraire à des parents indignes ceux qu'on dresse au vice, d'enfermer les fous, d'hospitaliser les malades que leur famille ne peut soigner, même d'aider les valides sans travail et que la misère, mauvaise conseillère, peut conduire à prêter leur bras à un crime ou à un bouleversement social.

Cependant l'Etat en général n'agit pas directement. Il subventionne bien quelques établissements d'assistance (Hôpital des Quinze-Vingts pour les aveugles, asile d'aliénés de Charenton, instituts nationaux de sourds-muets et d'aveugles). Mais en général il confie ce soin aux administrations départementales et communales qui, placées plus près des assistés, peuvent plus facilement juger de leurs besoins. Il contrôle d'ailleurs l'exécution de cette obligation et a le droit d'inscrire d'office aux budgets des départements et des communes les sommes nécessaires aux services d'assistance.

49. Les services d'assistance. — Le département assure l'assistance des enfants et des aliénés ; la commune celle des adultes indigents ou malades ou infirmes.

a) **Assistance des enfants** (loi 27-28 juin 1904). — Elle est temporaire ou définitive.

Temporairement, des secours peuvent être attribués aux parents pauvres pour prévenir des abandons d'enfants. L'assistance prend en dépôt les enfants dont les parents sont à l'hôpital ou en prison et, en garde, ceux qui, victimes de délits de la part des parents, lui sont confiés par les juges d'instruction.

A titre définitif sont hospitalisés : les *enfants trouvés*, les *enfants délaissés* et apportés même sans indication d'origine ou de nom, les *enfants moralement abandonnés* ou de parents indignes qui les exploitent, les maltraitent ou les dressent au crime. Ils sont placés sous la tutelle du préfet qui l'exerce par son délégué l'inspecteur départemental. Ils peuvent être mis en pension chez des paysans ou dans des écoles professionnelles.

b) **Assistance des aliénés** (loi 30 juin 1838). — En outre, des *maisons de santé privées*, des *asiles publics* sont entretenus par le département. Ceux-ci sont gérés par une *Commission administrative* et surveillés par l'autorité judiciaire.

c) **L'assistance des indigents** est assurée par le *bureau de bienfaisance* communal. Celui-ci constitue une personne morale qui seule est capable de recevoir des dons et legs pour les pauvres et qui perçoit en outre, une partie des droits de concessions dans les cimetières, un droit de 10 % sur le prix des billets de spectacles publics (droit des pauvres).

Le bureau est administré par une commission administrative de sept membres : le maire, deux délégués du conseil municipal et quatre du préfet.

Il secourt les indigents domiciliés dans la commune.

d) **L'assistance des malades** (loi 15 juillet 1893). — *L'assistance médicale gratuite* est donnée aux gens sans ressources par le *bureau d'assistance* communal. Le domicile de secours s'acquiert par la résidence d'un an dans la commune. La liste des assistés est préparée par le bureau d'assistance, arrêtée par le conseil municipal en comité secret, déposée au secrétariat de la mairie. Les intéressés (malades ou contribuables, préfet) peuvent réclamer des inscriptions ou des radiations dont le bien fondé est jugé par une *commission cantonale*.

L'inscription définitive donne droit : 1° à des soins à domicile donnés par les médecins désignés par le conseil général ; 2° à l'hospitalisation quand le malade ne peut être soigné à domicile, dans l'hôpital de la commune ou dans celui auquel elle est rattachée.

e) **L'assistance aux vieillards,** infirmes ou incurables (loi 14 juillet 1905) est assurée à tout individu sans ressources âgé de 70 ans ou incapable de pourvoir à ses besoins. Le domicile de secours s'acquiert par 5 ans de résidence. La liste des assistés est préparée par le bureau d'assistance, arrêtée par le conseil municipal sauf recours devant la commission cantonale. Les vieillards peuvent être pensionnés à domicile ou hospitalisés chez des particuliers ou dans des asiles.

§ 2. — La prévoyance sociale.

50. La prévoyance obligatoire. — La prévoyance doit d'autant plus être favorisée par l'Etat qu'elle allège les services d'assistance. Mais il y aura toujours des imprévoyants qui, vivant au jour le jour, ne pensent pas que demain ils peuvent être invalides par suite d'un accident ou qu'en tout cas un moment viendra où ils ne pourront plus travailler pour vivre.

En présence de cet état d'esprit, on a parfois pensé que l'Etat devait être prévoyant pour l'individu qui ne l'est pas.

Le **système de l'obligation** a été imposé :

1º *Aux fonctionnaires publics* qui subissent obligatoirement des retenues sur leur traitement et après un certain temps de service ont droit à une pension de retraite (loi 9 juin 1853).

2º *Aux marins ;* la *Caisse des invalides de la marine* perçoit, en outre des subventions de l'Etat, des retenues sur le salaire des marins du commerce : elle donne des secours aux marins invalides et sert des pensions à ceux qui ont cinquante ans d'âge et vingt-cinq ans de navigation.

3º *Aux mineurs* grâce à la *Caisse de retraite des ouvriers mineurs* (loi 29 juin 1894), dont la création a été imposée aux concessionnaires des mines.

4º *Aux employés des chemins de fer* (loi 21 juillet 1909).

5º Enfin le système de l'obligation qui a reçu à l'étranger et notamment en Allemagne des applications bien plus étendues, vient d'être consacré dans la grande loi des *retraites ouvrières et paysannes* (loi 5 avril 1910).

Cette loi fait tout d'abord une distinction entre, d'une part, les employés, ouvriers, serviteurs à gages, et, d'autre part, les travailleurs non engagés dans un contrat de louage de service, tels les métayers, les petits cultivateurs et les petits patrons. De plus, à côté des dispositions qui ont une portée générale, qui, intéressant tous les assurés, constituent le régime permanent, il y a des dispositions s'appliquant seulement à ceux des assurés qui ont, à la date de la mise en vigueur de la loi, plus de quarante quatre ans et se trouvent ainsi, en raison même de leur âge, dans l'impossibilité de remplir les conditions imposées à tous ; elles constituent le régime transitoire.

I. — **Les salariés** : 1º *En régime permanent*, pour les ouvriers, employés, serviteurs à gages dont l'effectif s'élève à près de onze millions, l'assurance est obligatoire. Ils sont tenus à un versement annuel de 9 fr., 6 fr. ou 4 fr. 50 suivant qu'il s'agit d'un homme, d'une femme ou d'un mineur de moins de dix-huit ans. A ce versement vient s'ajouter une contribution obligatoire et corrélativement égale, du patron. Le livret individuel de l'intéressé reçoit ainsi tous les ans, 18, 12 ou 9 francs qui sont capitalisés à son nom jusqu'au jour où s'ouvre le droit à la retraite. Ce jour-là intervient l'Etat qui bonifie le tout d'une allocation annuelle et viagère de 60 francs. L'intéressé peut d'ailleurs grossir lui-même sa pension de retraite en faisant des versements supplémentaires. Pour obtenir la pleine allocation de 60 francs, il faut trente années de versements et soixante-cinq ans d'âge. Cependant, dès l'âge de cinquante ans, la liquidation anticipée est autorisée sous la seule réserve d'une réduction proportionnelle des allocations. En outre, la liquidation peut intervenir à toute époque avec une certaine bonification de l'Etat s'il survient à l'assuré une incapacité absolue et permanente de travail par suite de blessures graves ou d'infirmités prématurées.

D'autre part, si l'assuré meurt laissant soit une veuve avec ou sans enfants, soit des orphelins de père et de mère, la veuve ou les orphelins reçoivent, à raison de 50 francs par mois une allocation temporaire qui varie entre 150 et 300 francs suivant le nombre des enfants.

Voilà le régime permanent pour les salariés.

2° Voici maintenant pour ces mêmes salariés le *régime transitoire* : La loi les divise en trois tranches : 1° ceux de 70 ans et au-dessus ayant droit par leur âge même à l'assistance obligatoire ; 2° ceux de 65 à 69 ans auxquels l'Etat donne une allocation égale à la moitié du bénéfice qui résulterait pour eux de l'assistance obligatoire, s'ils étaient d'âge et s'ils sont par leur manque de ressources en situation de l'obtenir ; 3° ceux qui s'échelonnent entre 64 et 44 ans : ceux-là commenceront leurs versements dès la mise en vigueur de la loi et les continueront jusqu'à l'âge de la retraite, soit jusqu'à 65 ans. Les uns arriveront ainsi à la retraite au bout d'un an, les autres au bout de deux ans, etc... d'autres seulement au bout de 20 ans. Pour eux, l'allocation annuelle et viagère de l'Etat variera de 100 à 62 francs par voie décroissante de 2 francs par an, le chiffre le plus élevé allant à celui qui aura pu faire le moins de versements. Ceux de 64 ans révolus au moment de la mise en vigueur de la loi auront ainsi 100 francs d'allocation annuelle et viagère : ceux de 63 ans en auront 98 ; ceux de 62 ans 96 ; ceux de 44 ans 62. En aucun cas la pension de retraite ne sera inférieure à 100 francs.

II. — **Les non salariés** : 1° *En régime permanent*, l'Etat majore leurs versements d'un tiers, sans que cette majoration puisse dépasser 60 francs par an ; 2° *En régime transitoire*, l'allocation annuelle et viagère maxima pour ceux qui, au moment de la mise en vigueur de la loi auront entre 64 et 44 ans, ne dépassera pas 50 francs. Il n'en est autrement que pour les fermiers dont le fermage n'est pas supérieur à 600 francs et pour les métayers qui, les uns et les autres, sont assimilés aux salariés.

Constitution des retraites. — Les comptes des pensionnés sont individuellement ouverts en principe à la Caisse nationale des retraites pour la vieillesse. Ils peuvent l'être cependant soit à des caisses régionales ou départementales, soit à des caisses patronales ou syndicales, soit à des sociétés ou unions de sociétés de secours mutuels offrant toutes garanties et approuvées.

Retraites facultatives. — Les salariés dont la rémunération annuelle est supérieure à 3.000 francs ne sont pas astreints à l'obligation. Mais le bénéfice de l'assurance facultative est ouvert à ceux d'entre eux dont la rémunération ne dépasse pas 5.000 francs.

Telle est, brièvement analysée, cette loi des retraites qu'on réclame en France depuis plus d'un demi-siècle. Elle est loin d'être parfaite. Le chiffre de la pension, qui ne paraît pas devoir dépasser 400 francs pour les hommes et 270 francs pour les femmes, est trop faible ; l'âge de la retraite est peut-être élevé. Cependant, au début même du régime transitoire, elle comprendra cinq cent mille bénéficiaires. Elle en aura deux millions et demi sous le régime constant. Elle coûtera au Trésor plus de 160 millions chaque année. Mais l'objet de cette loi est tellement complexe, les statistiques sur lesquelles elle repose sont tellement insuffisantes qu'il paraît impossible d'en prévoir avec exactitude les résultats. C'est cependant la plus grande réforme sociale accomplie jusqu'à ce jour par la Troisième République.

51. La prévoyance facultative demeure la règle pour la majorité de la population ; l'Etat n'intervient que pour mettre des institutions nouvelles à la disposition des prévoyants et pour encourager les institutions privées.

L'Etat a créé des institutions de prévoyance comme les Caisses de retraites et la Caisse nationale d'Epargne.

La Caisse nationale des retraites pour la vieillesse, la Caisse nationale d'assurances en cas d'accidents, la Caisse nationale d'assurances en cas de décès ont été créées par l'Etat à côté des institutions privées parce que celles-ci ne recherchent fréquemment qu'à faire des bénéfices et qu'elles ne présentent pas des garanties absolues aux prévoyants. L'Etat au contraire répond de ses Caisses, y fait des avantages spéciaux et les met à la disposition des intéressés dans tous les bureaux de poste de France.

Il encourage d'autre part les institutions privées comme les *Sociétés de secours mutuels* et les *Caisses d'épargne* par des subventions, garanties d'intérêts, etc., mais par contre, il s'arroge un droit de contrôle sur leur gestion et notamment sur le mode d'emploi des fonds dont elles disposent.

A cet ordre d'idées, il faut rattacher le *contrôle des Sociétés d'assurance-accidents* et le *contrôle des Sociétés d'assurance-vie* exercé par le Ministère du travail sur la gestion des fonds des prévoyants par les sociétés privées.

§ 3. — L'enseignement public.

52. L'Etat doit aider au développement intellectuel de l'individu : il doit le mettre à même de gagner sa vie par le travail et d'exercer en toute connaissance de cause les droits politiques qui lui incombent dans une démocratie. Il faut pour cela assurer à l'enfant un minimum d'instruction. L'Etat assume cette mission :

1° **Par le contrôle de l'enseignement privé** dont les maîtres, avons-nous vu, doivent présenter des garanties de capacité et de moralité pour ouvrir des écoles dans des conditions d'hygiène satisfaisantes.

2º **Par la collation des grades** même aux élèves de l'enseignement privé, grades qui constatent l'instruction acquise dans les divers ordres d'enseignement (certificat d'études primaires, baccalauréat de l'enseignement secondaire, licence, certificat d'études supérieures, ou doctorat pour l'enseignement supérieur) et ouvrent l'entrée de professions qui exigent une capacité technique (médecine, pharmacie, barreau..., etc.).

3º **Par l'organisation d'un enseignement public.**

La Constitution de 1791 décidait : « Il sera créé et organisé une instruction publique commune à tous les citoyens. » Elle se proposait d'établir un monopole d'Etat pour inculquer aux jeunes générations les idées révolutionnaires. Mais elle n'eut pas le temps de l'organiser. La Convention jeta les bases d'une organisation rationnelle dans le décret du 15 septembre 1793. Elle laissa l'ouverture des écoles à la libre initiative des particuliers, mais assura sur elles le contrôle de l'autorité publique (loi du 29 frimaire an II). L'enseignement primaire devenait obligatoire et gratuit, les instituteurs libres étant rémunérés par l'Etat au prorata du nombre de leurs élèves. Mais les écoles demeurèrent assez rares. La loi du 27 brumaire an III créa bien des écoles primaires d'Etat, mais l'argent manquait pour en installer un nombre qui permit d'assurer l'obligation. La loi du 3 brumaire an IV organisa des écoles centrales (secondaires) qui devinrent les lycées (loi 11 floréal an X). La loi du 10 mai 1806 créa l'Université Impériale et celle-ci fut investie du monopole de l'Enseignement public (décret 17 mars 1808). Mais Napoléon abandonna l'enseignement primaire aux ordres religieux. La loi de 1833 obligea chaque commune à ouvrir une école, mais la loi ne fut guère appliquée et la loi Falloux plaça les écoles primaires sous le contrôle des ministres des cultes reconnus.

En réalité l'obligation de donner à tous au moins une instruction primaire n'a été remplie par l'Etat que sous la Troisième République. L'instruction est aujourd'hui :

a) *Laïque à tous les degrés*, dans les écoles d'Etat, par application du principe de la liberté de conscience, qui entraîne la sécularisation de tous les services publics. Elle l'est par son personnel qui est soustrait au contrôle des ministres des cultes et ne peut appartenir à une congrégation religieuse. Elle l'est par les matières d'enseignement qui excluent des programmes officiels l'instruction religieuse. Mais la liberté pour les parents de faire donner à leurs enfants cette instruction en dehors de l'école est assurée par les dispositions législatives qui réservent à l'enseignement religieux donné en dehors de l'école primaire au moins un jour par semaine.

b) *Obligatoire*, au moins pour l'instruction primaire (loi du 28 mars 1882). En imposant cette obligation l'Etat ne viole pas la liberté individuelle : l'instruction est la condition même du développement de toutes les libertés ; en instruisant l'enfant, l'Etat le met à même d'user de ces libertés ; d'ailleurs la loi ne fait ainsi que sanctionner l'obligation du père d'instruire ses enfants.

L'instruction primaire peut, il est vrai, être reçue dans la famille, dans une école privée ou dans l'école d'Etat. Elle est toujours contrôlée. Spécialement dans les écoles l'assiduité est contrôlée par une *Commission scolaire*. Celle-ci peut avertir, blâmer et même poursuivre pénalement les parents qui n'envoient pas régulièrement à l'école leurs enfants de 6 à 13 ans.

c) *Gratuite* (loi du 16 juin 1881). La gratuité est le corollaire de l'obligation, elle en facilite aux parents l'accomplissement.

Afin d'alléger encore le fardeau de cette obligation qui prive les pauvres du concours des enfants pour subvenir aux charges communes de la famille, les municipalités assurent souvent, la gratuité des fournitures de classe ; elles organisent des *Caisses des Ecoles* qui viennent en aide aux enfants par la distribution de vêtements ; elles créent des *cantines scolaires* fournissant aux enfants un repas entre la classe du matin et la classe du soir.

53. Organisation de l'enseignement public. — L'administration de l'Instruction publique se compose d'une administration centrale, d'une administration académique et d'une administration départementale.

L'administration centrale est dirigée par le *Ministre de l'instruction publique* assisté d'inspecteurs généraux, d'un *Comité consultatif* et d'un *Conseil supérieur de l'Instruction publique*. Celui-ci, présidé par le Ministre, est composé de 56 membres dont 43 élus par le corps enseignant et 13 nommés par décret. Il donne des avis sur les questions d'enseignement (méthodes, programmes, règlements disciplinaires) et rend des jugements comme juge d'appel des décisions disciplinaires des Conseils d'Université, Conseils académiques et Conseils départementaux.

L'administration académique. Il y a 17 académies en France. Chacune voit à sa tête un *recteur* qui dirige et surveille tous les établissements d'enseignement de sa circonscription. Le recteur est assisté d'un *Conseil académique* qui comprend des membres élus par leurs collègues des divers ordres d'enseignement et des membres de droit. Ce conseil donne des avis et statue sur les questions disciplinaires contentieuses relatives à l'enseignement supérieur privé et à l'enseignement secondaire public ou privé.

L'administration départementale est dirigée par l'*Inspecteur d'académie* qui surveille l'enseignement secondaire et l'enseignement primaire et propose les instituteurs et institutrices primaires à la nomination du préfet.

Le préfet procède à ces nominations et préside le *Conseil départemental*. Ce Conseil comprend des membres de droit (préfet, inspecteur d'académie, directeur et directrice des écoles normales primaires), des membres nommés par le ministre (deux inspecteurs primaires) et des membres élus par leurs collègues des corps qu'ils représentent (quatre conseillers généraux, deux instituteurs, deux institutrices). Il a une mission administrative qui consiste à donner des avis sur les règlements de l'enseignement primaire et à désigner les délégués cantonaux et une mission contentieuse qui le fait juge des oppositions aux ouvertures d'écoles privées et juge de la discipline des instituteurs publics et privés.

L'enseignement d'Etat comprend trois degrés :

1° L'**enseignement primaire** est donné *gratuitement* dans des *écoles maternelles, écoles primaires élémentaires, écoles primaires supérieures, écoles manuelles d'apprentissage*. Il l'est par des instituteurs et institutrices recrutées pour la plupart parmi les élèves des écoles normales primaires et nommés par le préfet sur la proposition de l'inspecteur d'académie. Ils sont pourvus du brevet de capacité ou du brevet supérieur, et doivent, après au moins 2 ans de stage, avoir obtenu le certificat d'aptitude pédagogique. Les directeurs d'écoles primaires supérieures doivent être pourvus du certificat d'aptitude au professorat des écoles normales. La discipline est assurée par l'inspecteur d'académie qui peut réprimander et, après avis du conseil départemental, censurer ; par le préfet qui peut révoquer sur proposition de l'inspecteur d'académie et avis motivé du conseil departemental ; par le conseil départemental qui peut prononcer l'interdiction d'enseigner à temps ou à vie sauf appel au conseil supérieur de l'instruction publique.

2° L'**enseignement secondaire** n'est pas obligatoire, car son but est moins de procurer des connaissances pratiques utiles pour assurer la vie matérielle que de développer l'intelligence et le goût. Pour les mêmes raisons, il n'est pas gratuit. On a critiqué ce caractère qui en éloignait les pauvres et on a fait valoir que d'autres pays, tels les Etats-Unis, ont admis la gratuité. En réalité, les jeunes gens, après l'école primaire, trouvent dans les écoles primaires supérieures gratuites un enseignement moins désintéressé et plus pratique ; quant à ceux qui se destinent à l'enseignement supérieur lequel exige les grades du secondaire, ils peuvent s'ils sont méritants et peu fortunés, obtenir après des concours, des bourses individuelles.

Cet enseignement est donné dans les *lycées* de l'Etat dirigés par un proviseur, et dans les *collèges* des villes, qui ont à leur tête un principal ; il est couronné par le baccalauréat. Il est donné par des professeurs agrégés, des chargés de cours licenciés dont un certain nombre sortent de l'Ecole normale supérieure pour les garçons et de l'Ecole normale secondaire de Sèvres pour les jeunes filles.

La discipline est assurée par le recteur, le conseil académique et le Conseil supérieur de l'Instruction publique.

3° L'**enseignement supérieur** n'est ni obligatoire, ce qui se conçoit car il ne peut être suivi avec fruit que par quelques-uns, ni gratuit ce pourquoi il a été parfois critiqué. Cependant, les étudiants méritants et peu fortunés peuvent être dispensés du droit, d'ailleurs assez léger, d'inscriptions.

Il est reçu dans les Facultés de droit, de lettres, de sciences, de médecine, qui délivrent les grades de licencié et de docteur, et dans les Ecoles supérieures de pharmacie. Chaque faculté a à sa tête un doyen élu par ses collègues les professeurs et est administrée par l'Assemblée et le Conseil de faculté. Les facultés sont groupées en Universités administrées par le Conseil de l'Université. Celui-ci est présidé par le recteur : il comprend les doyens des facultés et des délégués élus par leurs collègues des facultés. Il gère le patrimoine de l'Université et statue sur des affaires disciplinaires de l'Enseignement supérieur, sauf appel au Conseil supérieur de l'Instruction publique.

A côté de ces établissements d'instruction générale dans les trois ordres d'enseignement, il existe un grand nombre d'établissements spéciaux et d'écoles répondant à des buts particuliers. Dans le haut enseignement, on peut citer le Collège de France, l'Ecole des Chartes qui forme des archivistes et bibliothécaires, le Muséum d'histoire naturelle, l'Ecole des langues orientales vivantes. Des villes ont fondé des écoles professionnelles : ainsi, Paris possède les écoles Diderot (fer et bois), Boulle (ébénisterie), Estienne (livre), Germain Pilon (décoration) ; l'Etat a lui-même créé des écoles spéciales ou professionnelles : l'Ecole centrale des arts et manufactures, les écoles d'Arts et métiers (Châlons, Angers, Cluny, Aix, Lille), des écoles d'horlogerie (Cluses, Besançon), des écoles supérieures de commerce. Du ministre des travaux publics dépendent l'école supérieure des Mines, l'école des Ponts et Chaussées ; du ministre de l'agriculture, les écoles pratiques d'agriculture, d'horticulture (Versailles), de fromagerie (Mamirole), de bergerie (Rambouillet) qui correspondent à l'enseignement primaire ; des écoles nationales d'agriculture (Grignon, Rennes, Montpellier) qui correspondent à l'enseignement secondaire, enfin les écoles vétérinaires (Alfort, Lyon, Toulouse), école des haras (Le Pin), Ecole nationale des eaux et forêts (Nancy) et l'Institut national agronomique qui sont des établissements d'enseignement supérieur.

Par la multiplication des écoles, la Troisième République en France a rempli l'obligation qui s'impose à l'Etat, de donner à tous une certaine instruction, mieux que ne le font les pays étrangers : la preuve en est dans la quantité d'étrangers qui, de tous côtés, affluent dans nos établissements d'enseignement.

§ 4. — La Protection du travail.

54. Les droits au travail. — Nous avons vu (n° 23) que l'Etat devait intervenir dans les rapports de patron à ouvrier pour assurer le libre développement de l'activité de chacun, déclarer nulles les clauses du contrat de travail auquel l'employé ne donne son consentement que sous la pression de besoins matériels immédiats et protéger en toutes circonstances le travailleur en assurant son hygiène, sa sécurité contre les accidents. Nous avons cité les lois principales qui ont été édictées dans ce but. Des inspecteurs du travail en assurent le respect.

Le législateur n'a pas admis cependant que l'Etat devait assurer du travail à tout individu qui n'en trouve pas. Il s'est borné à faciliter les rapprochements entre employeurs et ouvriers en créant les *Bourses du travail*, en les laissant subventionner par des communes, en obligeant les villes de plus de 10.000 habitants à créer des *bureaux municipaux de placement gratuit* (loi 14 mars 1904). C'est qu'en effet, en pratique, l'Etat ne peut devenir un patron pour toutes les branches de l'industrie. Il tuerait d'ailleurs ainsi promptement toute initiative individuelle. L'organisation d'*ateliers nationaux* tentée en 1848 a lamentablement échoué : elle a multiplié les sans-travail au lieu de les faire disparaître, elle a provoqué des mécontentements et des troubles pour avoir donné aux ouvriers des espérances qui n'ont pu être réalisées.

CHAPITRE IV

LA SANCTION DES DROITS INDIVIDUELS

55. Sanctions politiques. — Il ne suffit pas d'avoir par des déclarations solennelles et des lois positives reconnu à l'individu des droits auxquels correspondent des obligations de l'Etat ; il est nécessaire de garantir le respect de ces droits et l'exécution de ces obligations par une organisation politique et administrative appropriée. Le régime légal protecteur des droits individuels n'aura de valeur positive qu'autant que son application sera assurée.

Le législateur constituant doit d'abord créer une organisation politique qui empêche la violation arbitraire des droits par l'un quelconque des pouvoirs constitués.

Nous avons vu que notre organisation n'apportait peut-être pas des garanties juridiques très puissantes contre les erreurs possibles du pouvoir législatif qui ne doit édicter aucune loi violant les droits individuels et qui doit faire toutes lois utiles à leur développement. On ne peut demander à aucune juridiction l'annulation d'une loi abusive et on ne peut devant aucun tribunal exciper de l'inconstitutionnalité d'une loi pour en empêcher l'application.

Mais à défaut de garanties juridiques devant les tribunaux qui ne sont pas organisés pour pouvoir jouer un rôle constitutionnel, il est, pour les droits individuels, des garanties politiques très sérieuses qui résultent des principes mêmes de l'organisation politique. Le *caractère national de la souveraineté* et la *forme représentative du gouvernement* ont pour conséquence de faire dépendre les législateurs de l'opinion publique de tous les électeurs qui les choisissent. Or, tous les citoyens ont intérêt à ce que le Parlement vote de bonnes lois car les lois sont générales, et si elles étaient mauvaises elles nuiraient à tous.

De plus, la division de l'autorité dans l'Etat entre plusieurs organes qui se limitent et se contrôlent respectivement, empêche qu'aucun d'eux soit assez fort pour opprimer les particuliers, car il rencontrerait l'opposition des autres qui feraient obstacle à sa tentative : la *séparation des pouvoirs* constitue ainsi une protection des droits individuels contre le législateur, l'Exécutif ou les juges.

Enfin l'organisation du *gouvernement parlementaire* qui rend les ministres politiquement responsables devant la Chambre de leurs actes propres et de tous ceux de leurs subordonnés (V. n° **84**) constitue une nouvelle garantie politique des droits individuels : le Parlement peut retirer le pouvoir aux ministres en les blâmant des actes arbitraires par lesquels ils ont violé les droits d'un individu.

56. Sanctions administratives et judiciaires. — Le gouvernement et les administrateurs sont juridiquement astreints au respect des droits individuels.

Personnellement tous les fonctionnaires qui ont commis des abus de pouvoir peuvent être poursuivis devant les tribunaux et punis de peines prévues par le Code pénal.

Ils sont en outre astreints à une discipline qui permet à l'administrateur supérieur de frapper de peines disciplinaires les administrateurs subordonnés qui commettent des fautes.

Leurs actes sont de plus soumis au contrôle des tribunaux

par des recours multiples que nous aurons l'occasion d'étudier (V. n° 287 et suiv.) : par des recours en annulation, le particulier victime d'une mesure arbitraire peut demander aux supérieurs hiérarchiques de l'auteur de l'acte et à un tribunal administratif, de déclarer nul l'acte incriminé, et d'en empêcher l'application ; par des recours en indemnité portés tantôt devant les tribunaux judiciaires tantôt devant les tribunaux administratifs, l'individu lésé a le droit de demander réparation du préjudice subi par lui, soit à l'agent administratif, auteur de l'acte, soit à la personne administrative (Etat, département, commune) au nom de laquelle celui-ci a agi.

Enfin, les juges eux-mêmes sont contraints par l'organisation juridique du pouvoir judiciaire d'appliquer les lois protectrices des droits individuels. Des recours en appel et en cassation permettent de faire annuler ou réformer des jugements illégaux par des juges supérieurs aux premiers ; des actions pénales peuvent être dirigées contre les juges qui manquent à leur devoir ; il n'existe guère il est vrai, qu'un seul cas dans lequel on puisse demander à l'État réparation du préjudice causé par un juge, c'est celui de l'erreur judiciaire reconnue à la suite d'une procédure de revision (loi du 8 juin 1895).

57. Le droit de résistance. — Si, malgré toutes ces garanties, persistait une violation du droit individuel résultant d'une loi injuste, d'un acte administratif arbitraire ou d'un jugement illégal, la victime a-t-elle le droit de résister par la force à l'application de la loi contraire au Droit, de l'acte ou du jugement contraire à la loi ?

Les révolutionnaires de tous les temps l'ont soutenu : les théologiens catholiques du temps de la Ligue comme les politiques de la Révolution française ont affirmé le « droit de résistance à l'oppression » (Déclaration de 1789, article 2). Les Constituants de 1793 l'ont même formulé d'une manière énergique; « quand le gouvernement viole les droits du peuple, ont-ils dit, l'insurrection est pour le peuple et pour chaque portion du peuple le plus sacré des droits et le plus indispensable des devoirs ». (Déclaration de 1793, article 35). On ne peut nier en effet que, quand il n'existe aucun moyen de faire prévaloir le droit, le recours à la violence ne saurait devenir un crime. La résistance au coup d'Etat d'un usurpateur, l'insurrection contre un gouvernement illégitime, c'est-à-dire sous lequel la volonté nationale ne peut pas s'exprimer et s'imposer librement, ne peuvent être condamnées : il y a eu des révolutions légitimes.

Mais dans un Etat juridiquement organisé, sous un gouvernement dont tous les pouvoirs procèdent directement ou indirectement de la volonté nationale, la loi est à bon droit présumée juste. La résistance à la loi constitue le crime de rébellion. Aucun tribunal ne pourrait acquitter celui qui la viole, car le premier devoir de tout citoyen, dans une société organisée, est de respecter la loi.

Contre les actes individuels illégaux des agents de l'autorité, il n'y a pas théoriquement de rébellion dans la résistance opposée ; en effet on ne viole pas ainsi la loi, on s'oppose à sa violation. Mais, pratiquement, cette solution constitue un germe d'anarchie. Elle serait d'ailleurs extrêmement dangereuse pour les individus qui pourraient se tromper sur la légalité d'un acte et encourir les peines les plus graves. Aussi les tribunaux ne l'admettent-ils pas. Les agents de l'autorité sont présumés agir légalement. Le particulier doit d'abord obéir. Il réclamera ensuite et, s'il y a lieu, il exigera les sanctions pénales, civiles ou disciplinaires que comporte le délit commis contre lui.

En réalité, les violations de droit deviennent de plus en plus rares dans l'Etat moderne et leur réparation est de plus en plus assurée par l'organisation politique qu'il nous faut maintenant étudier.

DEUXIÈME PARTIE

DROIT PUBLIC GÉNÉRAL

L'ÉTAT, SES ÉLÉMENTS, SES FONCTIONS, SES ORGANES

58. La personnalité de l'État et ses conséquences. — L'Etat, pour n'être pas une personne physique constitue cependant une personne juridique qui n'est pas soumise aux mêmes causes d'extinction que les personnes réelles.

Un ensemble d'intérêts collectifs distincts des intérêts individuels et protégés par la loi, forme une personne morale. La personnalité morale est une manière juridique d'exprimer que ces droits sont possédés par des particuliers, non pas privativement ou individuellement, non pas indivisément, mais collectivement.

Il y a des personnes morales d'intérêt privé comme les sociétés civiles ou commerciales et des personnes morales d'intérêt public comme les établissements publics et les établissements d'utilité publique.

Les *établissements publics* sont de véritables services administratifs créés par l'Etat et doués de la personnalité : tels sont en dehors de l'Etat, les départements, les communes, les hospices, les chambres de commerce, etc.

Les *établissements d'utilité publique* sont au contraire des créations d'initiative privée qui collaborent à l'action administrative : telles sont les caisses d'épargne et les multiples associations reconnues d'utilité publique.

Du caractère de permanence de l'Etat résultent les conséquences suivantes :

1º Les contrats conclus au nom de l'Etat par un gouvernement légal obligent l'Etat malgré les changements de forme qu'il peut revêtir : les traités internationaux passés avec des pays étrangers, les contrats (emprunts, contrats de travaux publics) passés avec des particuliers, conclus par des gouvernements antérieurs, monarchies ou empires, continuent d'être exécutés par la République.

2º Les lois qui ont été faites par un gouvernement légal restent applicables sous les autres régimes tant qu'elles n'ont pas été abrogées. La jurisprudence applique même les dispositions des constitutions antérieures à celle qui nous régit dans la mesure où ces dispositions ne sont pas inconciliables avec le régime actuel. Ainsi l'article 75 de la Constitution de l'an VIII qui exigeait une autorisation administrative pour la poursuite des fonctionnaires a été appliqué jusqu'à son abrogation par le décret-loi du 19 septembre 1870.

CHAPITRE PREMIER

LES ÉLÉMENTS DE L'ÉTAT

L'Etat, avons-nous vu, est constitué par une nation résidant sur un territoire déterminé et politiquement dirigée par une autorité souveraine : nation, territoire, souveraineté, voilà les trois éléments constitutifs de tout Etat, éléments qu'il nous faut analyser.

§ 1. — La Nation.

59. La **nation** c'est une collectivité d'hommes réunis par des liens matériels et moraux qui les rendent solidaires les uns des autres.

Les liens matériels qui unissent ces hommes résultent de la communauté de race, d'intérêts, de besoins économiques.

Les liens moraux sont la conséquence des formations historiques. C'est d'abord une communauté de traditions. Le souvenir des luttes auxquelles tous ont participé, des défaites ou des victoires communes lient les individus : la guerre de Cent Ans par exemple a formé l'idée de la nation française comme la guerre de 1870-1871 a scellé l'unité allemande. La communauté d'aspirations vers un même idéal engendre une même conscience sociale ; il n'est pas douteux que les idées libérales nées en France au XVIIIe siècle et qui ont provoqué la Révolution française n'aient resserré les liens des Français. « Dans le passé, dit Renan, un héritage de gloire et de regrets à partager, dans l'avenir, un même programme à réaliser » voilà ce qui constitue une nation.

Ce patrimoine commun de richesses matérielles et intellectuelles qui est à la base de l'idée de patrie a donné naissance au *principe des nationalités*. Il existe, en effet, des nations partagées entre plusieurs Etats, comme la Pologne et des Etats composés de plusieurs nationalités comme l'Autriche-Hongrie. Le principe des nationalités tend à réunir dans un même Etat les individus d'une même nation. Il a dirigé pendant longtemps au xixᵉ siècle la politique européenne : sous son égide se sont constitués l'Italie et l'Empire allemand. Mais ses éléments sont trop incertains ; il sert parfois de prétexte à de grandes nations pour en absorber de petites ; le salut de ces dernières se trouve au contraire dans le *principe de l'équilibre* qui prévaut aujourd'hui dans la diplomatie européenne.

§ 2. — Le territoire.

60. Le **territoire** délimite l'étendue dans laquelle s'exerce sur les personnes et les choses l'autorité publique. En effet, deux autorités souveraines ne peuvent coexister sur un même territoire ; elles donneraient parfois des ordres contradictoires à l'individu, celui-ci ne pourrait obéir qu'à l'une d'elles et par suite, celle qui ne pourrait assurer l'exécution de ses ordres ne demeurerait pas souveraine.

Le territoire est donc un élément essentiel de l'Etat souverain. Aussi l'Eglise catholique, qui est par ailleurs une personne de droit international, ne constitue cependant pas un Etat.

§ 3. — La souveraineté.

61. C'est la volonté supérieure aux volontés individuelles qui, pour assurer l'ordre dans l'Etat, commande à tous sans être contrôlée par aucune autre autorité.

On la peut envisager sous deux faces : d'une part, la souveraineté extérieure ou internationale consiste dans le droit de représenter la nation et de l'engager par des traités vis-à-vis des autres Etats : son étude fait partie du droit international. D'autre part, la souveraineté intérieure ou nationale consiste dans le droit de commander à tous les citoyens qui composent la nation : c'est de celle-ci que nous devons nous préoccuper.

62. La souveraineté est nationale, c'est-à-dire qu'elle appartient à la nation (Déclaration des droits, article 3).

En effet, elle est établie, nous l'avons vu, dans l'intérêt de tous les hommes qui constituent la nation afin d'empêcher qu'ils portent atteinte à leurs intérêts respectifs et afin de leur procurer un plus grand bien-être. Sans cette autorité qui ordonne et dirige les efforts individuels, la nation se dissocierait et la société, sans laquelle l'homme ne peut vivre, disparaîtrait. Or, ce qui est établi dans l'intérêt de tous doit être réglé par tous. La souveraineté doit donc être exercée par la nation.

C'est d'ailleurs là le meilleur moyen de faire régner l'ordre dans la société. On ne gouverne pas par la force brutale. Les gouvernements fondés sur la force, les monarchies militaires basées sur la conquête s'écroulent tôt ou tard devant la révolte des individus : on ne gouverne qu'avec l'assentiment des gouvernés c'est à dire avec l'opinion publique. Or, l'opinion publique n'est que la somme des opinions individuelles ; la souveraineté nationale n'est que la souveraineté de l'opinion.

63. Les caractères de la souveraineté nationale ont été dégagés par la Révolution française et formulés tant dans la Déclaration des droits que dans la Constitution de 1791 : elle est une, inaliénable, imprescriptible.

a) **Elle est une,** car sur un même territoire, avons-nous vu, ne peut exister qu'une souveraineté.

Des groupements sociaux peuvent imposer à leurs membres des obligations particulières : celles-ci ne sauraient jamais aller à l'encontre de la souveraineté et doivent y être soumises. On dit par exemple que, à côté de la souveraineté politique de l'Etat, existe la souveraineté spirituelle de l'Eglise sur les individus. Celle-ci, en effet, demeure intangible dans la conscience individuelle, mais elle n'existe plus dès qu'elle se transporte sur le terrain politique.

Des groupements politiques, comme la province jadis ou aujourd'hui le département et la commune, peuvent acquérir une indépendance, une autonomie plus ou moins étendue ; ils demeurent cependant toujours soumis à la souveraineté de l'Etat qui ne comporte pas de partage, mais qui peut renoncer à s'exercer dans certains domaines.

b) **Elle est inaliénable :** la souveraineté ne peut être abandonnée par la nation à un prince ou à un roi. On n'aliène en effet que ce qu'on possède. Or, la souveraineté n'est une propriété pour personne. Dire qu'elle appartient à la nation, c'est dire qu'elle est le patrimoine à la fois des générations passées, de la génération présente et des générations futures : les citoyens actuels n'ont donc pas le droit d'en disposer.

c) **Elle est imprescriptible,** parce qu'elle est inaliénable. Quelque longue possession qu'en ait eu une dynastie royale celle-ci ne peut jamais acquérir la souveraineté par prescription, le peuple a toujours le droit d'en reprendre l'exercice.

CHAPITRE II

LES FONCTIONS DE L'ÉTAT

64. Nous n'avons pas à discuter ici le problème économique de savoir quel rôle doit jouer l'Etat dans ses rapports avec les individus et dans ceux des particuliers entre eux, de déterminer si l'Etat doit demeurer un *gendarme* chargé seulement d'assurer la sécurité des citoyens ou si, au contraire, il doit assumer la mission d'une *providence* et redresser toutes les inégalités sociales. Cette question est du ressort de l'Economie politique.

Nous n'avons ici qu'à analyser les formes juridiques de l'intervention de l'Etat.

A ce point de vue la puissance publique se manifeste sous trois formes et l'Etat exerce trois fonctions entre lesquelles tous ses actes se peuvent répartir : la fonction législative, la fonction administrative et la fonction juridictionnelle.

§ 1. — La fonction législative.

65. Les lois et les règlements. — L'Etat édicte d'abord des règles impératives et générales auxquelles doivent obéir les individus : ces règles ce sont les lois et les règlements.

Les lois et les règlements sont des règles impératives : ce sont, en effet, des ordres ou des défenses de faire une chose déterminée.

Les lois et les règlements constituent des règles générales celles-ci, en effet, s'appliquent à tous les individus qui se trouvent dans la situation qu'elles prévoient.

Il en résulte que bien des actes accomplis par les Chambres, organe législatif, ne constituent pas réellement des lois. Ainsi, le Parlement décide-t-il que toutes les communes ne pourront emprunter librement que jusqu'à une certaine somme ? Il fait une loi. Déclare-t-il que telle commune est spécialement autorisée à contracter un emprunt supérieur au chiffre fixé par la loi ? Il fait un acte administratif.

§ 2. — La fonction administrative.

66. Les actes administratifs. — Les agents de l'Etat, dans la limite de leur compétence, accomplissent des actes juridiques individuels pour l'application des lois aux particuliers.

Aussi les règlements, bien que faits par des agents administratifs sont-ils, en général, considérés non pas comme des actes administratifs mais comme des actes législatifs : ils s'adressent au moins à toute une catégorie d'individus.

Les actes administratifs sont unilatéraux ou contractuels.

L'acte unilatéral ou *acte d'autorité* ou *acte de puissance publique* est celui dans lequel se manifeste la seule volonté d'un agent de l'Etat qui, en vertu de prérogatives exceptionnelles, donne un ordre à un citoyen. Un alignement, la délivrance d'un permis de chasse, un arrêté du préfet ou du maire sont des actes unilatéraux.

L'acte contractuel ou acte *de gestion* est celui dans lequel apparaît le concours de deux volontés, celle d'un individu et celle d'un agent administratif qui, comme le ferait un simple particulier, gère les intérêts de la collectivité. Un marché de travaux publics, une vente de biens de l'Etat, un engagement militaire constituent des actes contractuels.

Cette distinction des actes administratifs en deux classes qui, jadis, a eu une importance considérable dans le droit public, présente encore, nous le verrons, un intérêt sérieux dans la détermination des juges compétents pour statuer sur les procès qu'ils suscitent.

Les actes d'autorité ne peuvent en principe, être discutés que devant les tribunaux administratifs. Cette règle date de la Révolution. Les Constituants de 1790 ont voulu assurer l'indépendance des agents administratifs dans la réalisation des réformes révolutionnaires, vis-à-vis des corps judiciaires qui, à la fin de l'ancien régime, s'étaient montrés hostiles aux idées nouvelles.

Les actes contractuels au contraire, analogues aux contrats que passent les particuliers entre eux, suivent le sort de ces actes privés et peuvent être, sauf exceptions fréquentes, attaqués devant les tribunaux judiciaires.

§ 3. — La fonction juridictionnelle.

67. Les jugements. — L'Etat rend des jugements. Quand sur la poursuite de représentants de la société ou de particuliers lésés, le juge constate qu'une loi a été violée, il ordonne l'annulation de l'acte contraire à la loi, si elle est possible, et, éventuellement, punit l'auteur de l'acte ou lui impose la réparation du préjudice causé.

Ainsi la loi assure le respect du droit de propriété. Un voleur s'empare de mon bien. Sur ma demande, le juge constate que je suis bien propriétaire, que le voleur a pris ma chose, il ordonne la restitution de l'objet, frappe d'une peine le voleur et prescrit aux agents de l'autorité de faire exécuter cette double condamnation.

La fonction juridictionnelle se différencie de la fonction législative. Le législateur dans la loi crée une œuvre nouvelle ; il agit spontanément et sans y être obligé ; il ne statue que pour l'avenir et le fait toujours d'une façon générale et abstraite. Le juge au contraire, ne crée rien mais applique seulement une loi existante ; il attend pour le faire d'être saisi par les intéressés ; mais il ne peut se refuser à répondre à la demande qui lui est faite ; il statue seulement pour le passé dans un jugement particulier et concret.

Mais y a-t-il une différence essentielle entre la fonction administrative et la fonction juridictionnelle ? On les a réunies toutes deux dans la fonction exécutive. Il n'y a, dit-on, dans la vie de la loi, que deux phases, la **confection** et l'**exécution**. Les conflits qui s'élèvent à l'occasion de celle-ci ne sont que des incidents de l'application qui demeure une opération unique. Il reste cependant des oppositions de nature entre ces deux fonctions : l'administrateur agit spontanément ; il joue toujours un rôle préventif pour éviter les violations de la loi ; il crée par ses actes des situations juridiques nouvelles ; tandis qu'au contraire, le juge doit être saisi par une requête pour pouvoir juger, il réprime une violation de la loi déjà acquise, et sans rien créer, constate dans son jugement une situation déjà existante. Les deux fonctions sont donc bien distinctes.

CHAPITRE III

LES ORGANES DE L'ÉTAT

68. L'Etat n'est pas une personne physique réelle, c'est une personne morale ; il ne peut manifester son activité que par l'intermédiaire de personnes physiques, d'individus ou de groupes d'individus.

La détermination des individus qui exerceront la puissance publique est commandée par le caractère de la souveraineté. La souveraineté est nationale ; c'est donc de la volonté de la nation que doit venir toute autorité. « Le principe de toute souveraineté réside essentiellement dans la nation : nul corps, nul individu ne peut exercer d'autorité qui n'en émane expressément », dit l'article 3 de la Déclaration des droits.

Ce principe dicte la forme et l'organisation du gouvernement.

Section I. — La Forme du Gouvernement.

69. La forme du gouvernement doit être républicaine. — En effet, ni une monarchie ni un gouvernement personnel ne sont en harmonie avec le principe de la souveraineté nationale.

Une monarchie, c'est un gouvernement dans lequel le chef de l'Etat a un droit héréditaire. Même si le premier roi a été élu, son héritier n'a pas reçu l'investiture de la nation. Sans doute nous verrons que la nation n'exerce pas elle-même tous les pouvoirs et qu'elle les peut confier à des représentants. Mais un roi ne peut être un représentant de la nation. Un représentant ne possède de pouvoir que pour une durée déterminée à la fin de laquelle il doit venir demander à la nation un nouveau mandat qui lui peut être refusé s'il a mal rempli celui qui lui a été confié. Au contraire, un roi est non seulement investi pour la vie, mais encore il transmet son pouvoir à son héritier.

La Constitution de 1791 avait cependant tenté de concilier la souveraineté nationale avec une monarchie constitutionnelle et limitée : elle avait organisé le contrôle des représentants élus par la nation sur le roi représentant héréditaire en prévoyant sa déchéance politique. On sait que la Constitution de 1791 ne put fonctionner même pendant une année et que, devant les hésitations de l'Assemblée législative à mettre en jeu la responsabilité du roi, le peuple fit la révolution du 10 Août 1792 qui mit fin à la monarchie en forçant l'assemblée à prononcer la suspension de Louis XVI.

Un gouvernement personnel comme celui de Napoléon Ier ou de Napoléon III ne respecte pas davantage le principe de la souveraineté nationale bien que l'un et l'autre des deux empereurs aient soumis à l'approbation populaire les constitutions qu'ils avaient édictées. En effet, non seulement leur pouvoir était issu d'un coup d'Etat, c'est-à-dire d'une violation des droits des Assemblées représentatives, mais encore les plébiscites impériaux ne permettaient pas aux électeurs d'exprimer librement leur opinion. En dehors des procédés d'intimidation dont en 1800 et 1852 usa la police, le plébiscite ne laissait à l'électeur que le choix entre l'approbation du fait accompli, solution connue, et la désapprobation qui ouvrait le champ à tous les désordres et à toutes les révolutions.

Au contraire, dans un régime républicain, toutes les autorités tirent leur pouvoir de l'élection par la nation soit directement comme les députés, soit indirectement comme les juges nommés par le chef de l'Etat qui est lui-même élu par le Parlement lequel à son tour est directement choisi par les électeurs.

SECTION II. — L'ORGANISATION DU GOUVERNEMENT.

La nation peut exercer sa souveraineté directement ou par représentation : de là deux formes d'organisation politique : le gouvernement direct et le gouvernement représentatif.

§ 1. — Le gouvernement direct.

70. Le **gouvernement direct** est celui dans lequel le souverain exerce lui-même toutes les fonctions de l'Etat et accomplit tous les actes essentiels de la souveraineté.

Ainsi, dans la monarchie pure, le monarque fait les lois en consultant simplement les conseillers qu'il choisit; il les fait appliquer par ses ministres qu'il nomme, révoque, et dont il annule à son gré les actes : il rend la justice, soit directement dans les cas qu'il retient, soit indirectement par des juges qu'il institue ou dont il a toujours le droit de casser les arrêts.

La nation souveraine peut théoriquement remplir les mêmes fonctions. Sans doute, pour l'application des lois, elle devrait choisir des commissaires qui les feront exécuter mais en rendant compte de leurs actes à l'Assemblée du peuple. Dans les législations simples et quand les procès sont rares, l'Assemblée du peuple peut sans doute juger, mais en général, elle élira des juges en se réservant de contrôler leurs actes et de connaître en appel de leurs jugements. Mais pour les lois, la nation assemblée peut les voter directement, telle est encore la pratique de quelques petits cantons suisses.

Rousseau a soutenu que le gouvernement direct était le seul légitime parce que la loi est l'expression la plus caractéristique de la volonté générale, que nul ne peut charger un autre d'exprimer ce qu'il veut, la volonté se modifiant à chaque instant.

C'est là une méconnaissance absolue des conditions pratiques du gouvernement et une conception inexacte de la législation.

Pratiquement, il n'est plus possible au peuple de juger des procès dès que la législation est un peu complexe, ou de faire exécuter la loi par des commissaires car, à chaque instant, celui qui exécute la loi doit faire preuve d'initiative et décider lui-même des ordres à donner. La question ne se pose donc que pour le vote des lois. Le vote direct des lois par le peuple, qui a pu être pratiqué dans les petites cités antiques ou dans la République de Genève que Rousseau avait sous les yeux en écrivant le Contrat social, est impossible dans les grands pays. En effet, ces lois ne seraient pas discutées en commun par tout les intéressés ; elles seraient examinées par des fractions du peuple, et en France par exemple, les habitants de Calais ne pourraient entendre les avis opposés de ceux de Perpignan. D'ailleurs, la grande majorité des citoyens n'a ni les loisirs nécessaires pour apprécier les lois proposées ni l'instruction indispensable pour en apercevoir toute la portée juridique et politique.

Théoriquement, les lois n'ont pas pour but de réaliser ce que veut actuellement la majorité du peuple : elles doivent formuler ce qui est le plus conforme au but de la société, au bien-être de tous les citoyens : une loi, même voulue par une majorité, ne saurait légitimement supprimer, par exemple, tous les droits individuels. Or, si une forme de votation des lois peut donner des lois meilleures, cette forme doit être préférée à celle du vote direct par le peuple. Cette forme, c'est celle du gouvernement représentatif.

§ 2. — Le gouvernement représentatif.

71. Le **gouvernement représentatif** est celui dans lequel l'exercice de la souveraineté est confié par la nation à des individus ou groupes d'individus appelés « représentants ». Les représentants sont chargés d'exprimer la volonté de la nation qui est censée parler par leur bouche. Des assemblées de représentants peuvent faire de bonnes lois. Ainsi que l'a montré **Montesquieu**, qui a fait une apologie de ce mode de gouvernement, le peuple, s'il n'a pas l'instruction indispensable pour rédiger des lois et en comprendre toute la portée, possède au contraire parfaitement les qualités de bons sens et de jugement nécessaires pour discerner ceux qui sont assez sages, assez instruits, assez intègres pour faire de bons législateurs. Confier le soin de faire les lois à des individus dont ce sera l'habituelle occupation, ce n'est en somme qu'appliquer en matière politique le principe économique et fécond de la division du travail : « à chacun son métier et les vaches seront bien gardées. » D'ailleurs, les représentants venus de tous les points du territoire et réunis en une seule assemblée peuvent discuter la loi en tenant compte des intérêts de toutes les parties du pays.

Mais le gouvernement représentatif présente un danger : les représentants peuvent faire des lois que désapprouve la volonté nationale. On a tenté de parer à cet inconvénient dans quelques pays par l'organisation d'un gouvernement semi-représentatif qui est une combinaison des deux précédents.

§ 3. — Le gouvernement semi-représentatif.

72. Le **gouvernement semi-représentatif** attribue la confection des lois à une collaboration du peuple et d'une assemblée de députés. Les lois sont proposées soit par l'assemblée, soit par le peuple (*initiative populaire*) ; elles sont rédigées, après discussion, par la seule assemblée ; elles sont ensuite votées ou sanctionnées par le peuple soit tacitement soit expressément. La ratification tacite résulte de ce fait que la nation n'exerce pas son droit de *veto* (veto est un verbe latin qui veut dire : « je défends ») ; l'approbation expresse est donnée par un *referendum* dans lequel le peuple vote par « oui » ou par « non ». C'est là un système qui, avec des modalités diverses, est appliqué dans quelques états particuliers des Etats-Unis d'Amérique et en Suisse tant dans les cantons que dans l'Etat fédéral.

Il se heurte cependant à la plupart des critiques dirigées contre le gouvernement direct dont il est la forme moderne. Aux inconvénients de ce dernier, il en ajoute de nouveaux : les assemblées qui rédigent le texte de loi ne sentent pas peser sur elles la responsabilité de la mesure préparée, responsabilité qui incombe au peuple ; elles y apportent par suite un soin moindre que des Chambres représentatives. Les lois sont soumises en bloc à l'approbation du peuple : celui-ci ne peut que voter « oui » ou « non », qu'approuver ou rejeter toute la loi, il ne peut proposer des amendements : dès lors il votera une loi dont cependant des mesures d'application lui paraissent mauvaises, ou il la rejettera malgré qu'il en approuve le principe. Ce seront souvent des incidents à côté, des détails infimes mais frappant l'esprit populaire qui décideront du sort de la loi : le peuple votera parfaitement une loi mauvaise parce qu'une disposition particulière l'a séduit ; il rejettera résolument une loi excellente parce qu'un article lui a déplu. Ces résultats imprévus ont été constatés maintes fois dans la démocratie suisse.

La pratique de ce gouvernement offre donc plus de dangers que l'inconvénient présenté par le gouvernement représentatif d'un désaccord permanent entre les Chambres représentatives et le peuple. On peut obvier à ce dernier, on peut établir une concordance permanente entre les vues de l'Assemblée représentative et la volonté populaire en astreignant les députés à des réélections fréquentes, en limitant à une durée assez courte les législatures : celle de quatre années adoptée par la Constitution française de 1875 est assez heureusement choisie pour écarter les critiques qui peuvent être dirigées contre le gouvernement représentatif.

Aussi le gouvernement représentatif paraît-il s'être définitivement imposé chez nous. Il est né de bonne heure en Angleterre à la suite des luttes entre le roi et les communes qui, par leur alliance avec les nobles, purent limiter les pouvoirs du monarque. En France, au contraire, l'alliance du roi et des communes vainquit la féodalité ; celle-ci abattue, le roi ne paya pas aux villes le prix de leur concours et demeura roi absolu. Le triomphe de la Révolution affranchit le peuple et la Constitution de 1791 établit le régime représentatif. Mais, sous l'influence des conceptions de Rousseau sur l'exercice direct de la souveraineté par le peuple, le gouvernement direct s'introduisit partiellement dans la Constitution de 1793 : 1º *pour les lois constitutionnelles* considérées comme le Contrat social fondamental auquel tous les individus doivent prendre part : c'est ainsi que les Constitutions de 1793, de l'an III, de l'an VIII furent soumises à la *ratification populaire* et c'est de la même habitude que procèdent les *plébiscites* impériaux du premier et du second Empire portant approbation de mesures constitutionnelles ; 2º *pour les lois ordinaires* : la Constitution de 1793 admet l'*initiative populaire* et le *veto populaire*, la loi étant supposée tacitement ratifiée quand le veto n'est pas exercé. Mais beaucoup de dispositions législatives sont promulguées sous la forme de décrets rendus par le Corps législatif seul. D'ailleurs la Constitution de 1793 n'a pas été appliquée.

La Constitution de l'an III rétablit le gouvernement représentatif qui, depuis lors, n'a pas cessé d'exister en France, malgré les restrictions qu'y apporta le gouvernement personnel de Napoléon Ier.

A la base du gouvernement direct et du gouvernement représentatif, on trouve toujours l'action des électeurs politiques ; de plus, dans le gouvernement représentatif intervient celle des représentants ; enfin dans tous les cas, les ordres généraux sont exécutés par des agents ou fonctionnaires : les électeurs, les représentants et les agents constituent les trois organes de l'Etat.

SECTION III. — LES ORGANES DE L'ETAT.

§ 1. — Le corps électoral.

73. Le suffrage universel. — C'est le corps électoral qui donne l'expression première de la souveraineté nationale par le vote ou suffrage politique.

On a du vote deux conceptions bien différentes :

Les uns le considèrent avec Rousseau, comme un *droit individuel* que tout membre de l'Etat possède par ce seul fait qu'il a **pris** part au contrat fondamental de la société. Dès lors, il faudrait reconnaître le droit de **vote** à tous les individus, aux femmes, aux enfants à l'âge de raison, aux vagabonds, aux indignes, etc., comme on leur reconnaît une liberté individuelle, un droit de propriété, etc.

Mais l'individu n'a pas un droit de souveraineté, la souveraineté appartient à la nation, non à l'individu et elle est indivisible, elle ne peut être fractionnée entre tous les membres de l'Etat. Dès lors, l'électeur exerce non un droit propre mais le droit de la nation dont il est l'organe, il exerce une *fonction publique*. Or, le législateur peut déterminer les conditions d'accession à toutes les fonctions publiques ; il peut donc exiger de l'électeur :

1º Des conditions de sexe pour exclure les femmes qui, dans le ménage, par suite d'une division du travail consacrée par des raisons naturelles et une tradition séculaire, sont préposées à l'entretien du foyer alors que l'homme s'est attribué la vie extérieure et publique ; 2º des conditions d'âge, c'est-à-dire des garanties de maturité d'esprit ; 3º des conditions de domicile qui prouvent que l'électeur fait partie des cadres réguliers de la société ; 4º des conditions de dignité qui ne permettent pas aux condamnés de droit commun qui ont violé les lois de participer indirectement à l'exercice du pouvoir législatif ; 5º des conditions d'instruction qui assurent que l'électeur votera en toute connaissance de cause ; 6º des conditions d'indépendance qui, par exemple, excluront du vote les officiers ou soldats soumis à une discipline étroite avec laquelle sont jugées incompatibles les discussions politiques, etc...

Il y a cependant un grand intérêt à ce que le plus grand nombre de citoyens participent aux élections politiques parce que la consultation de la presque totalité des citoyens constitue le meilleur moyen de dégager la volonté nationale. C'est une grave faute politique que de réduire le corps électoral à un petit nombre d'individus et c'est méconnaître le principe de la souveraineté nationale que d'opérer cette réduction en éliminant les plus pauvres, ce que fit la Restauration en ne donnant le droit de vote qu'à ceux qui payaient trois cents francs d'impôts directs, ou la Monarchie de Juillet, en exigeant encore de l'électeur un cens de deux cents francs. Aussi la République de 1848 a-t-elle eu de la souveraineté nationale une conception plus exacte en proclamant le suffrage universel qui appelle au vote tous les français âgés de 21 ans.

La Révolution de 1789 n'a guère appliqué l'universalité du suffrage. La Constitution de 1791 exigeait des citoyens actifs ou électeurs l'âge de 25 ans et le paiement d'un cens ou impôt direct équivalent à trois journées de travail ; l'Assemblée législative élargit le suffrage pour l'élection de la Convention ; la Constitution de 1793 établit le suffrage universel, mais ne fut pas appliquée. La Constitution de l'an III revint au régime de 1791. Le vote perdit toute importance politique sous le Consulat et l'Empire puisque les électeurs ne présentaient que des listes de candidats à l'agrément du gouvernement qui nommait les représentants. La Restauration ne reconnut comme électeurs que les grands propriétaires fonciers qui payaient 300 francs d'impôts directs et aggrava encore le règne des plus riches en leur donnant le droit de voter à la fois dans le scrutin d'arrondissement et dans un scrutin par départements (loi 29 juin 1820). Le gouvernement de Louis-Philippe abaissa le cens à 200 francs. Il subit les assauts répétés de l'opinion qui exigeait au moins l'adjonction au corps électoral des gens les plus instruits (les capacités) et, pour n'avoir point cédé, provoqua la Révolution de 1848. Le décret du gouvernement provisoire du 5 mars 1848 proclama le suffrage universel que sanctionna la Constitution. Pour avoir voulu restreindre le droit de vote (loi 31 mai 1850), l'Assemblée législative devint impopulaire et facilita le coup d'Etat du 2 décembre 1851 que Napoléon fit approuver par un suffrage élargi par le décret du 25 mars 1852.

Le suffrage universel gagne chaque jour du terrain dans les pays étrangers : depuis quelques années, il a été institué dans le duché de Bade, le Wurtemberg, la Finlande et même l'Autriche aristocratique (loi 26 janvier 1907). Même les femmes votent pour les élections municipales en Angleterre et pour les élections politiques dans quelques Etats particuliers des Etats-Unis et en Norvège (loi 14 juin 1907).

§ 2. — Les représentants de la nation.

74. Les **représentants** doivent, avons-nous vu, tenir leurs pouvoirs de la nation qui les choisit par voie d'élection directe ou indirecte. Mais ils ne sont élus que pour un temps déterminé ; ils sont soumis assez fréquemment à la réélection afin que la nation contrôle leur gestion et ne renouvelle les pouvoirs que de ceux qui ont bien rempli leur mandat. Il n'est fait d'exception que pour les juges dont l'indépendance doit être assurée d'une façon permanente pour qu'ils puissent rendre une justice impartiale. Pendant la durée de leurs pouvoirs, les représentants sont indépendants et irrévocables ; ils sont appelés à décider librement des actes du gouvernement, au nom du peuple qui est censé vouloir par leur volonté et parler par leur bouche. Ils doivent agir en conscience au mieux de l'intérêt général sans être astreints à exécuter aucun ordre, même des électeurs.

Ces principes, communs aux députés, Président de la République et juges, et qui sont de l'essence du gouvernement représentatif déterminent : 1º les règles du recrutement des représentants ; 2º les règles de leur organisation.

75. Suffrage direct ou indirect. — La question de savoir si les électeurs choisiront immédiatement les représentants ou éliront des délégués qui eux-mêmes procéderont à ce choix doit être résolue en considération du degré d'instruction populaire et d'éducation politique des électeurs.

Le **suffrage indirect** ou à plusieurs degrés assure une meilleure sélection des élus, évite les entraînements irréfléchis qui peuvent, à un moment donné, s'emparer du corps électoral. Ce fut le système en faveur pendant la Révolution et justifié par la culture insuffisante des électeurs. Il est encore aujourd'hui la règle pour l'élection des sénateurs et du Président de la République.

Le **suffrage direct** dans lequel les électeurs nomment eux-mêmes le représentant qu'ils ont choisi, assure davantage le respect de la volonté des citoyens et évite que par les sélections successives l'élection n'aboutisse à des choix aristocratiques. C'est celui qui est adopté pour le recrutement des assemblées populaires comme notre Chambre des Députés.

76. Élection par circonscription. — Lorsque l'élection a pour but de recruter une assemblée très nombreuse comme la Chambre des Députés qui comprend près de 600 membres, elle ne peut se faire en un seul scrutin pour tout le pays. On s'imagine difficilement un électeur inscrivant 600 noms sur son bulletin : on ne le conçoit pas choisissant parmi les 3.000 candidats qu'il devrait connaître pour voter en connaissance de cause. Et quelle opération formidable que le dépouillement que ces dix millions de votes portant sur ces 3.000 candidats ! Il faut donc partager le corps électoral en sections ou collèges électoraux.

Mais chacune de ces sections n'agit pas en vertu d'un droit propre, elle choisit un ou plusieurs représentants au nom de la nation entière : les choses se passent comme si le corps électoral tout entier désignait l'élu. Ce principe entraîne plusieurs conséquences :

77. Première conséquence : *Les circonscriptions ne doivent pas avoir un caractère autre que le corps électoral dans son entier.*

On a prétendu cependant que le Parlement devait représenter la nation dans tous ses éléments. Or, celle-ci n'est pas composée seulement de partis et d'intérêts politiques, mais aussi et surtout de groupements économiques comme les syndicats professionnels les Chambres de commerce, etc. Parfois à l'étranger, on voit des députés élus par des groupements sociaux : universités, églises, syndicats, etc. C'est là ce qu'on appelle la **représentation professionnelle** ou **représentation des intérêts.**

Un pareil système de représentation paraît incompatible avec le principe de la souveraineté nationale, car les députés élus ne représentent plus la nation dans son ensemble mais seulement les intérêts spéciaux pour la défense desquels ils ont été choisis. Il a d'ailleurs l'inconvénient de faire prédominer dans les débats politiques et dans les préoccupations de chaque représentant ces intérêts particuliers sur l'intérêt national ; il avive la lutte des intérêts, des forces des classes sociales dont il accuse l'opposition au lieu de l'atténuer ; il conduit au fédéralisme économique et au syndicalisme que nous avons critiqué (V. n° 11). Sans doute la conduite des affaires nationales ne doit point faire négliger les intérêts particuliers des groupements sociaux. La représentation politique ne les méconnaît pas puisqu'elle s'éclaire fréquemment d'avis demandés aux intéressés : les Chambres de commerce, les syndicats, le Conseil du commerce extérieur sont fréquemment consultés par les Commissions parlementaires. Mais le maintien de l'unité nationale, de la paix sociale exige qu'on ne fasse pas de la lutte des intérêts économiques la base de la politique.

77bis Deuxième conséquence : *Le représentant élu ne tient pas ses pouvoirs de la circonscription qui l'a choisi mais de la nation tout entière.* Par suite le collège électoral ne peut donner au candidat qu'il élit un **mandat impératif,** c'est-à-dire lui ordonner de voter dans un sens sur une question déterminée, ou de s'abstenir sous peine de révocation.

Dans l'ancien régime, le député aux Etats généraux était au contraire le représentant, le mandataire du bailliage qui l'avait nommé : c'est qu'en effet, il n'était pas l'élu de la souveraineté nationale, il était simplement le délégué d'un groupement territorial qui avait une personnalité propre, et recevait le mandat de présenter au roi tel cahier de doléances. L'Assemblée constituante déclara nuls les mandats impératifs imposés aux députés. Le régime représentatif est incompatible, en effet, avec les principes juridiques du mandat qui permet la révocation du mandataire. C'est donc par un abus de mots qu'on emploie encore cette expression pour désigner les relations entre électeurs et élus. S'il y avait mandat ce serait en tout cas un mandat conféré par la nation au Parlement. Cette conception a pu être adoptée en Suisse pour assurer la révocation collective de toute une Chambre par la majorité des électeurs.
Mais en France tout mandat impératif est nul. Les comités électoraux ont parfois essayé de tourner la loi en sanctionnant les instructions données à leur député par une démission en blanc (sans date) exigée de l'élu. Si le député transgresse ses instructions, le comité électoral envoie au Président de la Chambre la démission en la datant. Ce procédé échoue par le fait qu'avant de présenter la démission à l'acceptation de la Chambre, le président en exige la confirmation de la part de l'élu.

77ter TROISIÈME CONSÉQUENCE : *L'élu représente non seulement la majorité qui lui a donné ses voix, mais encore la minorité qui les lui a refusées.*
Mais en fait il est certain et il est indispensable que l'élu s'inspire des tendances et de l'esprit de la majorité qui l'a choisi : aussi l'opinion de la minorité n'est-elle pas nécessairement représentée.
On a proposé de lui donner une représentation plus réelle par l'établissement de la représentation proportionnelle qui suppose le scrutin de liste.

78. Scrutin de liste et scrutin uninominal. — L'élection se fait au scrutin de liste quand chaque circonscription électorale élit plusieurs représentants, quand chaque électeur écrit sur son bulletin une liste de plusieurs noms. C'est ainsi que sont élus chez nous les Conseils municipaux. Elle a lieu au scrutin uninominal quand la circonscription ne choisit qu'un seul représentant et que, par suite, chaque électeur n'inscrit qu'un nom sur son bulletin de vote.
Le scrutin de liste présente l'avantage de se rapprocher du

système idéal qui voudrait que tout le corps électoral du pays vote en un seul collège pour tous les représentants. Il donne à l'élection un sens politique plus net car dans la grande circonscription que nécessite le scrutin de liste (par exemple le département) le candidat n'est point élu à raison de son influence locale mais à cause de son programme politique. Il paraît plus en harmonie avec le régime représentatif parce qu'il assure chez l'élu une indépendance plus grande et vis-à-vis des électeurs dont les demandes individuelles de faveur et de recommandation s'imposent à lui d'une façon moins puissante dans un grand collège électoral, et vis-à-vis du gouvernement qui a devant lui l'élu d'un nombre plus considérable d'électeurs. Il est enfin moins accessible à la corruption électorale, car, d'une part, les candidats ne peuvent acheter des voix très nombreuses et, d'autre part, le gouvernement ne peut peser d'une façon énergique sur tout un département. C'est le mode de scrutin qu'avaient adopté la loi du 15 mars 1849 et la loi du 16 juin 1885 pour l'élection des députés, c'est celui qui est en vigueur pour celle des sénateurs.

Cependant le scrutin de liste entraîne des dangers : à la suite de mouvements d'opinions peut être irréfléchis et passagers il pourrait provoquer un renversement complet des institutions. C'est pourquoi la loi du 13 février 1889 a substitué à nouveau le scrutin d'arrondissement au scrutin de liste pour empêcher le mouvement boulangiste de devenir dangereux. De plus, les candidats venus des différents points du département ne sont pas personnellement connus des électeurs qui ne se décideront que sur le vu des têtes de liste, des candidats connus, ou par la lecture d'articles de journaux dont l'influence se trouve accrue. Les choix seront moins judicieux. Au contraire, avec le scrutin uninominal qui ne comporte qu'une petite circonscription (généralement l'arrondissement) l'électeur fait un choix personnel. Si des tentatives de corruption se produisent, la vérification des pouvoirs donne aux Assemblées des moyens efficaces de répression.

Enfin le scrutin de liste aboutit à écraser dans le département la minorité qui, même assez forte, ne peut faire élire aucun député, alors qu'avec le scrutin d'arrondissement, si elle échoue dans une circoncription, elle peut faire triompher son candidat dans une autre.

Ce dernier inconvénient il est vrai peut être corrigé par la représentation proportionnelle.

79. Représentation majoritaire et représentation proportionnelle. — En général, dans le scrutin de liste comme dans le scrutin uninominal les élections se font à la majorité des voix. Le candidat est élu au premier tour de scrutin s'il réunit la majorité absolue, c'est-à-dire la moitié plus un des suffrages exprimés et au second tour s'il obtient une majorité relative, c'est-à-dire un nombre de voix plus grand qu'aucun autre concurrent.

Dans le système de la majorité absolue, une légère majorité peut faire passer le candidat et une forte minorité n'être pas représentée. Ainsi dans une circonscription dans laquelle 10.000 électeurs ont voté, le candidat Dupont réunissant 5.001 voix sera élu tandis que le candidat Durand qui n'en a que 4.999 sera battu. Dès lors, dit-on, 5.001 = 10.000 et 4.999 = 0. Cette arithmétique singulière devient encore plus fantaisiste au second tour de scrutin. Sur 10.000 votants, Dupont obtient 2.502 voix, Durand 2.501, Roger 2.499, Dupré, 2.498. Dupont sera élu. Il se peut cependant que Durand, Roger, Dupré appartiennent au même parti : dès lors, le parti de Dupont aura un député avec 2.502 membres, tandis que le parti des trois autres candidats qui réunit 7.498 voix n'en aura pas. La majorité n'est même pas représentée. Théoriquement, la même solution pourrait se reproduire dans toute la France au profit du même parti. On ne pourrait plus dire que les élus représenteraient la volonté nationale.

En fait cependant cette solution ne se produira pas.

D'abord, dans une même circonscription il y aura entente entres les membres et les candidats du même parti pour porter toutes les voix sur un seul au second tour du scrutin.

Puis, si une forte minorité d'un parti n'est pas représentée dans une circonscription, le même résultat se produit en sens inverse dans une autre circonscription ; avec la multiplicité des circonscriptions, tous les partis sont en fait représentés à la

Chambre et à peu près dans la mesure de leur force numérique.

D'ailleurs, si le système idéal du gouvernement représentatif était en usage, s'il n'y avait dans tout le pays qu'un collège électoral unique élisant au scrutin de liste tous les députés, la majorité serait encore bien plus forte et les minorités n'auraient aucun représentant; ce serait regrettable et dangereux pour les libertés individuelles, mais ce ne serait pas contraire au droit de la majorité. Une forte majorité en tout cas est nécessaire pour le fonctionnement normal du gouvernement représentatif et surtout du gouvernement parlementaire ou gouvernement de parti (V. no **84**). Sans elle, le Parlement est faible et condamné à l'inactivité par suite des transactions que chaque réforme nécessite entre les partis; les ministères sont instables parce qu'ils n'ont pas un appui solide dans la Chambre; les cabinets ne sont plus homogènes c'est-à-dire composés de gens de même opinion parce qu'il leur faut rechercher un peu partout des appuis ; la machine gouvernementale marche à vide et ne produit rien.

Néanmoins, devant les dangers possibles du système majoritaire, une forte partie de l'opinion publique réclame aujourd'hui la représentation proportionnelle.

Il faut, dit-on, proportionner la puissance politique d'un parti à sa force numérique, c'est-à-dire au nombre de ses partisans. Il est de l'essence du régime représentatif que le Parlement représente la volonté de la nation et par conséquent soit composé des mêmes éléments que celle-ci.

La représentation proportionnelle peut être atteinte par des moyens multiples dont l'étude tiendrait ici trop de place. Un des plus simples consiste à additionner dans un scrutin de liste les voix des candidats d'un même parti au profit du candidat de ce parti le plus favorisé. Dans l'exemple pris plus haut, Durand aurait été élu.

La Commission du suffrage universel à la Chambre des députés a en 1909 adopté le *système d'Hondt*, professeur de droit à l'Université de Gand : on divise successivement le total des voix qu'ont recueillies les candidats de chaque liste (ou masse électorale de chaque liste) par 1, 2, 3, 4, etc., puis on range les quotients ainsi obtenus dans l'ordre décroissant de leur importance numérique jusqu'au quotient dont le rang correspond au nombre de sièges à pourvoir (jusqu'au sixième s'il y a

6 députés à élire). Ce sixième quotient constitue le diviseur commun ou chiffre répartiteur. Autant de fois le diviseur commun est contenu dans le total de chaque liste, autant celle-ci aura de députés : exemple : 6 députés sont à élire par la circonscription administrative ;

4 listes sont en présence : les listes A, B, C et D ; elles ont respectivement réuni :

Liste A

1er candidat	56.000	voix
2e —	55.900	—
3e —	55.850	—
4e —	54.848	—
5e —	54.700	—
6e —	54.500	—
Masse électorale	331.798	—

Liste C

1er candidat	26.000	voix
2e —	25.999	—
3e —	25.800	—
4e —	25.775	—
5e —	25.750	—
6e —	25.602	—
Masse électorale	154.926	—

Liste B

1er candidat	36.000	voix
2e —	35.800	—
3e —	35.750	—
4e —	35.002	—
5e —	35.000	—
6e —	34.960	—
Masse électorale	212.512	—

Liste D

1er candidat	17.000	voix
2e —	16.900	—
3e —	16.800	—
4e —	16.750	—
5e —	16.200	—
6e —	16.000	—
Masse électorale	99.650	—

La masse électorale de la liste A, c'est-à-dire l'ensemble des voix recueillies par les six candidats formant la liste, égale 331.798 suffrages.

La masse électorale de la liste B, c'est-à-dire l'ensemble des voix recueilles par les six candidats formant la liste égale 212.512 suffrages.

La masse électorale de la liste C, déterminée dans les mêmes conditions, égale 154.926 suffrages.

La masse électorale de la liste D égale 99.650 suffrages.

Divisons successivement par 1, 2, 3, etc. chacune des 4 masses électorales, nous aboutissons aux résultats suivants :

Liste A

331.798 : 1 =	331.798
— 2 =	165.899
— 3 =	110.599
— 4 =	82.949
— 5 =	66.359
— 6 =	55.299

Liste C

154.926 : 1 =	154.926
— 2 =	77.463
— 3 =	51.642
— 4 =	38.731
— 5 =	30.985
— 6 =	25.821

Liste B

212.512 : 1 =	212.512
— 2 =	106.256
— 3 =	70.837
— 4 =	53.128
— 5 =	42.502
— 6 =	35.418

Liste D

99.650 : 1 =	99.650
— 2 =	49.825
— 3 =	33.216
— 4 =	24.912
— 5 =	19.930
— 6 =	16.608

Rangeons les quotients dans l'ordre de leur importance jusqu'à concurrence de 6, chiffre des députés à élire :

$$
\begin{array}{llll}
1^{er} & \text{quotient} & 331.798 & \text{liste A} \\
2^e & — & 212.512 & \text{liste B} \\
3^e & — & 165.899 & \text{liste A} \\
4^e & — & 154.926 & \text{liste C} \\
5^e & — & 110.599 & \text{liste A} \\
6^e & — & 106.256 & \text{liste B}
\end{array}
$$

Le sixième quotient est le diviseur commun. En conséquence la liste A aura droit à trois sièges, la liste B à deux, la liste C à un. En effet, la liste A aura droit à trois sièges parce que sa masse électorale 331.798 contient trois fois le diviseur commun 106.256. La liste B aura droit à deux sièges parce que sa masse électorale 212.512 contient deux fois le diviseur commun. La liste C aura droit à un siège parce que sa masse électorale 154.926 contient une fois le diviseur commun. La liste D n'aura droit à aucun siège, sa masse électorale n'ayant pas atteint le chiffre du diviseur commun 106.256.

A la date du 30 juin 1910 le gouvernement a déposé un projet de loi contenant un système plus simple de représentation proportionnelle ; mais ce système donne à la majorité un nombre de sièges plus que proportionnel à son importance numérique.

Grâce à la représentation proportionnelle, dit-on, tous les partis seront représentés à peu près selon leur importance dans le Parlement. Celui-ci sera alors vraiment le miroir du pays où se reflètent toutes les opinions ; tous les électeurs même de la minorité auront intérêt à voter car toute voix prend de la valeur et dès lors les abstentions seront moins nombreuses ; enfin les partis pour dresser leur liste seront contraints de s'organiser, de se discipliner, ce qui ne peut que fortifier le régime parlementaire. Aussi la Suisse et la Belgique ont-elles admis chez elles la représentation proportionnelle.

80. Renouvellement intégral et renouvellement partiel. — Une assemblée est renouvelée intégralement quand les pouvoirs de tous ses membres expirent en même temps ; elle est renouvelée partiellement quand ses membres sont groupés en séries dont chacune voit successivement expirer ses pouvoirs à des dates régulièrement espacées.

Le renouvellement intégral crée des assemblées successives qui ne vivent que pendant une période appelée *législature* : il assure le maximum d'influence au corps électoral dont la volonté impose immédiatement et complètement à l'assemblée son orientation politique. Une grande consultation nationale donne à l'assemblée une autorité plus forte pour parler au nom de la nation, c'est le système qui s'impose pour les chambres populaires, surtout pour celles qui doivent être assez fortes pour faire tomber les ministères : c'est celui qui a été admis pour la chambre française des députés (loi 30 novembre 1875, art. 15).

Le renouvellement partiel institue au contraire une assemblée permanente dont l'existence est indéfinie. Il donne sans doute moins d'autorité à l'assemblée mais il fait obstacle aux mouvements brusques et irréfléchis de l'opinion qui pourraient compromettre la stabilité des institutions. Il offre surtout l'avantage d'assurer la continuité du travail parlementaire, l'esprit de suite dans la législation et la capacité professionnelle des assemblées dont les nouveaux membres sont dirigés par les anciens. C'est le système qui paraît préférable pour les chambres hautes qui jouent un rôle pondérateur dans le Parlement. C'est celui qui a été adopté pour notre Sénat.

Le projet gouvernemental du 30 juin 1910 propose cependant de soumettre également la Chambre des députés au système du renouvellement partiel : la Chambre serait élue pour *six années* et renouvelée par tiers tous les deux ans.

§ 3. — **Les rapports des organes du gouvernement représentatif.**

81. Unité ou pluralité des pouvoirs. — Nous avons vu que les trois fonctions de l'Etat devaient être exercées par des représentants. Mais elles peuvent toutes trois être confiées aux mêmes représentants ou chacune peut l'être à des représentants différents : dans le premier cas il y a *unité* ou *confusion des pouvoirs*, dans le second cas il y a *pluralité de pouvoirs*.

Le **système de l'unité** a pour objet de constituer un souverain très fort, tout-puissant, à l'abri de tout contrôle possible.

Dans l'ancienne monarchie française, le roi exerçait cumulativement tous les pouvoirs, puisqu'il avait le droit d'accomplir des actes de législation, d'administration et de juridiction. Dans les monarchies allemandes contemporaines, le prince reste encore théoriquement le titulaire de tous les pouvoirs. La confusion s'est également produite dans les gouvernements républicains au profit des assemblées représentatives. Ainsi, dans le *Gouvernement révolutionnaire* du 21 septembre 1792 à fructidor an III, c'est la Convention qui, à la fois, fit les lois et en assura l'application moins par le Conseil exécutif qu'elle avait élu que par ses Comités d'exécution. Spécialement son Comité de défense générale, puis son Comité de Salut public asservirent à leur autorité le Conseil exécutif provisoire et les tribunaux révolutionnaires. La Constitution de 1793 opéra la même confusion en remettant l'exécutif à un Conseil exécutif élu par le Corps législatif et astreint à exécuter scrupuleusement ses ordres. Cette conception s'est transportée en Suisse, tant dans la Constitution fédérale que dans des constitutions cantonales. Le Conseil exécutif n'est que l'agent, le commis du Conseil législatif. La même pensée s'est fait jour chez nous au cours de l'élaboration de la Constitution de 1848 et celle de 1875. En 1848, M. Grévy, qui plus tard devait être Président de la République, et, en 1875, M. Naquet proposèrent de ne point nommer de Président de la République et de conférer le pouvoir exécutif à un Président du Conseil des ministres élu par l'Assemblée législative et révocable par elle.

Ce régime qui fait des agents d'exécution les commis du Parlement, responsables devant lui et révocables par lui, a pu donner des résultats assez heureux en Suisse, par suite de circonstances spéciales, de longues traditions historiques et aussi des tempéraments qu'y apporte *le contrôle du peuple*. Celui-ci, en effet, peut soit *révoquer* en bloc le Conseil législatif, soit arrêter ses lois par le *veto*.

Mais en général, ce système engendre le despotisme. En effet, si la même personne ou le même corps à la fois vote la loi, la fait exécuter et statue sur les procès qu'elle soulève, elle fera des lois spéciales aux cas ou aux individus qu'elle veut atteindre, sachant bien qu'elle pourra se dispenser de l'appliquer aux individus qu'elle ne veut pas frapper : on perd ainsi le bénéfice de la généralité de la loi. En outre, le juge ou l'administrateur qui font eux-mêmes la loi, n'ont pas de scrupules à la transgresser. Enfin l'administrateur qui juge ne présente aucune garantie pour le justiciable, surtout si l'administration est partie au procès. De plus, en général, tout individu, tout corps qui possède de l'autorité tend à aller jusqu'au bout de son pouvoir, il est tenté d'en abuser ; s'il réunit toutes les prérogatives de la souveraineté, il ne peut rencontrer aucun obstacle à sa volonté, il devient tyrannique.

C'est ce qui est arrivé au gouvernement conventionnel : la constitution d'une autorité très forte, toute puissante et incontrôlée fut sans doute nécessaire en 1792 pour le salut du pays menacé à la fois par la guerre étrangère et la guerre civile ; mais elle eut aussi pour résultat de supprimer toute liberté politique et toute garantie des droits individuels.

Le système de la pluralité, au contraire, confie chacune des trois fonctions de l'Etat à un organe distinct : il présente non seulement les avantages économiques de la division du travail, mais encore l'avantage politique d'assurer la liberté par la séparation des pouvoirs.

82. La **séparation des pouvoirs** est considérée aujourd'hui, depuis la célèbre démonstration de **Montesquieu,** comme une condition essentielle de la liberté politique. En effet, des organes séparés se pondèrent et se limitent réciproquement : « le pouvoir arrête le pouvoir ». Dès lors, aucun des pouvoirs ne peut devenir tyrannique. Seule la séparation assure le respect des individus.

Mais il y a deux manières de comprendre et d'appliquer la séparation des pouvoirs, l'une absolue, l'autre relative.

83. La **séparation absolue des pouvoirs** établit trois organes distincts et indépendants dans le gouvernement représentatif ; elle ne permet aucun empiétement de l'un sur l'autre, aucune collaboration de l'un avec l'autre : c'est celle qu'ont adoptée les Constituants révolutionnaires, esprits rationalistes épris d'absolu, et les colonies anglaises en fondant les Etats-Unis, et en croyant copier les institutions de leur métropole.

Les Constituants de 1791 confièrent les fonctions de l'Etat à des organes respectivement indépendants les uns des autres : la fonction exécutive fut remise à un roi héréditaire et à ses ministres pris hors de l'Assemblée législative ne dépendant point de celle-ci, ne relevant que du roi seul et n'ayant pas l'initiative des lois. La fonction législative fut donnée à une Assemblée également indépendante par son élection et sans contrôle sur l'exécutif. La fonction juridictionnelle fut attribuée à des juges indépendants parce qu'élus. Cependant on s'aperçut qu'un système fractionnant ainsi la souveraineté entre trois organes qui s'ignorent ne pourrait fonctionner normalement. Aussi des atténuations y furent apportées : ainsi la Constitution imposa au roi une certaines responsabilité politique, lui permit d'attirer l'attention de l'assemblée sur les matières qui devaient faire l'objet de lois et lui donna le droit par son veto d'arrêter l'exécution des lois. Elle conféra à l'Assemblée législative

le droit de faire des actes d'administration particulièrement graves.
Elle enleva aux juges la connaissance des procès administratifs. Tel fut
également le système de la Constitution de l'an III, et à peu près celui
de la Constitution de 1848. La Constitution américaine fait de plus
normalement intervenir le Sénat dans la nomination des fonctionnaires
et la conclusion des traités diplomatiques.

Malgré ses atténuations, le régime de séparation absolue n'a
pu fonctionner en France : les organes du gouvernement dont
les rapports nécessaires n'ont pu être assez minutieusement
réglés sont entrés en conflit. Les conflits ne pouvant être résolus
par aucun moyen juridique et pacifique, l'ont été par des coups
d'Etat accomplis par l'organe momentanément le plus fort et
ils ont rétabli la tyrannie.

La Constitution de 1791 a vécu dix mois ; le 10 août 1792 l'Assemblée
législative plus forte que Louis XVI prononçait la suspension du roi et
nommait un Conseil exécutif provisoire qui contenait en germe tout le
gouvernement révolutionnaire, c'est-à-dire la confusion des pouvoirs.
La Constitution de l'an III vit éclater une série de conflits entre le Directoire d'une part, les Cinq-Cents et les Anciens d'autre part ; tous furent
résolus par des coups d'Etat, le Directoire annula en bloc toutes les
élections conservatrices d'un renouvellement partiel (18 fructidor an V),
puis toutes les élections jacobines (22 floréal an VI) ; à leur tour les
assemblées voulurent mettre en accusation les directeurs qui démis-
sionnèrent (30 prairial an VII); enfin le 18 brumaire an VIII un dernier
coup d'Etat mit fin à la Constitution. La Constitution de 1848 a sombré
par le même procédé, sous le coup d'Etat d'un président trop puissant,
au 2 décembre 1851.
Si, aux Etats-Unis, la séparation des pouvoirs a pu se maintenir, c'est
qu'une pénétration réciproque et un certain contrôle des organes les uns
sur les autres se sont établis non seulement par l'intervention sénatoriale
en matière exécutive, mais encore dans les comités des Chambres où
les ministres viennent travailler et discuter avec les députés : à cette
collaboration secrète mieux vaut substituer une collaboration officielle.

**84. La Séparation relative ou la collaboration
des pouvoirs. Le gouvernement parlementaire. —**
La séparation absolue a échoué parce que l'un des pouvoirs
étant plus fort que les autres en a profité pour les asservir.
L'équilibre des pouvoirs doit être réalisé par des contrepoids
qui balancent les prérogatives de chacun d'eux ; si des conflits
se produisent entre eux, il faut laisser à la nation, au corps
électoral, le soin de les résoudre. C'est ce qui a été obtenu par le
gouvernement parlementaire ou **gouvernement de cabinet.**

Le gouvernement de cabinet est né spontanément en Angleterre du
fonctionnement normal du régime représentatif. Les Anglais ont toujours

respecté leur roi, l'ont déclaré irresponsable des fautes du gouvernement. Si celui-ci commet des erreurs, ils s'en prennent aux ministres du roi qui l'ont mal conseillé. Ils ont toujours pu le faire dès que fut posée la règle que le roi ne peut agir seul et que tous ses actes doivent être contresignés par un ministre. La Chambre des communes mit d'abord en jeu la responsabilité pénale et individuelle des ministres qui furent jugés par la Chambres des lords. Mais, cette responsabilité étant très grave, on hésitait à la mettre en jeu ; de plus, elle intervenait toujours tard pour empêcher l'accomplissement de l'acte critiqué. Aussi, bientôt, la simple menace de poursuites, un simple blâme adressé aux ministres eut pour résultat de faire donner à ceux-ci leur démission. Ainsi s'établit la responsabilité politique, c'est-à-dire la perte du pouvoir sur un blâme de la Chambre des communes. Enfin, les mesures importantes de gouvernement étant collectivement délibérées en Conseil des ministres, il en résulte que le blâme infligé à un ministre les atteint tous. Quand tous les ministres crurent devoir se retirer sur le blâme infligé à l'un d'eux, la responsabilité politique et collective du cabinet était fondée. Le meilleur moyen d'avoir des cabinets durables, ce fut, pour le roi, de nommer des ministres qui avaient la confiance de la Chambre, de les prendre dans la majorité parlementaire, et même de choisir comme premier ministre le chef, le *leader* de cette majorité.

Le gouvernement parlementaire assure une collaboration constante du législatif et de l'exécutif et un contrôle réciproque de l'un sur l'autre.

Les deux organes *collaborent* aux mêmes fins. L'Assemblée législative fait des actes administratifs ; elle vote le budget non pas en bloc, mais par chapitres et articles, ce qui lui permet d'étendre ou de restreindre les services administratifs en leur affectant des crédits plus ou moins élevés. Le chef de l'exécutif par ses ministres, propose des lois, intervient dans leur discussion au sein des Chambres, peut refuser de les sanctionner ou au moins demander une nouvelle délibération : il prend lui-même les dispositions générales sous la forme de décrets règlementaires.

Les deux organes se *contrôlent* : le Parlement blâme et oblige à se retirer les ministres qui n'ont pas sa confiance, et par là impose au chef de l'Etat, personnellement indépendant et irresponsable, des ministres avec lesquels il doit collaborer. Le chef de l'exécutif d'autre part peut dissoudre la Chambre qui entre en conflit avec le ministère.

Les deux pouvoirs demeurent ainsi en parfait équilibre : le Législatif ne peut être asservi par l'Exécutif car il peut renverser les ministres et s'ils ne s'inclinaient pas, leur refuser le budget, les crédits, c'est-à-dire tout moyen de gouverner ; l'Exécutif ne peut être opprimé par le Législatif, puisqu'il peut dissoudre la Chambre.

Si un conflit éclate, une solution pacifique est ouverte ; le ministère blâmé se retire et avoue ainsi qu'il a tort, ou bien il prétend avoir raison, se maintient au pouvoir, dissout la Chambre et en appelle ainsi à la nation, au corps électoral qui tranche le conflit. En effet, ou bien les électeurs renvoient au Parlement la même majorité et par là approuvent cette dernière et condamnent le ministère qui doit se retirer sous peine de devenir le fauteur d'un coup d'Etat ; ou bien les électeurs élisent une majorité nouvelle, favorable au ministère qui est ainsi maintenu au pouvoir.

On a critiqué, surtout à l'étranger, le gouvernement parlementaire ; on lui a reproché de ne pas donner assez d'autorité au gouvernement. Mais parfois, nous avons entendu en France la critique opposée, faite au Président du Conseil, de vouloir régenter la Chambre. On s'est plaint, en France, de l'instabilité des ministères. Mais depuis quelques années, un parti puissant a conquis la majorité à la Chambre et les ministères durent plusieurs années. On déplore les interventions trop fréquentes des parlementaires dans les services administratifs par des recommandations qui s'imposent aux ministres. Mais la faute en est bien plus aux mœurs qu'aux institutions.

Le gouvernement parlementaire est ainsi la forme la meilleure du gouvernement représentatif : c'est la plus naturelle puisqu'elle s'est formée spontanément du fonctionnement des institutions anglaises ; c'est la plus facile puisqu'elle assure une collaboration féconde des pouvoirs et maintient entre eux des points de contact multiples ; c'en est aussi la plus sûre car elle garantit la liberté politique de la nation par un équilibre harmonieux des forces politiques dont les conflits reçoivent une solution pacifique qui est entre les mains de la nation souveraine.

Historique. — Le gouvernement parlementaire a été cependant écarté par la Révolution française. Il était mal connu en 1791 parce que les règles n'en étaient pas encore nettement dégagées des institutions anglaises. Les Constituants ne virent que celles qui séparaient l'Exécutif et le Législatif, non celles qui les rapprochaient. D'ailleurs, rationalistes épris d'absolu, ils crurent que si une séparation relative était bonne en soi, une séparation absolue devait atteindre la perfection. De plus, les mœurs parlementaires anglaises étaient assez corrompues au XVIIIe siècle pour ne pas solliciter l'imitation. Cette modalité du régime représentatif s'introduisit en France sous la Restauration, malgré le silence de la Charte de 1814, mais grâce à l'esprit politique et pratique de Louis XVIII qui en comprit tous les avantages. La violation des règles du parlementarisme par les ministres de Charles X qui, après une dissolution ne s'inclinèrent pas devant la majorité parlementaire réélue, provoqua la Révolution de 1830. Le gouvernement parlementaire se développa sous la monarchie de Juillet. Interrompu par la République de 1848 et le second Empire, il s'imposa à nouveau dans l'évolution libérale de ce dernier et prit place dans la Constitution du 21 mai 1870. L'Assemblée nationale le rétablit dans la Constitution de 1875 tant sous l'influence des idées anglaises que sous celle des traditions de la monarchie orléaniste. C'est actuellement le régime qui a eu la plus longue durée en France depuis 1789.

Il semble cependant qu'il tend à s'altérer et à évoluer vers un régime de confusion de pouvoirs. En effet, pour qu'il fonctionne normalement, il faut que l'Exécutif et le Législatif demeurent en équilibre et pour cela, soient de force égale. Si l'Exécutif est trop fort, il asservira le Législatif comme en 1851 ; s'il est trop faible, il sera l'esclave du Parlement. Or, il semble que sous l'influence des mœurs, cette dernière solution tende à s'imposer. En effet, bien qu'investi des prérogatives d'un monarque parlementaire, le Président de la République, d'après la Constitution de 1875, est élu par le Parlement ; il ne peut guère dès lors dissoudre ce dernier, d'autant moins qu'une dissolution malheureuse en 1877 a tourné contre lui. Il est donc désarmé : il tend à devenir simplement un agent du Législatif. On ne pourrait rétablir l'équilibre, rendre à son autorité le poids nécessaire qu'en élargissant le corps électoral qui le choisit, par exemple en y faisant entrer les conseillers généraux des départements

Pour que l'équilibre des forces politiques sur lequel repose le gouvernement parlementaire se maintienne, il peut être nécessaire de fortifier l'un des deux organes exécutif et législatif en l'unifiant, ou de l'affaiblir en le divisant. De là les problèmes de l'unité et de la dualité des Chambres, de l'unité et de la collégialité de l'exécutif.

85. Unité ou pluralité des assemblées du Corps législatif. — Une assemblée unique pour le vote des lois est, a-t-on dit, la seule solution conforme au caractère indivisible de la souveraineté : il ne peut y avoir deux volontés parlementaires différentes, car si ces deux volontés sont divergentes, l'une des deux se trompe, n'est pas en harmonie avec celle de la nation et par conséquent doit disparaître ; si elles sont identiques, alors l'une des deux Chambres est inutile. D'ailleurs, l'unité du Corps législatif accélère le vote des lois et évite des conflits insolubles entre les différentes parties du Parlement.

Ces critiques sont vaines. Il n'y a pas plus une division de la souveraineté nationale par le fait de l'existence de deux Chambres que par le fait de l'existence de trois organes de gouver-

nement ou de l'existence de 600 députés dans une Chambre.
D'autre part, nous avons déjà dit que le but du gouvernement
représentatif n'est pas d'exprimer strictement la volonté populaire, mais de rechercher la loi la meilleure, le plus conforme au
but social poursuivi ; si le concours de deux Chambres parvient
plus aisément à ce but, le système en est préférable. Quant aux
conflits entre les Chambres, la solution en est offerte par le
gouvernement parlementaire dans la dissolution de la Chambre
basse. L'existence de deux Chambres permet même de ne pas
anéantir par la dissolution le législatif tout entier, l'une des
Chambres demeure debout.

Le système des deux Chambres ne se heurte donc à aucun
obstacle absolu. Il est au contraire indispensable au maintien
de l'équilibre des pouvoirs et au fonctionnement du régime parlementaire. En effet, s'il est un pouvoir qui tend à prendre une place
prépondérante dans l'Etat, c'est assurément le pouvoir législatif :
il est naturellement le plus fort car il est issu directement du
suffrage populaire, il règle par la loi l'action du pouvoir exécutif
et il dispose, pour se faire obéir, de moyens puissants comme le
refus des crédits et du budget. Il faut le diviser pour l'affaiblir.

De plus la dualité — car sa division en deux Chambres apparaît comme suffisante pour atteindre le but proposé — offre des
avantages pratiques appréciables. Elle permet de remédier aux
entraînements brusques, aux décisions hâtives et irréfléchies
d'une chambre populaire séduite un moment par un orateur de
talent : une nouvelle délibération devant une seconde chambre
donnera le temps et le moyen de réfléchir avant de statuer
définitivement.

Sans doute le travail législatif en sera quelque peu ralenti,
mais mieux vaut encore perdre le bénéfice d'une bonne loi
que de risquer de laisser passer une loi mauvaise : les réformes
vraiment utiles seront réalisées, seuls les projets insuffisamment
mûris resteront en route.

Ces résultats heureux ne seront d'ailleurs atteints que si les
deux Chambres sont vraiment dissemblables par leur composition sinon par leurs attributions : en général, l'idée des Constituants a été d'organiser une Chambre populaire plus nombreuse, plus jeune, élue au suffrage direct et renouvelée inté-

gralement après un mandat relativement court, afin de représenter l'esprit de réforme et de progrès, et à côté, une Chambre haute moins nombreuse, avec des membres plus âgés, élus au suffrage indirect dans des circonscriptions larges, et renouvelée partiellement, avec un mandat assez long, pour représenter l'esprit de tradition. C'est de cette conception que s'inspira la Constitution de l'an III en créant les Cinq-Cents et les Anciens, comme la Constitution de 1875 en nous donnant une Chambre des Députés et un Sénat.

Le système des deux Chambres est né en Angleterre de circonstances historiques : le *Grand Conseil* qui constituait les Etats généraux des rois anglais était composé des lords, du clergé et des députés des comtés et communes : il avait pour mission principale de voter l'impôt sur tous. Le clergé préféra s'abonner à l'impôt, donner en bloc sa contribution au roi, et il ne parut plus au Grand Conseil dans lequel il n'avait plus rien à faire : dès lors les seigneurs et les députés des communes restant seuls, siègèrent bientôt séparément : ainsi naquirent la *Chambre des lords* et la *Chambre des communes*.

D'Angleterre, le système s'est répandu dans toute l'Europe. Il fut repoussé en France en 1791 malgré les efforts de l'Ecole anglaise parce qu'on voulait un pouvoir législatif très actif et très fort pour réaliser promptement les réformes révolutionnaires. Mais il fut admis par la Constitution de l'an III, parce que les réformes révolutionnaires étaient acquises. La Constitution de l'an VIII exagéra la division en instituant trois Chambres, Sénat, Corps législatif et Tribunat afin de paralyser l'activité propre du Législatif. Mais le système des deux Chambres réapparut avec les Chartes de 1814 et de 1830. La Constitution de 1848 ne créa qu'une seule Assemblée législative afin que celle-ci fût assez forte pour tenir tête au chef de l'Exécutif élu au suffrage universel et, par suite, très puissant. Mais, avec les saines traditions parlementaires, la dualité des Chambres a pris place à nouveau dans la Constitution de 1875.

86. Unité ou collégialité de l'Exécutif. — La question de savoir si la fonction exécutive sera conférée à un seul individu ou à un conseil de plusieurs individus ne se pose pas dans une monarchie mais seulement dans un gouvernement républicain.

Le gouvernement collégial ou directorial, en divisant le pouvoir exécutif, l'affaiblit. De plus, il assure un contrôle réciproque des directeurs les uns sur les autres. Il constitue ainsi une précaution contre les entreprises éventuelles d'un Président unique qui tenterait d'établir son pouvoir personnel et de renouveler le procédé du 2 décembre 1851.

La Première République, à raison de sa méfiance envers le pouvoir exécutif qu'avait exercé le roi dans la Constitution de 1791 et des dangers qu'il avait fait courir à l'œuvre révolutionnaire, rejeta l'unité de l'Exécutif qui rappelait trop la monarchie : le décret du 10 août 1792 décida l'élection d'un *Conseil exécutif provisoire*, remplacé le 12 germinal an II par douze *Commissions exécutives*. La Constitution de 1793 avait également institué un *Conseil exécutif*; celle de l'an III créa un *Directoire* de cinq membres et celle de l'an VIII trois Consuls dont l'un d'ailleurs avait une situation prépondérante. Le système s'est également implanté en Suisse dans la Constitution fédérale et dans des Constitutions cantonales.

Mais pour assurer l'équilibre des pouvoirs et la liberté politique, s'il faut diviser le pouvoir le plus fort, il est aussi nécessaire d'unifier le plus faible pour le fortifier. Or, le plus faible c'est assurément l'Exécutif dont l'activité est réglementée par le Législatif et qui n'a jamais de crédits à sa disposition sans un vote de ce dernier.

D'ailleurs la collégialité de l'Exécutif engendre l'anarchie et la paralysie de l'administration : délibérer peut être le fait de plusieurs mais agir est le fait d'un seul. Or, l'action est le propre de l'Exécutif ; son inertie ne peut que favoriser les entreprises d'un dictateur populaire comme celle du 18 brumaire an VIII qui mit fin au gouvernement directorial.

Aussi la question de la collégialité ne s'est-elle pas posée pour la Constitution de 1875 qui confie l'Exécutif au seul Président de la République.

Cependant, le dosage de force entre l'Exécutif et le Législatif est assez difficile. Pour avoir en 1848 fait élire un Président unique par le suffrage universel et réuni sur un nom déjà populaire des millions de suffrages, on le rendit plus puissant que le Parlement dont chacun des membres n'avait derrière lui que quelques milliers d'électeurs ; pour l'avoir en 1875 fait élire par le Parlement, on l'a rendu trop faible. Deux solutions intermédiaires se présentent : l'une est de faire élire un Conseil exécutif par le suffrage universel (des cantons suisses s'en accommodent mais pour des raisons historiques déjà indiquées et par suite de l'absence d'une politique internationale à soutenir) ; l'autre est de confier l'Exécutif à un Président unique, mais élu par un Corps électoral plus étendu que le seul Parlement : c'est la seule que puisse mettre en œuvre un grand pays qui a à diriger une politique européenne et à administrer un grand territoire.

87. L'autorité judiciaire séparée du Parlement.

— Jusqu'ici nous avons surtout envisagé les rapports de l'organe préposé principalement à la fonction législative avec l'organe qui a pour mission de faire exécuter la loi. Faut-il aller plus loin et séparer également l'organe chargé de la fonction juridictionnelle d'avec les deux autres ? De bons esprits pensent, en effet, avons-nous vu, que la mission de faire exécuter la loi et celle de statuer sur les litiges qu'elle suscite ne constituent qu'une seule et même fonction.

Qu'on estime ou non que les juges font partie de l'exécutif il est certain qu'ils doivent être indépendants des législateurs sinon, comme nous l'avons vu, la confusion engendre la tyrannie. De ce principe découlent les conséquences suivantes :

1° *Le Parlement ne peut rendre lui-même des jugements,* annuler ou réformer les sentences judiciaires, ni même modifier l'issue des procès en cours par une **loi rétroactive** c'est-à-dire appliquée à un fait déjà passé au moment où la loi est votée, ou par des **lois de dessaisissement** (lois qui enlèvent un procès à une juridiction déjà saisie pour la confier à une autre juridiction).

Cependant, des exceptions sont apportées à cette règle : pour assurer l'indépendance du Parlement, chaque Chambre juge la régularité de l'**élection** de ses membres (V. n° **121**) elle peut infliger à ceux-ci des **pénalités disciplinaires** : en raison de leur gravité certains procès intéressant la sûreté de l'Etat sont déférés au Sénat constitué en **Haute-Cour** de justice. (V. n° **139**).

2° Inversement *les tribunaux ne peuvent prendre des dispositions générales* comme les lois en décidant qu'ils jugeront toujours dans un sens déterminé tel point de **droit douteux** qui leur sera soumis. La loi condamne la pratique des anciens Parlements qui rendaient des *arrêts de règlement.*

Sans doute, lorsque les tribunaux et surtout la Cour de cassation donnent de la loi une interprétation déterminée et constituent ainsi une **jurisprudence**, celle-ci acquiert une valeur de fait qu'on ne peut méconnaître. Mais une jurisprudence établie se différencie toujours d'un arrêt de règlement en ce sens qu'un tribunal peut toujours juger en sens contraire et que même la Cour de cassation peut à chaque instant changer d'avis.

3° *Les tribunaux doivent toujours appliquer les lois régulièrement votées.*

Cette obligation ne devrait logiquement s'imposer qu'envers les lois régulières et quant à la forme et quant au fond.

On admet bien qu'une loi qui n'aurait pas été régulièrement promulguée ou qui l'aurait été sans un vote des deux Chambres pourrait ne pas être appliquée par les juges.

Mais une loi régulière en la forme doit être appliquée même si elle est au fond contraire à la Constitution. Il n'en est pas ainsi aux Etats-Unis. Dans ce pays, pour maintenir le lien fédéral, il fallait assurer la prédominance de la Constitution fédérale et des lois fédérales sur les Constitutions et les lois des Etats particuliers. Pour maintenir les droits du peuple qui se défie de Parlements mal composés, il est nécessaire d'assurer le respect par les lois de la Législature de la Constitution votée par le peuple. Alors on a donné au juge saisi d'un procès, le droit de ne pas appliquer dans ce procès la loi inconstitutionnelle. Ce droit, qui donne au juge un pouvoir politique, n'a pas d'inconvénients aux Etats-Unis parce que les magistrats ont une très haute situation et sont placés par leur nomination et leur fonctionnement sous le contrôle du Sénat.

Les mêmes raisons historiques n'existent pas en France. Tout au contraire, les Parlements de l'ancien régime avaient manifesté leur hostilité aux réformes libérales de la fin du xviiie siècle. Les Constituants de 1789 craignaient qu'ils n'entravent de même toutes les réformes révolutionnaires. Par la loi du 16 août 1790 ils interdirent aux juges *d'arrêter ou de suspendre l'exécution des lois.* Dès lors, les lois même inconstitutionnelles ont dû être appliquées par les tribunaux. Ceux-ci d'ailleurs ne sont pas organisés d'une manière assez indépendante pour jouer le rôle politique des magistrats américains.

La Révolution française a même été plus loin dans cette voie. Elle considéra l'interprétation de la loi comme ressortant de la fonction législative et non de la fonction juridictionnelle. Elle donna aux juges qui concevaient un doute sur le sens d'une loi la faculté d'en demander l'interprétation au Corps législatif : cette faculté subsista jusqu'au vote du Code civil qui, au contraire (art. 4), déclare coupable du crime de déni de justice, le juge qui refuse de statuer sous prétexte de l'insuffisance ou de l'obscurité de la loi. En outre, de ce *référé facultatif* la Constitution de 1791 instituait le *référé obligatoire* au Corps législatif lorsque dans un procès un troisième jugement était rendu conformément à deux premiers cassés par le Tribunal de cassation. Enfin ce Tribunal de cassation était placé sous la *surveillance du Corps législatif.*

88. La séparation des juges et des administrateurs en deux organisations différentes ne présente pas le même intérêt que la séparation de l'autorité judiciaire et du Parlement : elle n'est pas une condition de la liberté politique, tout au plus concerne-t-elle la bonne distribution de la justice. Encore tout le monde est-il d'accord pour décider que la justice ne peut être bien rendue que par des juges indépendants. Mais cette indépendance peut être assurée par deux moyens différents, par l'*élection* ou par l'*inamovibilité*, c'est-à-dire l'irrévocabilité jusqu'à l'âge de la retraite : le premier fut employé par la Révolution ; le second paraît préféré par le droit contemporain.

Le **droit révolutionnaire** institua un pouvoir judiciaire séparé des deux autres. La Constitution de 1791 et celle de l'an III en traitent dans un chapitre spécial. Elles en tirent cette conséquence que les juges doivent être élus comme les autres délégués de la souveraineté nationale, ou tirés au sort pour la constitution d'un jury.

L'élection des juges assure certes leur indépendance vis à vis du gouvernement. Mais par contre elle les soumet à l'influence des électeurs auxquels ils doivent demander leur réélection. Les électeurs sont moins aptes à choisir des juges que des représentants, car les premiers, pour remplir leurs fonctions, ont besoin d'une capacité technique et professionnelle, et le corps électoral ne saurait discerner l'étendue des connaissances juridiques d'un candidat. Sans doute on exigea des candidats en 1790 des preuves de capacité professionnelle et de stage auprès des tribunaux, mais ces conditions furent supprimées en 1792; des tribunaux devinrent incapables de rendre des jugements et le Directoire dut très fréquemment pourvoir par des nominations directes à l'administration de la justice. La nomination fut rétablie en l'an VIII et depuis lors tous les juges furent nommés à l'exception de ceux des tribunaux de commerce et des Conseils de Prud'hommes.

D'ailleurs l'élection des juges n'est point la conséquence nécessaire de l'institution d'un pouvoir judiciaire séparé. Le détenteur d'un pouvoir peut parfaitement désigner celui d'un autre sans que pour cela en soit anéantie la séparation. Il suffit qu'une fois désigné, l'organe nommé soit indépendant. Ainsi les membres du Parlement désignent le chef de l'Exécutif, et cependant le Législatif et l'Exécutif ne sont pas confondus.

D'autre part, l'institution du jury, c'est-à-dire d'un tribunal composé de simples citoyens tirés au sort et, par suite, tout à fait indépendants, fut importé d'Angleterre en 1790 pour la mise en accusation et le jugement des causes criminelles.

Les **constitutions modernes**, au contraire, paraissent n'avoir établi que deux pouvoirs et fait entrer les juges dans l'organisation exécutive. Spécialement la Constitution de 1875 ne mentionne même pas l'existence de l'autorité judiciaire. Mais l'indépendance des juges reste assurée par l'inamovibilité.

Cependant cette inamovibilité n'est pas absolue puisque, avec raison, la déchéance d'un juge malhonnête peut être prononcée par la Cour de cassation constituée en Conseil supérieur de la magistrature, puisqu'aussi elle ne protège ni les procureurs, ni les juges de paix, ni les juges coloniaux, ni les juges administratifs.

Elle n'est pas non plus imposée par la Constitution. Bien que traditionnellement établie depuis la Restauration, elle a en fait reçu des atteintes sous tous les régimes qui voulaient se débarrasser de juges fidèles au gouvernement précédent (ex. : loi 30 août 1883).

Si, comme paraît l'admettre notre constitution, il n'y a que deux pouvoirs, celui qui fait la loi et celui qui la fait exécuter par des administrateurs ou des juges, il est néanmoins nécessaire de déterminer le domaine respectif de l'autorité judiciaire et de l'autorité administrative : c'est là le but de la règle de la séparation des autorités que nous aurons à étudier (V. n° **268** et suiv.).

§ 4. — Les fonctionnaires.

89. Les fonctionnaires et leurs garanties. — Le gouvernement pour faire exécuter ses ordres dans toute l'étendue du pays doit avoir recours à des agents ou fonctionnaires. Les fonctionnaires sont des citoyens qui reçoivent de la loi le pouvoir de faire des actes d'autorité publique ou de concourir par des services manuels ou intellectuels à la gestion des intérêts collectifs des personnes administratives. Le développement des attributions de celles-ci augmente chaque jour leur nombre : il y a aujourd'hui en France près d'un million d'agents rétribués sur les budgets de l'Etat, du département et des communes.

Il est très difficile de donner une statistique exacte du nombre des fonctionnaires, car on ne s'entend pas toujours sur le sens de l'expression fonctionnaire. Cependant, d'après des documents parlementaires, il y aurait en 1909, 757.678 fonctionnaires civils dont 486.676 rétribués sur les fonds de l'Etat et 271.002 payés par les départements et les communes. Mais ce chiffre ne comprend ni les fonctionnaires militaires, ni les fonctionnaires ne recevant aucun traitement. Or, l'armée et la marine fournissent 600.000 officiers, sous-officiers et soldats, dont les premiers, au sens le plus strict, ont bien le caractère de fonctionnaires. De plus, ceux qui occupent une fonction publique sans traitement sont au nombre de 460.000 dont 450.000 maires, adjoints et conseillers municipaux.

La multiplication des fonctionnaires et leur intervention fréquente dans les rapports individuels engendrerait une tyrannie insupportable si la fonction n'était pas exercée impartialement. La condition essentielle de l'impartialité du fonctionnaire, c'est son indépendance, ce sont les garanties dont il jouit contre les mesures arbitraires (révocation) de la part du gouvernement.

Ces garanties, des pays ont pensé les trouver dans le droit commun. Ils ont considéré que les fonctionnaires se trouvaient vis-à-vis de l'Etat dans la même situation que des particuliers vis-à-vis des patrons qui les emploient, dans une *situation contractuelle*. Le contrat détermine leurs droits et obligations sinon dans tous leurs éléments du moins par l'adhésion implicite aux règlements généraux de l'emploi. Dès lors, les agents en cas de révocation arbitraire, ont le droit, comme tout ouvrier, à une indemnité ; ils sont protégés par toutes les lois du travail (accidents, droits de grève, syndicats, etc.) ; les difficultés qui s'élèvent entre l'employeur et l'employé sont résolues par les juges ordinaires des contrats. C'est là la conception adoptée en France pour les auxiliaires employés temporairement dans toutes les administrations, pour les ouvriers des exploitations commerciales et industrielles, pour les agents des chemins de fer (loi 21 mars 1905).

Dans la plupart des pays cependant, les fonctionnaires ont une *situation légale et réglementaire*, c'est-à-dire une situation juridique spéciale déterminée par la loi et les règlements. Leur *état* ou *statut* leur donne plus d'avantages que celui des employés privés (stabilité de l'emploi, du traitement, obtention d'une pension de retraite); mais par contre il leur impose des obligations particulières telles que l'interdiction de cesser librement leur service quand celui-ci répond à une fonction obligatoire de l'Etat. C'est en France le régime de tous les fonctionnaires administratifs qui font partie d'une façon permanente des cadres de l'administration et sont soumis à sa hiérarchie, préfets, juges, professeurs, officiers, employés de bureau, etc. Cependant les lois et règlements qui déterminent la situation de la plupart des fonctionnaires sont en général très insuffisants pour les protéger contre l'arbitraire politique et le favoritisme. Aussi les fonctionnaires et l'opinion publique réclament-ils le vote d'un projet de loi sur le statut des fonctionnaires pendant, depuis le 25 mai 1909, devant les Chambres. Nous devons étudier :

1° La collation et le retrait de la fonction publique ; 2° les droits et obligations des fonctionnaires ; 3° les sanctions des règles édictées.

90. 1° Collation de la fonction publique. — Le recrutement des fonctionnaires a été assuré par des procédés divers :

a) La **patrimonialité** des fonctions publiques ou des *offices* était la règle de l'ancien régime ; le fonctionnaire était *propriétaire* de sa charge qu'il pouvait vendre ou transmettre à ses héritiers. Ce système assurait bien l'indépendance du fonctionnaire. Mais celui-ci ayant acheté sa charge cherchait à récupérer son prix d'acquisition dans les profits qu'il s'efforçait d'en tirer.

Ainsi les juges se faisaient donner des *épices* ou honoraires par les plaideurs. La fonction, au lieu d'être exercée dans l'intérêt général était exploitée dans l'intérêt particulier de son propriétaire.

L'Assemblée Constituante supprima en 1790 la vénalité et l'hérédité des offices. Cependant, pour procurer des ressources au Trésor, le gouvernement de la Restauration en 1816 augmenta le cautionnement de certains fonctionnaires et en compensation leur donna le droit de présenter leur successeur à l'agrément du Chef de l'Etat. Depuis lors, ces fonctionnaires (notaires, avoués, huissiers, greffiers, agents de change, commissaires-priseurs) qu'on appelle *officiers ministériels* paient au prédécesseur pour être présentés à la nomination, un prix convenu et proportionnel au produit de l'office.

b) **L'élection** des fonctionnaires leur assure également une large indépendance vis-à-vis du gouvernement. Mais, par contre, elle les subordonne aux électeurs influents, gêne ainsi leur impartialité et les soustrait à la direction gouvernementale nécessaire à l'unité du pays. Elle fut cependant appliquée par la Révolution à presque tous les fonctionnaires (directoires de district, de département, juges, etc.) Le régime moderne, pour satisfaire à la fois aux libertés locales et à l'unité gouvernementale a généralement placé des conseils élus (conseils municipaux, conseils d'arrondissement, conseils généraux) à côté des fonctionnaires nommés (sous-préfets, préfets, etc.)

c) **La nomination** ou désignation par un seul individu est la règle dominante. En principe le Président de la République nomme à tous emplois civils et militaires (article 3, loi constitutionnelle du 25 février 1875).

Cependant, ce pouvoir du Président n'est pas absolu.

D'une part, la loi peut conférer le droit de nommer certains fonctionnaires à d'autres agents, aux ministres, aux directeurs des ministères, aux préfets, etc.

D'autre part, la loi peut exiger des candidats aux fonctions publiques, non seulement des conditions d'âge, de sexe, de nationalité, mais encore des conditions d'aptitude technique. Les ministres revendiquent toujours la plus grande liberté pour choisir les fonctionnaires parce qu'ils sont politiquement responsables de leurs agents subordonnés et parce que l'Etat peut être pécuniairement responsable des actes de ses agents. Mais il est de l'intérêt du public que les fonctions ne soient remplies que par des agents capables. Aussi la loi exige-t-elle généralement du candidat la possession de grades universitaires, des conditions de stage, le succès dans un concours, la présentation par un corps compétent pour juger de l'aptitude du candidat, etc.

91. La sortie de la fonction publique. — Le service du fonctionnaire prend fin par sa mise à la retraite, sa démission ou sa révocation.

La **mise à la retraite** est imposée à l'agent qui a atteint une limite d'âge fixée par la loi en vue de rajeunir le cadre des fonctionnaires.

La **démission** ne produit ses effets que quand elle a été acceptée par le chef de service ou le corps intéressé, et en général l'agent doit continuer ses fonctions jusqu'à la nomination de son successeur.

La **révocation** des agents nommés peut être prononcée par celui qui a fait la nomination. Mais l'appréciation de la gravité de la faute qui motive la révocation ne doit pas être laissée à la libre appréciation du chef hiérarchique. Aussi, de plus en plus, mais dans une mesure encore insuffisante, des *garanties légales* sont apportées contre l'arbitraire. Ainsi, pour des fonctions publiques, la loi détermine les cas de révocation et surtout exige, soit la consultation, soit l'avis conforme de conseils souvent élus par les corps intéressés : les magistrats ne peuvent être destitués que sur avis conforme de la Cour de Cassation constituée en Conseil supérieur de la magistrature, les officiers ne peuvent être mis en réforme qu'avec l'assentiment d'un Conseil de réforme, les professeurs titulaires de chaires ne peuvent être révoqués que sur avis conforme du Conseil supérieur de l'Instruction publique, etc.

92. 2º Droits et obligations des fonctionnaires. — Le régime juridique de la fonction publique est établi dans l'intérêt général des administrés et non dans l'intérêt particulier du fonctionnaire : il peut donc à tout instant être modifié par la loi et le fonctionnaire ne peut se prévaloir du régime existant quand il est entré au service.

Les **droits** du fonctionnaire sont relatifs à :

A. *La compétence,* c'est-à-dire au pouvoir de faire des actes administratifs. La sphère d'activité légale de l'agent est limitée :

a) Quant aux *actes* qu'il peut accomplir par la règle de la spécialité des attributions : ainsi le maire peut bien nommer un employé de la mairie mais non un instituteur de l'école ;

b) Quant au *territoire :* si le Président de la République et les ministres peuvent faire des actes qui s'appliquent à l'ensemble du pays, le préfet ne peut prendre des arrêtés que pour le département qu'il administre ;

c) Quant aux *formes* de procédure établies par la loi et qui doivent être respectées par l'agent.

Tous actes accomplis en dehors de ces conditions de compétence sont nuls.

B. *Des avantages pécuniaires et honorifiques* sont attribués aux fonctionnaires, tels sont le traitement auquel s'adjoignent des indemnités de représentation, des frais de tournée, etc., une pension de retraite incessible et insaisissable, constituée par l'Etat avec des retenues opérées sur les traitements.

C'est également par des avantages pécuniaires que se traduit l'*avancement.*

Le projet de loi sur le statut des fonctionnaires décide qu'on ne peut entrer dans un service public que par un emploi de début et qu'on doit successivement gravir les divers échelons de la hiérarchie administrative pour accéder aux emplois supérieurs. Puis, adoptant une pratique employée dans beaucoup d'administrations, il distingue : 1° la promotion à une classe supérieure dans un même grade ou emploi qui se traduit par une augmentation de traitement ; elle a lieu en principe à l'ancienneté et exceptionnellement au choix ; 2° la promotion à un grade ou emploi supérieur qui exige une capacité plus grande se ferait soit par le concours, soit par le choix opéré par des commissions comprenant des membres du personnel intéressé et publié dans un tableau d'avancement.

Enfin, les fonctionnaires ont souvent droit à un costume et à des honneurs divers.

C. Une *protection* spéciale est accordée par le Code pénal aux fonctionnaires contre les injures et violences dont ils peuvent être l'objet et qui sont réprimées plus sévèrement que les mêmes injures ou violences adressées aux particuliers.

D. Les *droits publics* de tous les citoyens appartiennent également aux fonctionnaires : spécialement ils peuvent, d'après la jurisprudence aujourd'hui admise, constituer des *associations* conformes à la loi du 1er juillet 1901, mais non des associations professionnelles ou syndicats régis par la loi du 21 mars 1884.

Les **obligations** des fonctionnaires les astreignent en général :

a) *A la résidence* au lieu de leur poste, au *secret professionnel*, à l'*interdiction de faire du commerce*, etc.

b) *A remplir légalement et personnellement leur fonction.* La loi ne permet pas à un fonctionnaire de se décharger de sa mission sur un autre individu, parce que celui-ci a été choisi en raison de ses qualités personnelles : elle interdit la *délégation de compétence*. Eventuellement elle prévoit elle-même des substitutions légales : ainsi le préfet empêché devra être remplacé par le secrétaire général de la préfecture ou un conseiller de préfecture. Elle astreint le fonctionnaire à agir : ainsi le sous-préfet ne peut refuser un permis de chasse à celui qui y a droit. Elle ne permet pas par suite à l'agent de cesser arbitrairement son service soit individuellement soit à la suite d'une coalition : elle exclut le *droit de grève*.

c) *A l'obéissance hiérarchique :* tout fonctionnaire doit obéir à ses supérieurs et aux instructions qu'il en reçoit, sinon dans sa vie privée du moins dans l'exécution de son service. Il a cependant le droit de résister aux ordres illégaux mais il peut être dangereux de sa part de se faire juge de leur légalité.

93. 3° Sanction des règles relatives aux fonctions publiques. — Ces sanctions visent à la fois la personne du fonctionnaire et les actes qu'il accomplit.

A. **Vis-à-vis des personnes :** les fonctionnaires qui ont transgressé les règles de leur fonction sont exposés à une action pénale, à une action disciplinaire et à une action civile.

a) *L'action pénale* poursuit la répression de tous les crimes ou délits commis par les agents des services publics qui, par suite de leur qualité, sont punis plus sévèrement que les simples particuliers commettant des faits analogues : le Code pénal vise spécialement la concussion, la forfaiture, la coalition, etc...

b) *L'action disciplinaire* frappe non seulement les fautes professionnelles qui tombent sous le coup de la loi pénale mais encore toutes celles qui y échappent. Les peines disciplinaires les moins graves sont infligées directement par le supérieur hiérarchique.

Il y a une tendance de la législation à apporter de plus en plus des garanties aux fonctionnaires pour l'application des peines les plus graves : celles-ci sont infligées aujourd'hui en général par des *juridictions disciplinaires*, ou du moins avec leur concours (exemple : dans l'enseignement public : Conseil départemental de l'Instruction primaire, Conseil académique et Conseil supérieur de l'Instruction publique). Les supérieurs hiérarchiques et les juges disciplinaires ont une grande latitude pour déterminer si la faute de l'agent (désobéissance, abandon de service, absence, etc...) est ou non punissable et quelle peine on lui doit appliquer.

Les *peines disciplinaires* sont morales (avertissement, rappel à l'ordre, blâme ou censure, réprimande), pécuniaires (privation partielle de traitement) ; elles affectent l'avancement (radiation du tableau d'avancement, ajournement de promotions, rétrogradation de classe ou de grade) et l'exercice même de la fonction (déplacement, suspension, mise en disponibilité, révocation, etc...)

c) Enfin *l'action civile* est celle par laquelle la victime d'une faute personnelle d'un fonctionnaire en demande à celui-ci réparation pécuniaire (V. n⁰ **295**).

B. **Vis-à-vis des actes** des fonctionnaires, trois contrôles sont organisés :

1⁰ *Le contrôle hiérarchique* ou pouvoir de suspendre, d'annuler, de réformer l'acte juridique d'un agent subordonné. Ce contrôle s'exerce sur tous les actes des agents placés sous la dépendance du pouvoir central (préfets, maires) il permet aux fonctionnaires supérieurs d'annuler les actes des fonctionnaires qui leur sont inférieurs pour tous motifs de droit (illégalité) ou de fait (inopportunité).

2⁰ Le *contrôle administratif* ou, suivant une expression courante bien qu'inexacte la « tutelle administrative », est le pouvoir de suspendre, d'annuler, de réformer ou de refuser d'approuver les actes des conseils élus et décentralisés (conseils municipaux, conseils généraux). En général l'autorité supérieure ne peut annuler ces actes que pour illégalité.

Ces deux contrôles exercés sur les agissements des fonctionnaires sont cependant insuffisants ; en effet, l'autorité supérieure n'est pas obligée d'examiner l'acte contre lequel réclame un particulier.

3° *Le contrôle juridictionnel* au contraire, ouvre à tous le moyen d'attaquer les actes des agents administratifs devant des juges qui ne peuvent refuser de statuer. Nous verrons (n° 288) que les particuliers peuvent demander, par le recours pour excès de pouvoir, l'annulation de tout acte administratif illégal, et, par le recours de pleine juridiction, la réparation pécuniaire du préjudice subi du fait de l'agent. Ainsi est définitivement sanctionnée l'obligation du fonctionnaire d'agir légalement.

Ces mêmes recours protègent les droits des fonctionnaires contre des nominations illégales de concurrents, des révocations ou peines disciplinaires contraires à la loi.

TROISIÈME PARTIE

ORGANISATION POLITIQUE ET ADMINISTRATIVE DE LA FRANCE

CHAPITRE PREMIER

L'ORGANISATION ÉLECTORALE

SECTION I. — LA COMPOSITION DU CORPS ÉLECORAL.

94. Le suffrage universel. — Le corps électoral comprend en principe tous les citoyens français âgés de 21 ans accomplis. Le suffrage universel qui n'exclut que les femmes et les étrangers, résulte d'une disposition constitutionnelle, de l'article 1ᵉʳ de la Constitution du 25 février 1875 déterminant le recrutement de la Chambre des députés. Il ne pourrait donc être supprimé par une loi ordinaire.

Mais on peut être privé :

1º De la jouissance et de l'exercice du droit de vote par des déchéances ;

2º De l'exercice seulement du droit de vote par suite de raisons pratiques ou de la non-inscription sur les listes électorales.

95. 1º Les **déchéances** ou **incapacités électorales** sont justifiées par ce fait que ceux qui se sont placés hors de la société en violant gravement ses droits ne sont pas dignes de prendre part à son gouvernement.

Elles résultent en effet, en dehors de l'interdiction judiciaire que motive une incapacité physique (fous), des condamnations criminelles, de certaines condamnations correctionnelles qui frappent tout individu, de la déclaration de faillite imposée à un commerçant, ou de la destitution infligée à un officier ministériel.

Ces déchéances sont perpétuelles ou temporaires.

Sont privés du droit de vote à perpétuité :

1º Tous les individus frappés de peines *afflictives ou infamantes* ;

2º Ceux auxquels la perte des droits politiques a été infligée par les tribunaux correctionnels *accessoirement* à une autre condamnation quand la loi le permet ;

3º Ceux qui, convaincus de *crime*, ne sont cependant frappés que d'emprisonnement par suite de l'admission en leur faveur, de circonstances atténuantes ;

4º Les condamnés pour vol, abus de confiance, escroquerie, contraventions aux règlements des maisons de jeu ou de prêts sur gages, usure, fraude dans la vente des marchandises ou fabrication de denrées alimentaires et produits agricoles, outrages aux bonnes mœurs, vagabondage, mendicité, dévastation de récoltes, abatage ou mutilation d'arbres, empoisonnement de bestiaux, etc. ;

5º Les condamnés pour infraction à la loi sur le recrutement de l'armée et les militaires envoyés aux travaux publics ;

6º Les condamnés pour banqueroute simple ou frauduleuse ;

7º Les notaires et officiers ministériels destitués, si une disposition formelle du jugement le prescrit.

En sont privés temporairement :

1º Les condamnés à une peine supérieure à un mois de prison pour outrages ou violences envers les dépositaires de l'autorité publique, les jurés ou les témoins à raison de leur déposition devant un tribunal. L'incapacité persiste pendant cinq ans après l'expiration de la peine ;

2º Les condamnés de 1 à 3 mois de prison pour fraudes dans les ventes de marchandises perdent également l'électorat pendant 5 ans ;

3º Les faillis, mais non ceux qui bénéficient de la liquidation judiciaire, demeurent incapables pendant trois ans (loi du 23 mars 1908) ;

4º Enfin la déchéance temporaire est souvent la peine accessoire de condamnations diverses.

Un casier judiciaire, relatant toutes les condamnations qui frappent les citoyens nés dans l'arrondissement, est établi et tenu à jour par le sous-préfet à l'aide des renseignements que lui transmettent les Ministres de la Justice, de l'Intérieur, de la Guerre et de la Marine.

L'indépendance du corps électoral et le droit de suffrage politique sont garantis par ce fait que ces déchéances ne peuvent jamais être imposées par le gouvernement et doivent résulter de condamnations prononcées par des tribunaux judiciaires indépendants.

Les déchéances disparaissent du fait de l'amnistie ou de la réhabilitation, mais non de l'obtention de la grâce ou du bénéfice du sursis à l'exécution de la peine principale.

96. 2º La privation de l'exercice seulement du droit de vote que conserve l'électeur résulte soit d'une impossibilité de fait, soit de la non-inscription sur la liste électorale.

A. **Impossibilité de fait.** —Les aliénés détenus dans un asile, les individus détenus dans une prison soit préventivement pendant l'instruction préparatoire, soit après leur condamnation pour l'exécution de leur peine ne sont pas mis en liberté pour aller porter leur bulletin dans l'urne.

D'autre part, les militaires des armées de terre et de mer ne votent pas pendant qu'ils sont présents à leur corps, qu'ils appartiennent à l'armée active, à la réserve ou à la territoriale. Cette prescription a pour but de bannir de l'armée les discussions politiques dont souffrirait la discipline militaire. Elle a été motivée aussi par la crainte que cette discipline ne diminuât la liberté du vote. Exceptionnellement, les militaires quand ils ont un congé d'au moins trente jours et les marins quand ils sont en résidence libre peuvent voter à leur domicile.

B. On ne peut voter, d'autre part, quand on n'est pas inscrit sur la liste électorale.

97. Les listes électorales. Inscriptions. — L'élection est en principe une opération communale. L'exiguïté de cette circonscription administrative dans laquelle, au moins dans la campagne, tout le monde se connaît, facilite le contrôle indispensable à l'exercice de cette importante fonction nationale.

La liste électorale, c'est le catalogue alphabétique des électeurs d'une commune ou d'une section électorale de commune.

Elle permet de constater au moment du scrutin que l'individu qui présente son bulletin a bien le droit de voter. Elle détermine le nombre des électeurs inscrits, ce qui est nécessaire pour le calcul de la majorité au premier tour, l'élu devant réunir un nombre de voix égal au quart des inscrits.

L'inscription sur la liste électorale exige deux conditions, il faut pour être inscrit :

1º *Avoir la capacité électorale*, c'est-à-dire être âgé de vingt et un ans et n'avoir pas été frappé de déchéance ;

2º *Avoir dans la commune une attache légale* résultant de l'un des faits suivants : *a*) un *domicile réel* établi dans la commune avant le 31 mars de l'année ; *b*) ou *une résidence de six mois* accomplis avant la même date ; *c*) ou *une résidence sans condition de durée pour tous les fonctionnaires* qui doivent habiter la commune ; *d*) ou une *inscription au rôle* de l'année, dans la commune, pour l'une des quatre contributions directes.

Dans les trois premiers cas, on est inscrit d'office sur la liste électorale ; dans le quatrième, on l'est sur sa demande mais cette demande vaut pour le requérant et pour les membres de sa famille.

Par suite de ces diverses attaches légales, on peut se trouver inscrit dans plusieurs communes, par exemple, à son lieu de résidence et à son domicile. Mais c'est un délit sévèrement réprimé que de réclamer son inscription dans plusieurs communes à la fois. Ce fait indique que le demandeur a l'intention de voter plusieurs fois. La loi française n'admet pas le vote multiple usité en d'autres pays et qui répond à la multiplicité des intérêts.

Si, en fait, on est inscrit dans plusieurs communes, ce qui peut se produire au profit de l'électeur de bonne foi qui a été inscrit d'office à son domicile et qui avait demandé son inscription là où il paie des contributions, on ne peut voter que dans une seule, pour une même sorte d'élection, dans une même année. Constituent des délits, le fait de voter par exemple dans deux communes pour des élections municipales au cours de la même année et même le fait de voter pour des élections de même nature au premier tour de scrutin dans une commune et au second tour dans une autre commune. Mais on peut voter au cours d'une même année dans plusieurs communes pour des élections différentes.

Le premier établissement d'une liste électorale est un fait exceptionnel : il ne peut se produire qu'au cas où une commune vient à être modifiée dans son territoire ou à être divisée par le Conseil général en sections électorales. La liste, en effet, est permanente. Mais annuellement on procède dans chaque commune à sa revision du 1ᵉʳ janvier au 31 mars.

98. La revision de la liste électorale comporte trois séries d'opérations : 1º une opération administrative de revision ; 2º un contrôle juridictionnel de la précédente ; 3º la clôture des listes.

La **revision administrative** est faite par une *Commission administrative* composée de trois membres, le maire : un délégué du préfet, un délégué du Conseil municipal. Cette autorité inscrit d'office tous les électeurs qui ont acquis ou acquerront avant le 31 mars les conditions requises pour l'électorat et elle radie d'office les décédés, incapables, ou induement inscrits. Elle procède à cette opération du premier au 10 janvier. Elle fait afficher le 15 janvier le tableau de ses inscriptions et radiations et le transmet au préfet. Ainsi sont prévenus tous les intéressés, à savoir : le préfet représentant l'intérêt public et l'ordre politique qui suppose une saine organisation électorale, les inscrits ou radiés dont le droit de suffrage est en jeu, les tiers électeurs de la même circonscription électorale qui ont intérêt à ce que les élections de leur arrondissement ou partie d'arrondissement se fassent régulièrement.

Ces intéressés peuvent critiquer les opérations de la Commission administrative devant des juridictions.

Le **contrôle juridictionnel** de la revision des listes électorales est assuré par la juridiction administrative et des juridictions judiciaires.

D'une part, le préfet peut, dans les deux jours de la réception du tableau, demander l'*annulation* des opérations de revision pour inobservation des formalités et délais prescrits au *Conseil de préfecture*. Celui-ci, sans pouvoir ordonner une inscription ou une radiation, annule ou valide la revision sauf appel au *Conseil d'Etat*.

D'autre part, le préfet, les tiers électeurs de la circonscription, les radiés ou inscrits peuvent réclamer une *réformation* de la liste, à la *Commission municipale de revision*. Celle-ci composée de la Commission administrative à laquelle sont adjoints deux nouveaux délégués du Conseil municipal, constitue une véritable autorité judiciaire, rendant un jugement qui doit être publié et notifié aux parties dans les cinq jours.

De ce jugement, tous les intéressés, alors même qu'ils n'ont pas été parties en première instance, peuvent appeler devant le *juge de paix* du canton.

La décision de celui-ci peut être déférée à la *Cour de Cassation* par un pourvoi déposé au greffe de la justice de paix. Si la décision est cassée, l'affaire est renvoyée devant le juge de paix du canton le plus voisin.

Comme on le voit, l'exercice du droit de vote est entouré des garanties les plus sérieuses : cette protection peut être invoquée aisément par tous les citoyens car toute la procédure que nous venons de décrire n'entraîne aucuns frais de timbre, d'enregistrement ou d'avocat.

99. La clôture des listes électorales a lieu au 31 mars. La Commission administrative à cette date, opère toutes les rectifications qu'elle a décidées en janvier et qui n'ont pas été modifiées par jugement, toutes celles régulièrement ordonnées par jugement et toutes celles résultant de faits non discutés survenus depuis janvier, tels que décès ou condamnations.

Dès lors la liste est définitivement établie : elle demeure telle pour toutes les élections qui auront lieu jusqu'au 31 mars suivant, sauf les changements tardivement ordonnés par jugement et les radiations faites d'office par le maire en cours d'année à la suite de décès ou de condamnations.

Cette liste définitive doit être *publiée* au moins en ce qui concerne les modifications apportées chaque année et donnée en communication à tout électeur qui la demande.

Voici le tableau récapitulant les délais dans lesquels se font les opérations de revision de la liste électorale :

OPÉRATIONS	DÉLAI	DATE EXTRÊME
1° Demandes d'inscription ou de radiation.	10 jours	10 janvier
2° Etablissement du tableau rectificatif par la Commission administrative	4 —	14 —
3° Publication de ce tableau	1 —	15 —
4° Délai ouvert aux réclamations . . .	20 —	4 février
5° Pour décisions de la Commission municipale	5 —	9 —
6° Pour notification de ces décisions . .	3 —	12 —
7° Pour appel devant le juge de paix . .	5 —	17 —
8° Pour le jugement du juge de paix. . .	10 —	27 —
9° Pour notification de ce jugement. . .	3 —	1er ou 2 mars
10° Pourvoi en cassation	10 —	11 ou 12 mars
11° Clôture définitive		31 mars

Section II. — Les Elections.

L'élection est une opération administrative par laquelle une majorité de votants parmi les électeurs inscrits sur les listes électorales d'une circonscription nomme un ou plusieurs représentants.

Elle est une opération administrative parce que c'est l'administration qui : 1º convoque les électeurs ; 2º procède aux opérations du scrutin.

100. Convocation des électeurs. — Les électeurs sont convoqués par un arrêté du préfet pour les élections municipales et par un décret du Président de la République pour les élections du Sénat, de la Chambre des députés, du Conseil général et du Conseil d'arrondissement.

Ils le doivent être autant que possible un dimanche ou un jour férié : c'est ce qui a toujours lieu pour assurer la liberté des travailleurs de venir voter.

Il n'y a pas de convocation spéciale pour le deuxième tour de scrutin car celui-ci a lieu pour les élections à la Chambre des députés le second dimanche après la proclamation du premier résultat et pour celles du Conseil général, du Conseil d'arrondissement et du Conseil municipal le premier dimanche qui suit le premier tour.

Cette convocation ouvre la période électorale qui s'étend jusqu'au jour du scrutin. Pendant cette période les affiches des candidats sont dispensées du droit de timbre et la distribution ou le colportage des bulletins, circulaires, professions de foi ne sont assujettis à aucune déclaration.

101. Le scrutin, c'est l'opération qui consiste dans le dépôt entre les mains de l'autorité et par les électeurs des bulletins contenant les noms des représentants choisis.

Elle se fait au chef-lieu de la commune dans une salle déterminée par l'autorité administrative. Cependant, pour rendre plus facile le vote aux électeurs des hameaux éloignés ou pour faciliter le dépouillement dans les villes, la commune peut être divisée en plusieurs *sections électorales* par un arrêté du préfet.

L'élection n'est sincère et n'a d'autorité aux yeux de la nation que si toutes les précautions possibles sont prises pour éviter les fraudes, la pression administrative ou la corruption des électeurs par les candidats, faits qui constituent le plus grand danger pour les démocraties. De là deux séries de dispositions, les unes administratives qui préviennent les fraudes, les autres pénales qui les répriment.

A. Les **règles administratives** destinées à assurer la régularité du scrutin sont les suivantes :

1º *Le scrutin n'est ouvert que pendant un seul jour,* parce que la conservation des urnes pendant la nuit facilite les fraudes ;

2º *Les opérations de chaque section de vote sont accomplies par un bureau électoral,* dont la collégialité assure la vertu.

Ce bureau électoral se compose :

a) D'un *président* (le maire, un adjoint ou un conseiller municipal pris dans l'ordre du tableau et en cas d'empêchement, un électeur désigné par le maire) ;

b) De *quatre assesseurs* pris parmi les conseillers municipaux et à défaut les deux plus anciens et les deux plus jeunes électeurs sachant lire et présents à l'ouverture du scrutin ;

c) D'un *secrétaire* désigné par le Président et les assesseurs et qui, dans le bureau n'a que voix consultative.

Le bureau doit avoir toujours au moins trois membres présents.

Ses fonctions en font une véritable autorité administrative.

Le Président a la police de la salle, il peut en exclure **tout** individu armé et inversement requérir la force publique civile et militaire pour la protection des opérations électorales.

Le bureau constate l'identité des électeurs généralement par la carte électorale qui a été délivrée à chacun d'eux. Il juge provisoirement toutes les difficultés qui s'élèvent tant dans les opérations du vote que dans celles du dépouillement. Ainsi il admet ou refuse le vote d'un électeur mal désigné, il décide comment les bulletins seront comptés, etc.

3º *Le vote est secret.*

C'est là une règle assez récente dans le droit public. Notre Constitution de 1793 avait adopté le vote public qui est encore en vigueur dans un certain nombre de pays étrangers.

Le secret est cependant une condition indispensable de la liberté et de la sincérité du vote qui ne peuvent être obtenues qu'en protégeant l'électeur contre sa timidité ou contre les agents des candidats qui le peuvent surveiller dans la salle. On a tenté de l'assurer en exigeant que l'électeur prépare son bulletin hors de la salle de vote, inscrive le nom de son candidat sur un papier blanc et sans signe extérieur qui le puisse faire reconnaître, le plie avant de le remettre au président du bureau qui, pendant qu'on émarge le nom du votant sur la liste électorale, le dépose dans l'urne en présence de tous.

L'urne d'ailleurs doit être fermée par deux serrures dont les deux clefs sont confiées l'une au Président, l'autre à l'assesseur le plus âgé.

Ces dispositions sont encore insuffisantes pour assurer la liberté de l'électeur. Aussi une proposition de loi, pendante, il est vrai, depuis plusieurs années devant la Chambre, demande que le vote ait lieu avec des enveloppes d'un type uniforme fournie par l'Administration et dans lesquelles l'électeur, s'enfermant dans une cabine ou isoloir, insèrerait son bulletin. En Australie, l'administration fournit un bulletin portant le nom de tous les candidats imprimés dans une liste alphabétique : l'électeur n'a qu'à pointer le nom de son candidat.

4° *Le dépouillement du scrutin est fait par le bureau électoral immédiatement après la clôture et sous les yeux du public.*

Le bureau, après avoir vérifié le nombre des bulletins trouvés dans l'urne, y procède seul si le nombre des votants est inférieur à 300.

Si le nombre des bulletins est supérieur à trois cents, il fait dépouiller les votes par des groupes de quatre *scrutateurs* au moins, pris parmi les électeurs présents sachant lire et écrire, il distribue entre eux les bulletins, les surveille dans leurs opérations et statue lui-même sur les bulletins douteux.

Des bulletins irréguliers, les uns doivent entrer en compte pour le calcul de la majorité absolue mais ne sont pas attribués au candidat : ce sont les bulletins sur papier de couleur ou portant des signes extérieurs ; les autres, au contraire, ne sont pas comptés, même pour le calcul des suffrages exprimés et de la majorité : ce sont les bulletins blancs, les bulletins illisibles ou contenant une désignation insuffisante, ceux signés du votant ou ceux qui, dans les élections à la Chambre des Députés, portent le nom d'un candidat qui a fait une déclaration de candidature dans un autre département.

Le Président enfin publie de suite, après le dépouillement, le résultat du scrutin. Le secrétaire rédige le procès verbal en double exemplaire dont l'un reste à la mairie, et l'autre, avec les bulletins annexés, est transmis au sous-préfet ou au préfet.

L'opération s'arrête là pour les élections municipales. Mais, pour les autres élections, il faut encore procéder au recensement des votes de toutes les communes de la circonscription.

Ce *recensement* a lieu pour les élections au Conseil général et au Conseil d'arrondissement, au chef-lieu du canton par le bureau électoral du chef-lieu. Pour les élections à la Chambre des Députés, il se fait au chef-lieu de département par une *Commission* administrative composée de trois membres du Conseil général désignés par le préfet et qui reçoit de lui les procès verbaux du dépouillement communal.

C'est dans cette dernière élection que l'intervention administrative apparaît excessive. Il serait préférable, pour assurer l'indépendance de la Commission, de la faire élire par le Conseil général lui-même et, pour assurer la sincérité absolue de l'opération, la confiance du public dans l'élection, de faire adresser directement à cette commission et sous pli cacheté les procès verbaux des bureaux communaux.

La Commission du département ou le bureau cantonal constituent des autorités administratives juridictionnelles. Elles jugent en séance publique des opérations électorales en procédant au calcul numérique des voix de chaque candidat et en revisant l'attribution des bulletins irréguliers : elles proclament seules par l'organe de leur Président le *résultat officiel* de l'élection.

102. Des majorités requises. — L'élection a pour but de dégager l'opinion de la majorité et autant que possible d'une forte majorité. Aussi un candidat n'est-il déclaré élu au **premier tour de scrutin** que si : 1º il réunit un nombre de suffrages égal ou supérieur au *quart des électeurs inscrits* de la circonscription ; 2º il obtient la *majorité absolue*, c'est-à-dire plus de la moitié des suffrages valablement exprimés.

Cette majorité seule, en bonne logique, peut imposer sa volonté, car c'est la seule que ne pourraient pas égaler des minorités coalisées.

Si le chiffre des suffrages exprimés est impair, on détermine la majorité absolue en prenant le chiffre immédiatement inférieur et en y ajoutant une unité : ex. : sur 10.001 suffrages la majorité absolue est de 5001.

Mais cette majorité absolue est difficile à obtenir tant à cause des abstentions assez nombreuses que par suite du nombre des partis et des concurrents en présence.

Si les deux conditions imposées ne sont réalisées par aucun candidat, il est procédé à un second tour de scrutin ou **scrutin de ballotage** dans lequel est déclaré élu, quel que soit le nombre des votants, le candidat qui réunit une majorité relative, c'est-à-dire plus de voix qu'aucun autre concurrent. A égalité de voix entre deux concurrents, c'est le candidat le plus âgé qui est proclamé élu.

Les décisions du bureau communal (élections municipales), du bureau cantonal (élections au Conseil général et au Conseil d'arrondissement) et de la Commission administrative du département (élection à la Chambre des Députés) s'exécutent provisoirement, le candidat proclamé élu peut faire acte de représentant jusqu'à ce que la juridiction contentieuse compétente ait statué sur les réclamations formées contre l'élection.

103. Contentieux électoral. — Les électeurs de la circonscription, les concurrents de l'élu, les membres de l'assemblée élue, le gouvernement peuvent demander l'annulation de l'élection irrégulière, car tous ont, à des degrés divers, intérêt à la régularité des opérations.

Les réclamations contre les élections administratives provoquent un véritable procès jugé par les tribunaux administratifs, par le *Conseil de préfecture* sauf appel au Conseil d'Etat pour les élections au Conseil municipal et au Conseil d'arrondissement, par le *Conseil d'Etat* pour les élections au Conseil général.

Dans les cas où la loi n'a pas organisé de recours, on peut toujours attaquer une élection par un recours pour excès de pouvoir devant le Conseil d'Etat.

Cependant les réclamations dirigées contre les élections législatives (au Sénat ou à la Chambre des Députés) sont par suite de raisons historiques et pour assurer l'indépendance absolue des Assemblées vis-à-vis de l'Exécutif et du Judiciaire, jugées par la Chambre intéressée elle-même selon la procédure de la *vérification des pouvoirs* (V. n° **121**).

Le juge fait porter son examen sur tous les vices de l'élection (capacité des électeurs et de l'élu, liberté des votants, régularité des opérations administratives de l'élection). Il ne peut qu'annuler ou confirmer l'élection. Il ne saurait proclamer un autre candidat élu qu'au seul cas où il y aurait eu une erreur matérielle dans le calcul des voix recueillies.

Toutes les réclamations en matière d'élections sont jugées sans frais, parce qu'il s'agit d'un procès d'intérêt public.

104. *B.* **Dispositions pénales destinées à assurer la régularité des élections.** — Les règles administratives assurant la sincérité des élections sont sanctionnées par de graves pénalités accompagnées généralement de la privation des droits politiques prononcées contre ceux qui portent atteinte à la libre manifestation de la souveraineté nationale.

Ces dispositions frappent :

1° Ceux qui se font inscrire sur les listes électorales sous de faux noms, de fausses qualités, se font inscrire sur plusieurs listes ou votent plusieurs fois dans la même élection ;

2° Ceux qui troublent ou empêchent les opérations électorales par des *actes de violence* (port d'armes dans la salle du vote, attroupements ou démonstrations menaçantes autour ou dans la salle, violences contre les membres du bureau ou des électeurs, violation ou enlèvement des urnes) ; par des *fraudes* (soustraction, adjonction ou altération de bulletins par les scrutateurs, inscription d'un nom autre que celui désigné par l'électeur qui charge quelqu'un d'écrire son suffrage, tous actes frauduleux tendant à changer le résultat du scrutin); par de fausses nouvelles ou diffamations ; par des actes de *corruption* (dons et libéralités en argent ou en nature à des électeurs ou des collectivités, promesses de faveurs).

En général, les peines sont doublées si l'acte a été commis par un fonctionnaire.

L'action publique et l'action civile se prescrivent par trois mois.

Ces dispositions multiples et éparses en de nombreux textes ont été unifiés dans un projet de loi qui, depuis plusieurs années, est en discussion devant la Chambre.

Nous avons vu précédemment que le corps électoral dans notre droit public, n'exerçait pas directement la souveraineté mais qu'il en confiait l'exercice à des représentants : dans notre régime représentatif, le pouvoir constituant est confié à une Assemblée nationale constituante ; le pouvoir législatif est exercé par deux Chambres, le Sénat et la Chambre des Députés ; le pouvoir exécutif est remis à un Président de la République qui gouverne par des ministres, et le pouvoir juridictionnel à des juges judiciaires ou administratifs.

Ce sont ces différents organes qu'il nous faut maintenant étudier.

On emploie l'expression pouvoir, tantôt dans le sens de fonction (le pouvoir législatif, c'est dit-on, la mission de voter les lois), tantôt dans le sens d'organe (le pouvoir législatif c'est, dit-on, la Chambre des Députés et le Sénat) ; l'expression pouvoir est, par cela même défectueuse et il faut éviter de l'employer. Cependant elle est entrée dans le langage courant pour désigner l'organe chargé d'une fonction de l'Etat ; il est donc excusable de s'en servir.

CHAPITRE II

L'ASSEMBLÉE NATIONALE CONSTITUANTE

105. La revision des lois constitutionnelles. — Le droit public français depuis la Révolution admet la distinction des lois constitutionnelles et des lois ordinaires.

Les premières contiennent les principes de l'organisation politique. Mais elles ne les contiennent pas toutes ; ainsi les règles de l'élection des députés sont insérées dans la loi du

30 novembre 1875 qui n'a point le caractère constitutionnel. Par contre, elle peuvent porter également sur des règles administratives. Ainsi la loi constitutionnelle du 25 février 1875 détermine le mode de nomination des Conseillers d'Etat. Néanmoins leur importance exceptionnelle a généralement fait poser le problème de savoir comment elles devaient être établies ou modifiées.

La nation a certes le droit absolu et permanent de procéder par l'organe de ses représentants à la revision de la Constitution. Mais cet acte, particulièrement grave parce qu'il met en jeu le fondement même de l'organisation politique, peut provcquer des troubles et, par suite, nécessiter des précautions particulières.

Deux systèmes de revision sont en présence dans le droit public contemporain.

L'un fait modifier la Constitution par les Chambres dans la forme des lois ordinaires, parfois en exigeant des majorités plus grandes. Il est sans doute simple et rapide. Mais il ne donne pas à la Constitution une autorité suffisante vis-à-vis du pouvoir législatif qui, la pouvant modifier, n'hésite pas toujours à la transgresser.

L'autre confie la revision à une Assemblée spécialement élue à cet effet ; il donne plus d'autorité à la Constitution qui traduit plus fidèlement la volonté populaire; mais il peut provoquer des crises politiques et donner suite à des mouvements d'opinion passagers et irréfléchis.

Le système français participe de l'un et de l'autre : il satisfait à la fois à la nécessité de donner une grande autorité à la loi constitutionnelle et à celle d'assurer la stabilité politique : la revision est l'œuvre d'un organe spécial, l'**Assemblée nationale constituante**, mais celle-ci est composée des membres des deux Chambres législatives ainsi réunies en un groupement nouveau distinct de l'une et de l'autre Chambre.

L'initiative de la revision appartient comme pour les lois ordinaires, soit au Président de la République, soit aux membres des deux Chambres. Elle doit être votée par chacune des deux Chambres séparément et dans des motions identiques, à la majorité absolue des voix.

L'Assemblée constituante se réunit alors de plein droit. Mais ses pouvoirs ne sont pas illimités.

106. Pouvoirs de l'Assemblée constituante. — On a soutenu, par des raisons très sérieuses, que l'Assemblée nationale, une fois réunie, constituait un organe souverain qui n'était plus lié par la Constitution antérieure. Elle pourrait se donner une organisation propre, élire un Président et un bureau, fixer le lieu de ses séances, prendre des résolutions à la majorité relative, reviser intégralement toute la Constitution sauf la forme républicaine du gouvernement qui est une conséquence de la souveraineté nationale. Ou bien elle pourrait ne pas statuer et voter la convocation d'une Assemblée nationale élue au suffrage universel. Elle aurait le droit de décider que la loi constitutionnelle qu'elle élabore sera soumise à un referendum populaire comme l'ont admis nos Constitutions de 1793, de l'an III, de l'an VIII et les Constitutions de quelques États particuliers des États-Unis d'Amérique.

Cette opinion se fonde sur un argument historique et sur des raisons logiques.

Historiquement, la Constitution de 1875 est sortie des transactions entre le centre droit et le centre gauche de l'Assemblée nationale de 1871-1875. Les monarchistes acceptèrent la République, mais ils l'espéraient temporaire et ils obtinrent des républicains que la Constitution affirmât un droit de revision absolu et illimité au profit des futures assemblées constituantes. D'autre part, les restrictions apportées à ce droit absolu par les Assemblées de revision de 1879 et de 1884 ne s'imposent pas à une nouvelle assemblée de revision. Celle-ci les peut modifier. Ces restrictions ne peuvent s'imposer qu'aux Chambres, pouvoirs constitués, qui ne sauraient provoquer une revision sur les parties de la Constitution déclarées intangibles. Mais la Constituante une fois réunie, devient libre ; elle est maîtresse de son ordre du jour ; une revision partielle demandée par les Chambres ne peut restreindre ses pouvoirs, la motion restrictive d'un pouvoir constitué ne peut limiter le pouvoir constituant.

Mais ce système, c'est la Révolution organisée.

Les pouvoirs et la procédure de l'Assemblée de revision sont déterminés par la Constitution dont elle tire ses prérogatives.

Elle est dirigée par un Président, des vice-présidents, des secrétaires qui sont le Président, les Vice-Présidents et les Secrétaires du Sénat (loi 16 juillet 1875, art. 11).

Elle a son siège fixé à Versailles (article 3, par. 2, loi constitutionnelle du 22 juillet 1879), ville calme où l'Assemblée échappe à la pression du peuple de Paris.

Elle ne peut prendre des décisions, voter des textes qu'à la majorité absolue du nombre légal des membres de l'Assemblée (c'est-à-dire de 897, soit 449 voix) (article 8, loi constitutionnelle du 25 février 1875).

Enfin ses pouvoirs sont limités ; elle ne peut mettre en discussion la forme républicaine du gouvernement (article 2, loi constitutionnelle du 14 août 1884 modifiant l'article 8 de la loi constitutionnelle du 25 février 1875); ni statuer sur des points autres que ceux qui ont été spécifiés par la motion des deux Chambres votant la revision.

C'est qu'en effet le consentement des Chambres est nécessaire à la réunion de l'Assemblée, or, ce consentement a une portée restreinte; il est limité à la revision des articles qu'elles ont désignés.

C'est d'ailleurs là le système le plus prudent qui assure aux institutions une certaine stabilité. C'est aussi le plus pratique : la revision ne serait jamais votée si elle devait mettre en jeu la Constitution tout entière, opérer une véritable révolution ; spécialement le Sénat hésiterait à s'engager dans une aventure dont il pourrait sortir diminué ; dès lors, aucun progrès, aucune amélioration de la Constitution ne serait possible. Aussi les précédents révolutionnaires de 1791 et de l'an III, la pratique des pays étrangers et les deux revisions de la Constitution de 1875 opérées sous la troisième république en 1879 et 1884 ont-ils admis le système des pouvoirs limités.

La sanction de cette limitation des pouvoirs de l'Assemblée de revision ne peut évidemment être organisée, il n'y a pas d'autorité supérieure au pouvoir constituant. Cependant, si une assemblée de revision statuait sur des points pour lesquels elle n'est pas compétente, de bons esprits pensent que le Président de la République, qui n'a pas de délai pour le faire, pourrait retarder indéfiniment la promulgation de la loi constitutionnelle irrégulière et empêcher ainsi son application.

Mais la sanction la plus efficace se trouve encore dans les mœurs politiques et dans l'opinion publique.

Le fait que les membres de l'Assemblée constituante sont les députés et les sénateurs, donne un intérêt politique aux élections législatives puisque les élus ne doivent pas seulement voter des lois d'affaires mais encore décider de la forme du gouvernement.

· CHAPITRE III

LES CHAMBRES LÉGISLATIVES

107. Composition du Parlement. — Aux termes de l'article 1ᵉʳ de la loi constitutionnelle du 25 février 1875, « le pouvoir législatif s'exerce par deux assemblées : la Chambre des Députés et le Sénat. » Malgré cette dualité, les deux Chambres ne constituent qu'un seul corps représentatif, le Parlement.

Dans un régime représentatif adoptant le principe de la séparation des pouvoirs, les Chambres doivent être élues, indépendantes des autres pouvoirs et exercer des attributions propres : nous étudierons donc : 1º leur recrutement par l'élection ; 2º les garanties d'indépendance qui leur sont assurées ; 3º les attributions qui leur sont dévolues.

Section I. — Élection des Membres du Parlement.

Dans le système de la dualité des Chambres, nous avons vu que l'une des deux Chambres doit spécialement traduire les mouvements de l'opinion publique et représenter l'esprit de réforme et de progrès, l'autre doit représenter l'esprit de tradition et constituer un élément modérateur et pondérateur afin de ne laisser réaliser que les réformes suffisamment mûries.

La première de ces missions est attribuée à la Chambre des Députés, la seconde au Sénat. Cette différenciation des rôles des deux Chambres détermine le régime respectif de leur recrutement.

§ 1. — Élection des députés.

108. Les députés qui doivent être en contact étroit et fréquent avec le corps électoral sont non seulement élus au *suffrage universel* conformément aux dispositions de la loi constitutionnelle mais encore au *suffrage direct* et *uninominal*.

Chaque circonscription élit un député. La circonscription c'est, en principe, l'arrondissement. Aussi dit-on couramment que les députés sont nommés au scrutin d'arrondissement. Cependant, si l'arrondissement compte une population supérieure à 100.000 habitants, il élit un député par 100.000 habitants ou fraction de 100.000. Il est alors divisé en autant de circonscriptions qu'il y a de députés à élire. La division du territoire en circonscriptions électorales est opérée avant les élections générales. Elle est faite par une loi ; l'intervention du Parlement a pour but d'empêcher le gouvernement de découper arbitrairement les circonscriptions de façon à se créer dans chacune des majorités favorables. La loi du 27 mars 1910 a établi pour le territoire de la France et des colonies 597 circonscriptions.

109. Durée des pouvoirs. — Des pouvoirs assez courts doivent être donnés aux députés afin que ceux-ci soient astreints à reprendre contact assez fréquemment avec le corps électoral et demeurent en harmonie avec l'opinion publique.

Il ne faut pas cependant que la durée des pouvoirs soit trop restreinte ; en effet, l'assemblée manque alors d'expérience et d'esprit de suite ; des élections trop fréquentes multiplient les inconvénients des fins de législature dans lesquelles les députés uniquement préoccupés de leur réélection accumulent des propositions de loi mauvaises uniquement dans un but de réclame électorale ; les députés ne sont plus des représentants libres de leur volonté mais des délégués commis à la prise de décisions déterminées, ce qui, au gouvernement représentatif, substitue le gouvernement direct.

La première tendance s'est fait jour dans la Constitution de 1793 qui limitait à un an les pouvoirs des membres de l'Assemblée législative ; celle de 1791 les limitait à deux ans ; celle de l'an III et de 1848 à trois ans. La seconde s'est fait recevoir dans les Constitutions de l'an VIII fixant le mandat des membres du Tribunat et du Corps législatif à cinq ans ; dans les Chartes de 1814 et de 1830 qui ont fait élire les députés pour cinq ans, dans les Constitutions de 1852 et de 1870 (6 ans) et surtout le Sénatus-consulte de l'an XII fixant à 10 ans la durée des pouvoirs des tribuns.

La Constitution de 1875 a adopté une solution moyenne en limitant à quatre années la durée du mandat des députés.

Enfin la Chambre est soumise au renouvellement intégral.

110. Les règles de l'élection. — Les électeurs sont convoqués par un décret du Président de la République qui doit être rendu au moins 20 jours avant la date de l'élection et qui ouvre ainsi la période électorale.

La date des élections est déterminée dans une certaine mesure par la loi afin que le gouvernement n'ait pas la faculté de choisir le moment où l'opinion lui paraît le plus favorable à sa politique.

Les *élections générales*, lors du renouvellement intégral, doivent avoir lieu dans les soixante jours qui précèdent l'expiration des pouvoirs de la Chambre ; en cas de dissolution, les élections se font dans les deux mois et la Chambre nouvelle se réunit dans les 10 jours qui suivent le second tour de scrutin.

L'*élection partielle* nécessitée par suite de démission ou décès d'un député doit être faite dans le délai de 3 mois à partir du jour où la vacance s'est produite. Mais il n'est pas pourvu aux vacances qui surviennent dans les six mois précédant le renouvellement intégral.

§ 2. — Élection des sénateurs.

111. Le Sénat constituant l'élément pondérateur du Parlement doit échapper plus que la Chambre à l'action immédiate du suffrage populaire et des intérêts locaux pour n'envisager que les intérêts collectifs et supérieurs du pays. Par suite, les 300 sénateurs sont élus au suffrage indirect, par un collège électoral sélectionné, au scrutin de liste départemental, pour une durée de neuf années, avec renouvellement par tiers tous les trois ans.

Le *suffrage indirect* d'après lequel sont élus tous les sénateurs, est à deux et trois degrés.

D'après la loi constitutionnelle du 24 février 1875, 225 sénateurs devaient être élus par les départements et 75 par le Sénat lui-même. Ceux-ci étaient inamovibles, c'est-à-dire élus à vie. On voulait ainsi réserver dans le Parlement une place aux hommes éminents des sciences, des lettres, des arts, du commerce, de l'industrie qui auraient eu quelques hésitations à entrer dans les luttes électorales. Les 225 sénateurs élus devaient tenir leur mandat de collèges électoraux comprenant à la fois les élus du suffrage universel (députés, conseillers généraux, conseillers d'arrondissement), et les délégués des conseillers municipaux à raison de un délégué par commune. Toutes les communes, quelle que fut leur importance, étaient ainsi sur le pied d'égalité. C'est ce qui fit dire à Gambetta que le Sénat était le Grand Conseil des communes de France. Mais le triomphe du parti républicain aux élections de 1877 devait amener la revision de cette conception aristocratique du Sénat dans un sens plus démocratique. L'Assemblée constituante de 1884 déconstitutionnalisa la partie de la loi du 24 février 1875 relative à l'organisation du Sénat et les Chambres votèrent la loi du 9 décembre 1884 qui, tout en maintenant ceux en fonction, supprima les sénateurs inamovibles, décida qu'ils seraient remplacés par des sénateurs élus selon la loi commune et augmenta le nombre des délégués des Conseils municipaux dans le collège électoral.

Le collège électoral comprend des électeurs de droit et des électeurs élus.

Les électeurs de droit, ce sont les députés, les conseillers généraux et les conseillers d'arrondissement de tout le département.

Les électeurs élus, ce sont les délégués des Conseils municipaux : chaque Conseil municipal choisit un nombre de délégués et de suppléants variant avec le nombre légal de ses membres.

Ainsi un Conseil de dix membres nomme un délégué et un suppléant, un Conseil de douze membres, deux, un Conseil de seize membres, trois, un Conseil de vingt-et-un, six, etc.

Cette échelle établie par réaction contre le système antérieur à 1884 qui donnait la prépondérance aux communes rurales assure aujourd'hui au contraire l'influence croissante des villes. De très nombreux projets de loi proposent de faire recruter le Sénat au suffrage universel mais ce mode d'élection ne répondrait plus aux avantages de l'institution des deux Chambres.

Les délégués ainsi que leurs suppléants sont choisis parmi les électeurs de la commune au scrutin et sans débats. Des réclamations contre cette élection peuvent être faites dans les trois jours, soit par le préfet, soit par tout électeur de la commune. Elles sont jugées sans frais par le Conseil de préfecture qui doit statuer dans le délai d'un mois et dont le jugement est susceptible d'appel devant le Conseil d'Etat.

Le recours, tant devant le Conseil de préfecture que devant le Conseil d'Etat n'est pas suspensif : par suite, malgré le recours, si le Conseil de préfecture n'a pas encore statué, le délégué élu votera. Si son élection est annulée par le Conseil de préfecture et malgré l'appel au Conseil d'Etat, le délégué sera remplacé par le suppléant. Si est annulée l'élection à la fois des délégués et des suppléants, un arrêté du préfet convoque le Conseil municipal pour le choix de nouveaux délégués.

Les délégués sénatoriaux sont investis d'une fonction obligatoire ; ils doivent donc la remplir et voter, sous peine d'amende. Mais, par contre, ils reçoivent, s'ils ont pris part à tous les scrutins et s'ils le demandent, une indemnité de déplacement calculée sur les mêmes bases que celle des jurés.

Le collège électoral fonctionne de la manière suivante :

La liste alphabétique de tous les électeurs sénatoriaux est dressée par le préfet et communicable à tous les intéressés. Le collège se réunit à la date fixée par le décret du Président de la République, au chef-lieu du département. Il est dirigé par un bureau composé du Président du Tribunal civil du chef-lieu président, des deux électeurs les plus âgés et des deux électeurs les plus jeunes. Le bureau désigne un secrétaire. Il a les prérogatives de tout bureau électoral ; il dépouille le scrutin, il proclame élu au premier tour ou au second tour les candidats qui réunissent la majorité des suffrages exprimés et un nombre de voix égal au quart des électeurs inscrits, ou bien au troisième tour ceux qui obtiennent une majorité relative.

112. Durée des pouvoirs et date des élections. — Les sénateurs, en raison du but de l'institution de la Chambre haute sont élus pour la longue durée de neuf années. Ils sont renouvelés par tiers tous les trois ans. L'ordre de renouvellement de chacune des trois séries a été fixé par le sort.

Un décret du Président de la République convoque les collèges électoraux intéressés, au moins six semaines avant le jour fixé pour l'élection et détermine la date à laquelle les conseils municipaux doivent choisir leurs délégués.

Des vacances peuvent se produire par suite de décès, démissions, invalidations : il y est pourvu dans le délai de trois mois. Cependant une élection partielle ne peut avoir lieu dans les six mois qui précèdent le renouvellement triennal : elle est reportée au moment de ce renouvellement. Si un candidat est élu dans plusieurs départements, il doit opter et déclarer pour lequel il opte au Président du Sénat ; sinon le **sort désigne** le département représenté et il est pourvu aux vacances dans le délai d'un mois.

§ 3. — Inéligibilités et incompatibilités.

113. Inéligibilités parlementaires. — En principe, tout électeur peut être élu sénateur ou député sans condition de domicile ou de résidence dans la circonscription : l'élu, en effet, n'est pas le représentant de la circonscription qui le choisit mais celui de la nation entière. Il n'est donc pas besoin qu'il ait un lien spécial avec la circonscription.

La loi exige seulement l'âge de vingt-cinq ans pour les députés et de quarante ans pour les sénateurs, la condition d'âge étant une garantie d'expérience et de maturité d'esprit.

Cependant, il est nécessaire de prendre des garanties politiques pour assurer l'indépendance et la dignité tant du corps électoral que des élus. De là, les inéligibilités relatives ou absolues.

L'inégibilité absolue, c'est-à-dire en tout point du territoire, frappe :

1° *Les membres des familles ayant régné en France* : c'est là une garantie politique en faveur de la forme du gouvernement, garantie que justifie l'expérience de 1851 et les tentatives ultérieures de restauration monarchique.

2° *Les étrangers naturalisés* qui, bien que devenant de suite électeurs, ne peuvent être élus que dix ans après le décret de naturalisation : c'est là une protection du caractère national de la représentation politique.

3° *Ceux qui n'ont pas satisfait à la loi militaire* (art. 11, lois 21 mars 1905) : on conçoit que ceux qui se sont soustraits au premier devoir du citoyen ne puissent aspirer à l'honneur de représenter leurs compatriotes.

4° *Les militaires et marins en activité de service*, par suite des nécessités de la discipline militaire ; cette inéligibilité n'atteint pas les officiers et soldats de la réserve ou de la territoriale.

5° *Les faillis non réhabilités* et ceux qui ont obtenu le bénéfice de la *liquidation judiciaire*, parce que, dit-on, celui qui n'a pas su gérer ses propres affaires ne saurait administrer celles des autres.

Une **inéligibilité relative** frappe certains *fonctionnaires publics* dans leur ressort : elle est relative parce qu'elle n'empêche pas ces mêmes fonctionnaires de se faire élire dans une autre circonscription. Ainsi, un préfet ne peut être élu dans son département, un sous-préfet, un procureur de la République ne le peuvent être dans leur arrondissement. Depuis la séparation des Eglises et de l'Etat, les ministres du culte, au contraire, peuvent être élus dans leur diocèse puisqu'ils ne sont plus fonctionnaires. L'inéligibilité frappe l'administrateur non seulement pendant l'exercice de sa fonction, mais encore pendant les six mois qui suivent sa sortie de fonction. Elle est motivée par la crainte que les agents de la puissance publique n'usent de leur fonction pour s'imposer au choix des électeurs, ne favorisent ceux qui pourraient leur rendre ultérieurement des services électoraux ou nuisent à ceux qui pourraient devenir des adversaires politiques.

Un autre cas d'inéligibilité résulte (pour les députés seulement) de la loi du 17 juillet 1889 sur les *candidatures multiples*. Un candidat est inéligible dans une circonscription autre que celle dans laquelle il a posé sa candidature. Tout candidat doit faire une déclaration de candidature à la préfecture du département le cinquième jour au moins avant celui du scrutin. S'il dépose plusieurs déclarations dans plusieurs départements, la première seule est valable.

Cette mesure a un but conforme au principe du régime représentatif : il ne faut pas qu'un député en se faisant « plébisciter » acquière ainsi dans la Chambre une autorité qui annihile celle de ses collègues et celle du gouvernement. Elle a été votée en 1889 pour éviter un plébiscite de ce genre. Elle évite d'ailleurs les élections multiples que nécessiterait l'option du candidat entre les diverses circonscriptions dans lesquelles il aurait été élu.

La sanction de cette disposition est assurée :

a) Par des pénalités qui frappent le contrevenant et ses auxiliaires (distribution de bulletins, afficheurs, etc...) ;

b) Par le dépouillement du scrutin dans lequel les bulletins portant le nom du candidat qui n'a pas fait de déclaration de candidature ou qui en a fait une illégale n'entrent pas en compte et sont assimilés aux bulletins blancs.

c) Par le refus du préfet de délivrer le récipissé de déclaration de candidature au candidat qui a fait pareille déclaration dans un autre département.

Cependant, cette dernière sanction est fort discutée : elle ferait du préfet le juge de l'éligibilité du candidat, pouvoir que la pratique lui refuse dans le cas de condamnation subie par le candidat, ou de fonction publique exercée par lui et que la Constitution du 16 juillet 1875 art. 10 interdit en déclarant que « chaque Chambre est juge de l'éligibilité de ses membres ».

Toutes les inéligibilités sont sanctionnées :

1º Par *l'annulation de l'élection* du candidat inéligible lorsque la cause d'inéligibilité existe au moment de l'élection : cette annulation est prononcée par la Chambre, juge de l'élection de ses membres, selon la procédure de vérification des pouvoirs. (V. nº 121).

2º Par *l'exclusion de l'assemblée* prononcée par celle-ci contre l'inéligible quand la cause d'inéligibilité survient après l'élection.

114. Incompatibilités parlementaires. — Elles se différencient des inéligibilités, car, alors que celles-ci rendent l'élection nulle, les incompatibilités laissent l'élection valable mais mettent l'élu en demeure d'opter dans les huit jours entre sa fonction et son mandat législatif. Le silence de l'élu équivaut à une acceptation du mandat et à une démission de la fonction. Par contre, l'acceptation d'une fonction en cours de mandat entraîne la démission de membre de la Chambre.

En principe, est incompatible avec le mandat de député ou de sénateur toute fonction publique rétribuée sur les fonds de l'Etat et certaines fonctions dans quelques grandes sociétés financières qui reçoivent des subventions de l'Etat.

Le but de cette disposition est d'assurer l'absolue indépendance de l'élu vis-à-vis du gouvernement, indépendance nécessaire dans le gouvernement parlementaire puisque les Chambres contrôlent les ministres.

Cependant la règle comporte quelques exceptions limitativement énumérées par la loi en faveur de hauts fonctionnaires dont la situation assure l'indépendance et dont aussi la capacité peut être utile aux Chambres : tels sont les ambassadeurs, le premier président et le procureur général près la Cour de cassation et la Cour d'appel de Paris, les professeurs de l'enseignement supérieur, les chargés d'une mission temporaire n'excédant pas une durée de six mois, etc...

Section II. — Garanties d'indépendance assurées aux Chambres législatives.

115. Dans un régime représentatif et parlementaire, il est d'intérêt national que les Chambres soient assurées d'une entière indépendance tant à l'égard des particuliers qu'elles représentent que vis-à-vis du gouvernement qu'elles contrôlent.

Des mesures prises dans ce but, les unes protègent en apparence les membres des Chambres pris individuellement, les autres les Chambres elles-mêmes prises en corps. Cependant, en réalité, toutes sont établies au profit du Parlement pour qu'il échappe à toute pression ou corruption.

§ 1. — **Les garanties individuelles des représentants.**

Ces garanties ont pour but d'assurer au sénateur ou au député le libre exercice de sa fonction. Elles sont donc instituées non pas dans l'intérêt personnel du représentant mais dans l'intérêt de la fonction, dans l'intérêt de la Chambre dont il est membre. Il en résulte que *le membre du Parlement ne peut renoncer ni à sa situation légale ni aux immunités qui le protègent et qu'au contraire, la Chambre dont il fait partie peut, dans la mesure où la loi le permet, le priver des avantages de cette situation et des privilèges qu'elle confère.*

116. 1º Situation légale des membres du Parlement. — La fonction publique exercée par le député ou le sénateur n'est point individuelle mais collective. Dès lors elle n'est pas à la disposition de son titulaire mais à celle du corps intéressé qui peut ainsi défendre ses membres contre toute pression extérieure.

Ainsi la Chambre doit accepter la *démission* du représentant pour que celle-ci produise ses effets de droit. Nous avons vu que cette disposition permet au Parlement de mettre obstacle à la pratique des *mandats impératifs* sanctionnés par la démission donnée en blanc par le candidat à un Comité électoral. De même la Chambre doit effectivement prononcer la *déchéance* du député ou du sénateur alors même qu'elle est attachée par la loi à une condamnation pour que le représentant cesse de faire partie du corps. Elle est appelée à lui donner des *congés* pour qu'il puisse cesser temporairement de siéger. Elle l'autorise à accomplir pendant la session une période de *service militaire.*

La fonction de représentant entraîne, en outre, parfois l'incapacité d'être nommé à une fonction publique. Dans le silence de la loi, cette règle n'impose au sénateur que l'obligation de choisir entre son mandat et la fonction incompatible à laquelle il est nommé. Mais le député nommé à une fonction publique, même compatible avec l'exercice de son mandat met fin à celui-ci ; cependant l'ex-député peut se présenter à nouveau au suffrage de ses électeurs.

Toutes ces dispositions ont pour but de soustraire le représentant aux menaces, promesses ou faveurs du gouvernement.

Son indépendance est enfin assurée par une indemnité et une pension de retraite.

117. L'indemnité parlementaire est encore discutée dans son principe. Elle n'a pas été admise par les régimes aristocratiques, par la Restauration et la Monarchie de juillet, elle ne l'est pas davantage en Angleterre, en Allemagne, en Italie. On écarte ainsi, dit-on, des Chambres les politiciens de carrière qui n'aspirent qu'à une fonction bien rémunérée.

Elle a été cependant accordée aux représentants dans les régimes démocratiques, à ceux des Assemblées de la Révolution de 1789 et de 1848, de la Chambre des représentants et du Sénat des Etats-Unis. Refuser d'indemniser les membres des Assemblées politiques des frais qu'impose l'exécution de leur fonction équivaut à l'établissement d'un cens d'éligibilité. Or, les fonctions publiques doivent être accessibles à tous sans condition de fortune. De plus, l'électeur doit avoir la complète liberté de son choix et pouvoir le porter sur des riches ou sur des pauvres. Enfin, le refus d'indemnité exclut du Parlement les hommes distingués et sans fortune qui sont obligés de gagner leur vie et qui, pour exercer un mandat de plus en plus absorbant avec la quasi permanence des Chambres, ne peuvent abandonner leurs affaires. Notre Constitution a donc admis le principe de l'indemnité qui a été fixée à 15.000 fr. par la loi du 23 novembre 1906.

L'indemnité étant ainsi établie dans l'intérêt de l'indépendance du Parlement, le député ou le sénateur ne peuvent y renoncer.

Si le vote de la loi du 23 novembre 1906 qui a élevé de 9.000 à 15.000 fr. le chiffre de l'indemnité parlementaire a pu être critiqué en raison de la procédure sommaire qui l'a précédé, du moins le chiffre de l'indemnité en lui-même n'a rien d'extravagant : les représentants et sénateurs aux Etats-Unis touchent, depuis 1907, une indemnité de 40.000 francs environ plus 5.000 francs pour frais de secrétaire.

En France, les Présidents des Chambres reçoivent 72.000 francs de frais de représentation et les questeurs 9.000 francs.

En outre de l'indemnité parlementaire, la Chambre par une décision du 23 décembre 1904 et le Sénat par une résolution du 28 janvier 1905 ont créé une caisse spéciale alimentée par des retenues sur l'indemnité et destinée à assurer des *pensions* aux anciens députés et sénateurs, à leurs veuves et orphelins mineurs.

118. 2° **Irresponsabilité parlementaire.** — Les membres du Parlement ne peuvent être poursuivis pour les *délits* commis dans l'exercice de leurs fonctions. Ce principe, admis dès le début des assemblées représentatives (Déclaration de l'Assemblée constituante du 23 juin 1789) a pour but d'éviter les poursuites vexatoires. Sans lui, le gouvernement pourrait contraindre un député à voter en sa faveur en le menaçant de le faire poursuivre pénalement par le parquet, et des adversaires politiques pourraient à chaque instant paralyser l'action du représentant en multipliant contre lui des poursuites civiles à fin de dommages-intérêts.

L'irresponsabilité couvre tous les délits (diffamations, injures, usages de faux, etc...) qui peuvent être contenus dans un acte de la fonction parlementaire (discours en séance publique ou en commission, rapports, votes exprimés, actes des commissions d'enquêtes) et même la publication de ces actes par les journaux. Mais il ne protège pas les actes qui ne rentrent pas dans les attributions du Parlement, tels que les comptes rendus de mandat, affiches, lettres, circulaires publiées par les représentants.

A cette disposition d'ordre public établie dans l'intérêt du Parlement le député ne peut renoncer et même s'il ne s'en prévalait pas devant le tribunal devant lequel il est poursuivi, celui-ci d'office devrait se déclarer incompétent.

119. 3° **Immunité pénale générale.** — Les membres du Parlement ne peuvent être poursuivis pendant les réunions des Chambres pour des crimes ou délits quelconques sans l'autorisation de la Chambre dont ils font partie.

Cette garantie traditionnelle a pour but de soustraire les représentants tant aux menaces du gouvernement qui, disposant de la poursuite pénale, pourrait peser sur leurs votes, qu'aux tracasseries que, par des citations directes devant les tribunaux, pourraient leur susciter des adversaires politiques, afin de les empêcher d'assister aux séances et de remplir leur fonction.

Comme elle est établie dans l'intérêt du Parlement il en résulte :

1° *Que le député n'y peut renoncer* et que tout tribunal, d'office, doit se déclarer incompétent sur une poursuite.

2⁰ *Que cette garantie est limitée à la durée de la session parlementaire entre l'ouverture et la clôture* : car entre les sessions le représentant peut pourvoir à sa défense.

3⁰ *Qu'elle n'interdit que les poursuites graves* pour crimes et délits, mais non les poursuites peu gênantes, pour contraventions de police qui ne sont pas visées par la loi, parce qu'elles n'empêchent par le parlementaire de remplir son mandat.

De ce fait qu'elle a pour objet d'empêcher les poursuites arbitraires et mal fondées, elle ne s'applique pas au cas de *flagrant délit*, c'est-à-dire de délit qui se commet actuellement ou vient de se commettre. Dans ce cas, la mauvaise foi ne peut induire en erreur et le sentiment public exige plus impérieusement la punition du délit flagrant.

L'immunité n'a qu'un *effet temporaire* ; elle empêche l'arrestation et la poursuite avant l'autorisation de la Chambre.

Un crime ou un délit est-il commis par un membre du Parlement ? Le Procureur de la République par l'intermédiaire du Ministre de la Justice, ou la victime après une citation directe à laquelle le parquet a naturellement refusé de donner suite, adressent une demande d'autorisation de poursuite au Président de la Chambre intéressée. Celle-ci renvoie la demande à une Commission qui fait un rapport. Puis elle statue : ce faisant, elle n'a pas à juger le bien-fondé de l'inculpation car elle n'est pas juge pénal, elle examine seulement si la demande est sérieuse et loyale, si elle n'est pas motivée par une intention vexatoire de la part du gouvernement ou du particulier.

Mais l'immunité n'arrête pas des poursuites antérieures au début de la session, ni une détention préventive. Seulement la Chambre peut en requérir la suspension. On a même soutenu qu'elle peut exiger la mise en liberté d'un député condamné subissant une peine d'emprisonnement.

§ 2. — Les garanties collectives des Chambres.

Afin d'assurer l'entière indépendance des Chambres vis-à-vis de l'Exécutif et leur libre fonctionnement, la Constitution les a soustraites à l'action du gouvernement pour la fixation de leurs sessions, la vérification de leur élection et leur organisation intérieure.

120. 1⁰ Les sessions parlementaires. — Dans le

système des assemblées permanentes qui répond au régime de séparation absolue des pouvoirs et soustrait le Législatif à tout contrôle de l'Exécutif, les Chambres fixent elles-mêmes leurs sessions. Ce système donne une prépondérance dangereuse au Parlement sur l'Exécutif.

Dans celui des assemblées temporaires, c'est l'Exécutif qui convoque, ajourne, proroge les Chambres. Ce procédé le rend tout-puissant vis-à-vis du Parlement : c'est ce qui s'est produit chez nous sous les Constitutions de 1814, 1830 et 1852.

Un heureux équilibre entre deux conceptions opposées a été établi par la Constitution de 1875.

D'une part, les Chambres se réunissent de plein droit chaque année, le second mardi de janvier, en une **session ordinaire** qui doit durer au moins cinq mois et exceptionnellement quand, entre les sessions, le gouvernement déclare l'état de siège. De plus, elles doivent encore être convoquées dans l'intervalle des sessions toutes les fois que la demande en est faite par la majorité absolue des membres composant chaque Chambre.

D'autre part, le Président de la République peut convoquer les Chambres en **session extraordinaire.** Il est même généralement obligé de le faire parce que les Chambres n'ont pas voté le budget dans la session ordinaire. Il met fin à leurs séances par un *décret de clôture*; il peut les *ajourner* à deux reprises, même pendant la session ordinaire ; chaque ajournement ne peut excéder la durée d'un mois, mais la durée de ces ajournements ne compte pas dans les cinq mois de la session ordinaire.

Les sessions des deux Chambres commencent et finissent en même temps car le Parlement constitue une unité indivisible.

Cependant la règle comporte deux exceptions :

1° *En cas de dissolution* de la Chambre des Députés, si la Présidence de la République devient vacante, le Sénat se réunit de plein droit et seul pour contrôler le Conseil des Ministres alors investi du pouvoir exécutif.

2° Quand *le Sénat se réunit comme Haute Cour de justice*, il peut siéger seul car il n'exerce pas alors d'attributions politiques mais des attributions judiciaires.

121. 2° La vérification des pouvoirs. — L'élection des représentants peut être irrégulière. Pour le jugement des contestations deux systèmes sont possibles :

L'un fait juger l'élection par les tribunaux, autorité impartiale et désintéressée qui statuera réellement conformément au droit. Il a pu être appliqué en Angleterre où les juges ont une grande indépendance et une haute autorité. Transporté en France où les juges n'ont pas la même situation, il pourrait donner trop d'autorité à l'Exécutif qui déjà procède aux élections, y exerce beaucoup d'influence par ses nombreux agents et pourrait trouver des tribunaux complaisants pour ses candidats.

L'autre fait vérifier l'élection de ses membres par l'assemblée politique elle-même. C'est la règle traditionnelle de toute assemblée de mandataires. C'est celle qui était appliquée par nos anciens Etats généraux : elle fut adoptée par l'Assemblée nationale de 1789 et depuis lors, par toutes nos assemblées politiques. Aux termes de l'article 10 de la loi constitutionnelle du 16 juillet 1875 « chaque chambre est juge de l'éligibilité de ses membres et de la régularité de leur élection. »

La Chambre fait ainsi *acte de juridiction* : par conséquent comme un juge, elle apprécie tous les éléments de la légalité de l'élection, c'est-à-dire si le candidat était éligible, s'il a obtenu le nombre de voix, la majorité exigée par la loi, si les opérations électorales ont été régulières et n'ont pas été entachées de faits viciant leur sincérité. Si ces conditions sont réunies, elle admet le député ou le sénateur ; si l'une manque, elle l'invalide. En cas de doute, elle peut ajourner sa décision et ordonner une *enquête* faite par une commission qu'elle nomme.

Avant l'examen de son élection, le représentant exerce les mêmes prérogatives que les autres membres de l'assemblée, mais il perd le droit de voter dès que son élection est soumise à l'enquête.

122. 3° Liberté des Chambres dans leur organisation intérieure. — L'indépendance du travail parlementaire et la liberté des discussions sont assurées par ce fait que la Chambre se choisit elle-même un bureau, organise ses commissions, rédige son règlement, fait sa police intérieure, ordonne ses séances.

a) Le **bureau**, c'est l'ensemble des membres de l'assemblée chargés de diriger ses travaux.

Les régimes autoritaires ont cherché à assurer le contrôle de l'exécutif sur les débats des assemblées en lui donnant le droit de nommer les directeurs des Chambres représentatives, ce fut la pratique du premier et du second Empire et celle de la Restauration.

La Monarchie de juillet et les trois Républiques ont au contraire, laissé aux Assemblées le droit de choisir ceux qui ordonnaient leurs travaux. Aujourd'hui, chaque chambre, au début de la session ordinaire, sous la présidence temporaire du membre le plus âgé assisté des six plus jeunes comme secrétaires, élit au scrutin secret son bureau pour une année.

Le bureau du Sénat se compose d'un président, de quatre vice-présidents, de six secrétaires et de trois questeurs. Celui de la Chambre, d'un président, de quatre vice-présidents, de huit secrétaires et de trois questeurs.

Le bureau établit le règlement intérieur et nomme le personnel auxiliaire : secrétaires généraux, secrétaires rédacteurs, sténographes, bibliothécaires, etc.

Chacun de ses membres a des attributions individuelles.

Le *Président* est une haute autorité dans la République ; celui du Sénat est le second personnage de l'Etat et celui de la Chambre le troisième. Dans les cérémonies officielles, le premier se tient à la droite du Président de la République et le second à sa gauche. Ils sont, en fait, généralement consultés par le Président de la Republique pour la constitution des ministères. Le Président dirige les débats de la Chambre et donne la parole aux orateurs ; il frappe de peines disciplinaires les membres qui troublent les débats ; il reçoit tous les documents adressés à la Chambre (projets et propositions de lois, amendements, ordres du jour, interpellations, pétitions) ; il transmet ceux de la Chambre qu'il préside au gouvernement et au Président de l'autre Chambre ; il a enfin le droit de requérir la force armée pour la protection de la Chambre.

Les *Vice-Présidents* remplacent le Président empêché avec toutes ses prérogatives.

Les *secrétaires* font les procès-verbaux et dépouillent les scrutins publics.

Les *questeurs* dirigent les services intérieurs, établissent et ordonnancent le budget de l'assemblée et reçoivent généralement du Président une délégation pour la police de la Chambre et la réquisition de la force armée.

123. — *b*) **Bureaux et commissions**. — Les membres de l'assemblée sont répartis par voie de tirage au sort en des bureaux dont le rôle est d'élire les membres des Commissions.

Une **commission** c'est une réunion d'un certain nombre de membres de la Chambre groupés pour étudier une question ou un projet de loi. **La commission prépare le texte qui servira de base à la discussion en** séance. *Les commissions spéciales et temporaires* étudient un projet de lo déterminé et disparaissent lorsque ce projet est voté ou rejeté par l'assemblée. Elles ont l'inconvénient de ne pas toujours grouper des capacités sérieuses et de ne pas avoir d'esprit de suite ou de vues d'ensemble puisque divers projets de lois sur une même matière se trouvent répartis entre des commissions spéciales différentes. *Les commissions générales et permanentes* sont nommées en vue d'étudier tous les projets touchant une même matière pendant toute une législature. Elles groupent en général les compétences, mais l'exemple des Comités de la Convention prouvent qu'elles peuvent être tentées d'empiéter sur les attributions de l'Exécutif.

124. *c*) **Règlements des Chambres.** — Le règlement, c'est l'ensemble des dispositions qui déterminent l'ordre et la méthode de travail des Chambres.

Il a une grande importance constitutionnelle car il assure le jeu des pouvoirs politiques. La preuve en est dans ce fait que c'est par la réforme du règlement qu'on a tenté de remédier aux inconvénients du régime parlementaire, aux abus de l'initiative individuelle des députés, à la multiplication des amendements qui retardent les débats et grossissent les dépenses du budget. Donner au pouvoir exécutif le soin de le rédiger, ce serait lui permettre d'étouffer les interpellations et l'initiative parlementaire. Il faut donc, pour être libre, que la Chambre l'établisse elle-même.

Le règlement détermine *l'organisation intérieure* (division en bureaux, commissions) et la procédure des propositions et votes des lois.

Il fixe les *peines disciplinaires* qui peuvent frapper les membres turbulents : *rappel à l'ordre* et *rappel à l'ordre avec inscription au procès-verbal* prononcés par le Président seul, *censure* et *censure avec exclusion temporaire* prononcées par le Président avec l'assentiment de la Chambre et emportant privation d'une partie de l'indemnité, enfin *détention temporaire* dans un local spécial.

125. *d*) **Police intérieure.** — Les Chambres doivent être protégées contre toute menace extérieure de la part du gouvernement ou du public, menaces qui pourraient peser sur leurs délibérations. Si elles demandaient cette protection au gouvernement, elles se trouveraient à sa discrétion, l'Exécutif pourrait refuser de les protéger pour les contraindre d'obéir à l'émeute ou au contraire pour les protéger, en arrêter les membres ou les disperser, en un mot faire un coup d'Etat.

Pour obvier à ces dangers, ont été posées les deux règles suivantes :

1º *Chaque Chambre peut prendre directement ou par l'organe de son président les mesures nécessaires pour assurer sa sécurité et la liberté de ses délibérations.*

Le Président ou les questeurs, s'il leur a donné délégation, ont à leur disposition une force armée permanente. De plus, ils peuvent requérir toute autre force militaire pour expulser des perturbateurs de l'enceinte du palais ou siège l'assemblée et même des abords du palais.

2º *Aucune autorité civile ou militaire ne peut pénétrer dans l'enceinte du palais législatif pour y accomplir des actes de sa fonction que du consentement de l'assemblée qui y siège ou de son président.*

Ainsi, un crime ou un délit sont-ils commis dans l'enceinte du palais soit par un député qui frappe un membre du gouvernement (1906), soit par un particulier qui lance une bombe dans l'assemblée (1893) ou bien un criminel se réfugie-t-il dans le palais, l'autorité judiciaire doit demander l'autorisation au Président de venir arrêter l'auteur du crime ou du délit.

126. *e)* **Les séances.** — Le lieu, la date, l'ordre du jour et le caractère public ou secret des séances doivent être librement fixés par la Chambre pour que celle-ci puisse assurer sa sécurité contre les dangers extérieurs.

Cependant la ville où siègent les Chambres a été déterminée par la loi du 22 juillet 1879 qui en a transporté le siège de Versailles où il avait été fixé par crainte des émeutes parisiennes, à Paris où sont réunies toutes les administrations publiques. Mais, dans Paris, le Sénat et la Chambre peuvent siéger où ils veulent : le premier a choisi le palais du Luxembourg et la seconde le Palais Bourbon. Le Sénat, quand il siège comme Haute Cour de justice peut, pour se soustraire aux manifestations politiques qui accompagnent souvent la réunion de la Haute Cour, tenir ses séances dans une autre ville.

La publicité des délibérations des représentants est dans l'esprit du régime représentatif : la nation doit pouvoir contrôler le travail de ses représentants. Elle donne d'ailleurs plus d'autorité à ces délibérations en y faisant participer par la pensée tous les citoyens.

La publicité est assurée par deux moyens. Elle l'est d'abord par la *présence du public* aux débats, dans une tribune qui lui était jadis librement ouverte et qui ne l'est plus maintenant, depuis l'attentat anarchiste de 1893, qu'aux porteurs de cartes signées d'un député ou d'un sénateur. Elle l'est surtout par la *publication des débats*. La publication officielle est assurée par le compte-rendu *in extenso* rédigé par le service sténographique et inséré au *Journal officiel* et par le compte-rendu analytique rédigé et publié par le service des secrétaires rédacteurs. La publication privée est libre pour tous les journaux qui peuvent reproduire les débats.

Cependant chaque Chambre a le droit de soustraire à la publicité certains débats qui ne pourraient être divulgués sans danger pour le pays. Elle peut se constituer en comité secret sur la demande d'un certain nombre de ses membres fixé par le règlement. Cette décision a pour effet, non seulement d'exclure le public des tribunes, mais encore de supprimer tout compte-rendu officiel des débats et d'en interdire la publication aux journaux.

Section III. — Attributions des Chambres.

127. Les Chambres ont pour mission principale de voter les lois. Aussi donne-t-on généralement le nom de « lois ». à tous les actes du Parlement et de « Pouvoir législatif » à l'ensemble des deux Chambres.

Cependant, il est des règles générales et impératives qui sont édictées par des autorités autres que le Parlement, tels les règlements. Seules les dispositions générales qui portent une atteinte aux droits individuels (libertés, propriété) par l'établissement de peines, de juridictions, d'impôts nouveaux, doivent être prises par les Chambres. Inversement les Chambres font des actes autres que les lois : elles prennent les décisions qui ont une importance exceptionnelle pour la politique intérieure et extérieure du pays. C'est ainsi qu'en outre de leurs attributions législatives elles exercent des attributions de contrôle sur le gouvernement, des attributions financières et administratives, des attributions juridictionnelles que nous étudierons successivement.

§ 1. — Attributions législatives.

128. Le Parlement fait les lois, c'est-à-dire les règles générales et impératives.

C'est pourquoi il peut également en empêcher l'application par une *amnistie*. L'amnistie est une disposition générale qui rend rétroactivement une loi inapplicable à certains faits et qui abolit toutes les condamnations qu'en vertu de cette loi ces faits ont provoquées.

L'amnistie est une mesure politique destinée à donner satisfaction au besoin d'apaisement qui se fait sentir dans les esprits après des luttes intérieures : aussi reçoit-elle application surtout en matière politique. Elle a pour effet d'effacer les condamnations prononcées, d'arrêter les poursuites commencées et de rendre impossibles celles qui ne sont pas encore entamées pour les faits qu'on amnistie pour les oublier.

129. Procédure des lois. — Toutes les lois sont successivement proposées, délibérées et votées.

a) L'**initiative** de la loi appartient à la fois au gouvernement et aux membres du Parlement.

L'initiative gouvernementale est exercée par le Président de la République. Celui-ci présente un *projet de loi* par un décret qu'un ministre contresigne et dépose à la Chambre.

L'initiative parlementaire se manifeste par des *propositions de loi* et des *amendements.*

Les propositions de loi doivent être rédigées par écrit : elles contiennent un exposé des motifs et un dispositif par articles. Afin d'éviter à l'assemblée des débats inutiles sur des propositions fantaisistes ou sans chances de succès, elles sont renvoyées à une commission d'initiative parlementaire qui fait sur elles un rapport préalable, sur la lecture duquel la Chambre décide que la proposition sera ou ne sera pas « *prise en considération* ». Elles peuvent être, par la Chambre, dispensées de cette formalité par une *déclaration d'urgence* d'ailleurs trop facilement accordée. La proposition déjà votée par une Chambre est même dispensée de plein droit, devant l'autre Chambre, de la prise en considération : il y a en effet présomption qu'elle est sérieuse.

Les *amendements* sont des modifications au texte des projets ou propositions de loi dont la Chambre est déjà saisie. Leur usage donne souvent lieu à des abus : rédigés parfois hâtivement, ils peuvent troubler l'harmonie et la logique du texte proposé.

b) La **délibération.** Tout projet gouvernemental et toute proposition parlementaire prise en considération sont renvoyés par la Chambre à une commission spéciale ou à une commission permanente qui font un rapport par l'organe d'un *rapporteur.* Afin d'éviter les décisions irréfléchies, toute loi proposée est l'objet de deux délibérations ou *lectures* successives à cinq jours d'intervalle. Mais la déclaration d'urgence dispense de la seconde lecture.

c) **Le vote** est public dès qu'il ne s'agit pas de nominations de personnes. Il a lieu généralement par assis et levé, les membres de l'assemblée se levant ou demeurant assis suivant qu'ils veulent adopter ou rejeter la loi proposée. Quand le vote est douteux ou, si on le réclame, le scrutin se fait par bulletins blancs (adoption) ou bleus (rejet) ou même à la tribune par appel nominal de chacun des membres.

Ce dernier moyen seul assure le vote personnel du représentant que l'on s'est en vain efforcé d'obtenir en 1909 à la Chambre des Députés en exigeant des votants qu'ils aient signé une feuille de présence : mais il fait perdre beaucoup de temps à l'assemblée.

Les deux assemblées ont, en principe, des pouvoirs égaux, dès lors ce qui se fait dans une chambre ne peut être l'objet d'une discussion dans l'autre. Un projet de loi peut indifféremment être porté devant l'une ou l'autre. Dès qu'il est voté par l'une, il est transmis à l'autre qui peut librement modifier le texte proposé. La loi n'existe que quand le même texte a été adopté par le Sénat et la Chambre des Députés.

Cette nécessité a des inconvénients. Les deux Chambres peuvent être d'accord sur le principe et avoir des vues différentes sur les détails d'application ou de rédaction. De là des retards parfois fort longs dans le vote de la loi qui fait la navette entre les deux assemblées. Il est vrai que la réforme en sera plus mûrie. Mais les deux Chambres peuvent nommer une *commission mixte* qui établira un texte transactionnel.

§ 2. — **Attributions de contrôle.**

130. Nous avons vu que le contrôle des assemblées représentatives sur le gouvernement était de l'essence du régime parlementaire. Les Chambres exercent cette mission tantôt par le moyen préventif des autorisations, tantôt par des moyens d'enquête.

Préventivement, les Chambres peuvent empêcher le pouvoir exécutif d'engager le pays dans des aventures **dangereuses** : leur **autorisation** est nécessaire pour que le gouvernement signe un traité diplomatique grave ou déclare la guerre (V. n° **147**). Le Sénat doit consentir à la dissolution de la Chambre des députés pour que celle-ci puisse être prononcée par le Président de la République.

Même quand le gouvernement a toute liberté pour agir, les deux Chambres peuvent s'informer des moyens employés par lui par des questions, des interpellations et des enquêtes.

131. 1° La **question** posée par un membre de la Chambre en séance à un ministre n'est permise par le Président de l'Assemblée que si le ministre consulté consent à y répondre. Elle n'ouvre pas un débat général mais un simple dialogue entre le ministre questionné et le représentant questionneur. Elle n'est pas sanctionnée par un ordre du jour.

En outre des questions orales, des questions écrites peuvent être aujourd'hui posées aux ministres qui y répondent également par écrit, par la voie du *Journal officiel* (Résolution de la Chambre des Députés du 29 juin 1909).

Mais une question orale peut toujours être transformée par l'assemblée en interpellation.

132. 2° L'**interpellation** est une demande faite par un ou plusieurs membres de l'assemblée d'ouvrir un débat sur la politique générale du ministère ou sur tel acte d'un ministre. Adressée aux ministres avec l'autorisation du Président de la Chambre, elle a des conséquences plus graves que la question : el'e oblige le ministre interpellé à répondre ; elle permet à tout membre de l'assemblée d'intervenir dans le débat ; elle est close et sanctionnée par un *ordre du jour* pur et simple, un ordre du jour de confiance ou un ordre du jour de blâme ou de regrets. Elle équivaut donc à la mise en jugement d'un ministre au point de vue politique pour un acte de sa fonction ; l'ordre du jour, c'est le jugement rendu, s'il blâme le ministre celui-ci est obligé de démissionner.

La multiplicité et la fréquence des interpellations constitue un des inconvénients du parlementarisme : elles entravent l'activité des ministres et arrêtent le travail des Assemblées. Aussi s'est-on efforcé de restreindre le droit d'interpellation par la voie du règlement des Chambres : l'interpellation doit être formulée par une lettre énonçant son objet et adressée au Président de la Chambre ; la date de sa discussion est fixée par l'assemblée sans que cependant l'interpellation qui porte sur la politique intérieure, puisse, par respect pour les droits de la minorité, être renvoyée à plus d'un mois ; enfin la Chambre a fréquemment limité le nombre des séances consacrées aux interpellations. Cette dernière mesure a, il est vrai, eu pour conséquence d'empêcher des interpellations sérieuses de venir en temps utile.

133. 3° L'**enquête parlementaire** peut devenir nécessaire pour que la Chambre exerce en toute connaissance de cause son droit de contrôle sur les actes du gouvernement.

Chaque Chambre peut d'abord demander au gouvernement de lui communiquer toutes pièces et tous documents concernant une affaire déterminée. Les ministres accèdent à cette demande ou refusent de le faire sous leur propre responsabilité.

Si la Chambre s'estime insuffisamment éclairée par ces documents, elle peut déclarer qu'il sera fait en son nom sur l'affaire une enquête par une **commission d'enquête** dont elle nomme les membres. Ces informations peuvent porter sur des élections contestées, des affaires politiques, des questions économiques, etc.

Les prérogatives des commissions d'enquête sont limitées par le principe de la séparation des pouvoirs qui permet bien à la Chambre de contrôler le gouvernement ou les juges, mais non de se substituer à eux. Dès lors, la commission peut bien interroger les fonctionnaires administratifs et judiciaires et exiger la communication des pièces qu'ils ont entre les mains, mais elle ne peut faire elle-même des actes d'administration ou des actes de juridiction tels que citer des témoins et les obliger à répondre sous la foi du serment, faire des perquisitions, etc...
La règle comporte deux exceptions : d'une part, la commission d'enquête nommée pour vérifier la régularité d'une **élection contestée** constitue un véritable juge et, par suite, peut faire des actes judiciaires ; d'autre part, une loi votée par les deux Chambres peut toujours donner à une commission d'enquête des prérogatives judiciaires.

Les différents moyens de contrôle que nous venons d'étudier n'ont pas aux yeux de tous la même sanction devant les deux Chambres.

134. La sanction du contrôle parlementaire sur le pouvoir exécutif consiste dans la mise en jeu de la **responsabilité** pénale, politique et civile des ministres : **pénale**, puisque ce ministre qui a commis des fautes lourdes peut être mis en accusation par la Chambre des députés et jugé par le Sénat (V. nº **139** et suiv. et **155**) ; **civile**, puisque le ministre peutêtre poursuivi devant les tribunaux en réparation du préjudice que, par sa faute, il a causé à l'Etat (V. nº **157**) ; **politique** enfin puisqu'il peut perdre le pouvoir, être contraint de démissionner sur une marque de défiance manifestée par le Parlement.

Cependant, si les deux Chambres peuvent user des moyens de contrôle étudiés, on pense en général que le Sénat n'a pas le droit de contraindre un ministère à se retirer par un vote de blâme.

En principe, les deux Chambres ont des pouvoirs égaux. Pour déroger à cette règle, dit-on, il faudrait un texte formel. Or, tout au contraire, l'article 6 de la loi constitutionnelle du 25 février 1875 déclare : « Les ministres sont solidairement responsables devant les deux Chambres. » Sans doute la pratique anglaise ne donne qu'à la Chambre des Communes le droit de renverser les Cabinets, mais c'est qu'en Angleterre la Chambre Haute formée de lords nommés par le roi ou tenant leur fonction de l'hérédité n'est pas représentative ; au contraire, le Sénat français est élu. En fait, des ministères se sont retirés devant un blâme du Sénat ou ont déclaré qu'ils le feraient si le Sénat ne votait pas la mesure qu'ils demandaient.

Cependant, cette solution peut être la cause de crises politiques graves ; en cas de conflit entre les deux Chambres, un ministère soutenu par l'un serait renversé par l'autre et inversement. Aucun ministère ne pourrait demeurer au pouvoir. C'est précisément parce que les deux Chambres doivent demeurer sur le pied d'égalité que le Sénat ne peut pas avoir le droit de renverser les ministres : il possède déjà celui d'autoriser le gouvernement à dissoudre la Chambre des Députés, tandis que celle-ci n'a pas la même prérogative vis-à-vis du Sénat. Le contrepoids de ce droit du Sénat, c'est, pour la Chambre, le droit de mettre en jeu la responsabilité du Cabinet. L'équilibre est ainsi rétabli : il serait rompu au profit du Sénat dans le cas contraire. Ne voit-on pas d'ailleurs que, si le Sénat avait cette prérogative, il pourrait entrer en conflit avec le Cabinet et quand celui-ci lui demanderait une dissolution, la Chambre haute se trouverait juge et partie dans le conflit ? Faut-il ajouter qu'il est dans la tradition du gouvernement parlementaire de suivre les inspirations de la Chambre populaire et non celles de la Chambre haute, par l'exemple de l'Angleterre, de la Belgique et de nos monarchies constitutionnelles de 1814 à 1848. N'est-ce pas de ces dernières que se sont inspirées nos constituants en votant les lois organiques de 1875 et en faisant seulement du Sénat l'élément modérateur, pondérateur, mais non prépondérant dans le Parlement.

Aussi, en fait, des ministères sont restés au pouvoir malgré le blâme du Sénat (exemple : ministère Freycinet 1880).

Cependant, si le Sénat n'a pas le droit de renverser les ministères, il en a en fait le pouvoir, car son concours est nécessaire pour le vote des impôts ; en le refusant, il met, nous allons le voir, les ministres dans l'impossibilité de gouverner.

§ 3. — Les attributions financières et administratives des Chambres.

135. Ces attributions constituent ainsi encore indirectement uu moyen d'action des assemblées représentatives sur le pouvoir exécutif. Elles répondent de plus au besoin de protéger les contribuables contre les impôts excessifs que le gouvernement pourrait être tenté d'établir et les dépenses exagérées auxquelles il pourrait vouloir se livrer. C'est même le vote de l'impôt qui a tressé le berceau du gouvernement représentatif. Encore aujourd'hui, les actes administratifs présentant pour le pays une importance exceptionnelle exigent la collaboration du Parlement, parce que la nation place sa confiance bien plus dans les représentants qu'elle élit directement que dans le gouvernement sur lequel elle ne posssède qu'une action indirecte. C'est pourquoi le Parlement vote non seulement les lois d'impôts, le budget, la loi des comptes, mais encore fait certains actes d'administration.

136. *a*) Les **lois d'impôts** sont, par leur nature, de la compétence de l'organe législatif. Aucun impôt ou taxe ne peuvent être établis sans le vote des représentants directs des contribuables.

b) Le **budget** est au contraire, un acte administratif : c'est un acte qui, d'une part applique les lois générales fixant les impôts aux prévisions de recettes dont il ordonne la perception et d'autre part applique les lois organisatrices des services publics par les prévisions de dépenses dont il ordonne le paiement. Sans cet acte, aucun impôt ne pourrait être perçu, aucune dépense ne pourrait être effectuée. (V. n° **235** et suiv.)

Le vote du budget constitue, entre les mains du Parlement, un excellent moyen de contrôle sur la gestion du pouvoir exécutif et même la sanction ultime de tout ce contrôle. En effet, le budget est annuel et spécialisé.

Le budget est annuel. Malgré que les lois d'impôts soient permanentes, le budget autorise annuellement la perception de ceux-ci. Si un ministère refusait de se retirer devant un vote de blâme, le Parlement pourrait refuser de voter le budget. Les ministres n'auraient plus le droit de percevoir les impôts qui pourraient être refusés par les contribuables ; ils n'auraient plus les moyens de payer les agents administratifs qui, dès lors refuseraient le service : il serait obligé matériellement de céder la place.

Le budget est spécialisé, c'est-à-dire qu'il affecte des crédits aux différents services publics par ministère et même par chapitre, avec interdiction aux ministres d'opérer des virements d'un service à l'autre. Dès lors, en augmentant ou en diminuant les crédits de tel service, les Chambres obligent le gouvernement à le développer ou à le restreindre. Elles abusent même souvent de ce moyen pour réaliser des réformes par voie budgétaire et tenter, sans droit, de supprimer un service organisé par une loi permanente.

c) La **loi des comptes,** c'est l'acte du Parlement qui,

après vérification des dépenses de chaque budget annuel, en approuve définitivement l'exécution. Le Parlement contrôle ainsi la façon dont chaque ministre a ordonné les dépenses de son ministère et il peut à cette occasion mettre en jeu la responsabilité ministérielle (V. n° 242).

137. Droits respectifs de la Chambre et du Sénat.

— Les attributions financières des assemblées présentent donc une grande importance dans le régime parlementaire. Mais comme dans ce régime les deux Chambres ne jouent pas le même rôle, elles n'ont pas en cette matière les mêmes droits Les lois de finances, c'est-à-dire toutes les lois qui ont pour but d'établir un impôt ou d'en ordonner la perception, doivent être « en premier lieu présentées à la Chambre des Députés et votées par elles » (loi constitutionnelle du 24 février 1875, article 8). La Chambre des députés a ainsi sur le Sénat un droit de priorité.

On a soutenu que le Sénat ne pouvait que voter ou rejeter les crédits déjà votés par la Chambre mais n'avait pas le droit de les augmenter ni, à plus forte raison, d'en inscrire de nouveaux dans le budget. Telle est, en effet, la pratique anglaise. C'est le système, a-t-on dit, consacré par notre Constitution : le Sénat n'est saisi que quand un crédit a été « voté » par la Chambre. Mais la règle anglaise trouve sa justification dans des circonstances historiques et dans ce fait que la Chambre des lords n'a pas le caractère représentatif de notre Sénat élu. L'expression « votée » de l'article 8 de la loi constitutionnelle signifie que les lois ont dû être dans leur ensemble « soumises au vote » de la Chambre.

On a limité la prétention de la Chambre populaire en disant que le Sénat peut seulement rétablir des crédits déjà proposés par le gouvernement et repoussés par la Chambre, mais non des crédits entièrement nouveaux. En effet, le Sénat en rétablissant les crédits demandés par le gouvernement n'exerce pas d'initiative mais statue seulement sur l'initiative gouvernementale. C'est encore là une prétention excessive : l'art. 8 ne dit pas que le Sénat n'a aucune initiative, il ne lui permet d'exercer celle qu'il possède que par voie d'amendement.

D'ailleurs, en fait, chaque année, le Sénat maintient des augmentations de crédit pour faire reconnaître son droit.

Ce n'est pas que l'initiative parlementaire soit heureuse en cette matière : elle aboutit souvent à des augmentations de dépenses. Aussi, en Angleterre, a-t-on établi la règle que les membres du Parlement ne peuvent jamais proposer des augmentations de crédit.

On a essayé en France de s'engager dans cette voie par une modification du règlement de la Chambre des Députés : une résolution du 16 mars 1900 décide que les amendements financiers doivent être déposés dans les trois jours qui suivent le dépôt du budget : c'est là une barrière assez fragile pour protéger les deniers des contribuables.

138. Les **actes d'administration** d'une importance exceptionnelle sont enfin parfois accomplis par le Parlement. Ce sont en général des actes d'intérêt local : autorisations d'emprunter données à une ville ou à un département; déclarations d'utilité publique permettant les expropriations pour les grands travaux publics. Ce sont aussi des actes de haute police administrative comme la dissolution d'un Conseil général.

§ 4. — Attributions juridictionnelles.

139. La Haute Cour. — Nous avons vu déjà que les Chambres jugent l'élection de leurs membres et infligent des peines disciplinaires à ceux d'entre eux qui entravent ses débats. Elles peuvent en outre être appelées à juger des crimes politiques.

Pour la répression de ces derniers, deux systèmes se sont fait recevoir dans les constitutions modernes.

Le *système judiciaire* donne compétence à la Cour judiciaire suprême (Belgique, Allemagne), ou à un corps judiciaire spécial composé de hauts magistrats judiciaires et de hauts jurés élus de diverses façons (Constitution française de 1791, de l'an III, de l'an VIII, de 1848, 1852, 1870).

Le *système politique* confie à la Chambre populaire ou au gouvernement la mise en accusation et à la Chambre haute, le jugement. C'est le système anglais adopté par la Restauration et la Monarchie de juillet et par suite par notre Constitution de 1875 qui s'est inspirée de cette dernière.

Le premier a l'avantage de renvoyer les accusés devant de véritables juges. Mais les juges judiciaires sont, en général, fort timides devant les crimes politiques ; ils ne peuvent que perdre leur autorité à être mêlés à ces querelles et en tous cas ils n'ont pas en France une situation assez haute pour les trancher avec sérénité.

Le second renvoie les accusés devant des hommes politiques, c'est-à-dire des hommes de parti. Mais le grand nombre des juges constitue cependant une garantie ; les accusés eux-mêmes ne sont pas fâchés de l'appareil solennel de la Haute Cour qui leur crée un tremplin politique ; leur tentative est mieux comprise par des juges politiques qui, bien qu'adversaires, en seront plus indulgents, et en tous cas, les accusés demandent à ne pas être assimilés à des criminels de droit commun.

La Haute Cour politique ne constitue pas plus que la Haute Cour judiciaire un tribunal d'exception. En effet, elle n'est pas instituée en vue d'un accusé déterminé ou de tel crime qui vient d'être commis : elle constitue une juridiction permanente pour tous les accusés et tous les crimes d'un certain ordre, comme les conseils de guerre pour tous les crimes militaires.

140. Compétence de la Haute Cour. — D'après les

lois constitutionnelles de 1875, le Sénat peut être constitué en Haute Cour de justice pour juger :

1º **Le Président de la République.** — Dans le régime parlementaire, on sait que le Président de la République n'est pas responsable politiquement des actes du gouvernement dont les ministres endossent toute la responsabilité. Mais s'il commet personnellement des crimes et délits, il en est pénalement responsable. Il ne peut être mis en accusation que par la Chambre des députés et jugé que par le Sénat.

En dehors des crimes et délits de droit commun, la loi constitutionnelle vise le cas de « haute trahison », mais elle ne détermine pas quels sont les éléments constitutifs de ce crime : sans doute un coup d'Etat rentre dans cette hypothèse, mais peut-on aller plus loin ? La loi n'a pas davantage déterminé la procédure du jugement et les peines qui pouvaient être infligées.

2º **Les ministres** *pour crimes commis dans l'exercice de leurs fonctions.* Si donc le ministre commet un délit dans ses fonctions ou un crime en dehors de ses fonctions, il est justiciable des tribunaux de droit commun. Dans le cas de crime commis dans la fonction ou bien la Chambre des députés ne prend aucune initiative et alors le ministre doit être poursuivi devant la Cour d'assises suivant le droit commun, ou bien la Chambre des députés le met en accusation avant que la Cour d'assises soit saisie, il est alors renvoyé devant la Haute Cour.

La loi ne détermine pas davantage dans cette hypothèse ce qui constitue un crime ministériel, ni la procédure du jugement ni la peine à infliger au coupable.

3º **Toute personne,** *particulier ou fonctionnaire, ayant commis un attentat contre la sûreté de l'Etat.* La poursuite a lieu sur l'initiative du gouvernement : celui-ci peut, soit renvoyer devant la Cour d'assises suivant le droit commun, soit, par un décret en Conseil des ministres, devant la Haute Cour où les accusés seront jugés suivant la loi de procédure du 10 avril 1889 et se verront infliger les peines fixées par le Code pénal.

Mais la loi n'a pas déterminé ce qu'il fallait entendre par un attentat. Faut-il accepter la définition du Code pénal (art. 88) qui exige, pour qu'il y ait attentat, un commencement d'exécution ? Doit-on, en s'en tenant aux travaux préparatoires de la loi et aux traditions de la Haute Cour de la monarchie de juillet, considérer comme attentat tout fait grave contre la sûreté de l'Etat, même la simple préparation, c'est-à-dire le *complot*?

141. Pouvoirs souverains de la Haute Cour. — La Haute Cour a tous les pouvoirs du juge criminel : elle peut citer des témoins, les obliger à répondre, ordonner toute mesure d'instruction. En outre, la jurisprudence établie lui donne des pouvoirs souverains pour qualifier les faits qui lui sont déférés de crime et infliger aux accusés une peine quelconque alors même que ces faits ou cette peine ne sont pas prévus par le code pénal.

C'est là une prérogative grave surtout entre les mains de juges politiques.

On a bien soutenu que la Haute Cour ne pouvait qu'appliquer dans tous ses termes, le code pénal. Il est, en effet, un principe de notre droit public, consacré par la Déclaration des droits que nul ne peut être puni qu'en vertu d'une loi déterminant le crime et fixant la peine. Or, la Haute Cour n'est qu'un tribunal, elle doit appliquer la loi. Si elle créait un crime nouveau ou une peine nouvelle, elle ferait œuvre législative. C'est pourquoi la Ire et la IIe République avaient déterminé les cas de responsabilité pénale des ministres (lois, 27 avril 1791, 10 vendémiaire an IV, Constitution de 1848). Dès lors, en l'absence de lois spéciales, il faut, dit-on, appliquer le Code pénal. Mais le Code pénal n'a pas défini la « haute trahison » du Président de la République, il n'a pas déterminé les crimes punissables des ministres, il ne vise que des faits commis par les particuliers et les agents administratifs, il n'organise pas la procédure du jugement du Président et des ministres par la Haute Cour. On devrait donc logiquement en conclure que le Président qui aurait perpétré un coup d'Etat, le ministre qui a commis des fautes très graves mais imprécises, ne sauraient être condamnés puisqu'ils échappent au Code pénal, ne sauraient même être jugés, dans le silence du Code d'instruction criminelle sur la procédure de la Haute Cour.

Mais, en réalité, la Haute Cour n'est pas un tribunal judiciaire : c'est une assemblée politique qui statue sur des faits de responsabilité politique, mais des faits tellement graves que de politiques ils deviennent criminels. Elle rend un jugement politique. Elle n'est pas liée par les traditions révolutionnaires qui concernent un organe judiciaire. Elle l'est bien plutôt par la tradition parlementaire anglaise et par celle de la Restauration et de la Monarchie de juillet dont s'est inspirée notre Constitution surtout dans l'organisation du Sénat. La Chambre des pairs de 1814 à 1848 a incriminé des faits et infligé des peines non prévues par le Code pénal en condamnant Ney pour « trahison » à la « mort militaire » et les ministres de Charles X pour « crime ministériel » à la « prison perpétuelle. » Dès lors la Haute Cour a le pouvoir de définir ce qu'elle entend par haute trahison, par crime de ministres, de régler sa procédure et d'appliquer une peine quelconque qu'elle juge adéquate au fait incriminé.

CHAPITRE IV

LE GOUVERNEMENT

Le gouvernement, ou, comme on dit fréquemment en employant une expression équivoque, le pouvoir exécutif, se compose de deux éléments : le Président de la République, politiquement irresponsable, et les ministres, engageant leur responsabilité politique par le contreseing de tous les actes présidentiels.

Section I. — Le Président de la République.

§ 1. — Élection du Président de la République.

142. Élection par l'Assemblée nationale. — Conformément au principe de la souveraineté nationale qui veut que tous les organes de l'Etat tirent leur pouvoir de l'élection directe ou indirecte par le peuple, et aux règles de toute constitution républicaine, le Président est élu à temps.

Aucune condition spéciale d'éligibilité n'est exigée des candidats par la Constitution de 1875, à la différence des constitutions républicaines antérieures. Pour mettre un terme aux menées monarchistes et éviter le renouvellement du procédé de 1851, la loi constitutionnelle revisée du 14 août 1884 a seulement déclaré inéligibles les membres d'une famille ayant régné en France.

Mais des garanties sérieuses d'autorité et d'expérience politique résultent du mode d'élection.

L'élection du Président de la République a lieu au *suffrage indirect* : l'élection directe par le peuple, avons-nous vu, donnerait trop d'autorité au Président. Elle n'est même pas faite au suffrage à deux degrés comme celle du Président des Etats-Unis : dans ce pays, en effet, les électeurs primaires donnent aux électeurs définitifs le mandat impératif de voter pour tel candidat, cela revient donc au suffrage direct.

D'après la Constitution de 1875, le Président est élu par un collège spécial, par les membres du Sénat et de la Chambre des députés réunis en Assemblée nationale. Celle-ci, comme l'Assemblée constituante, se réunit à Versailles et est dirigée par le bureau du Sénat. Mais, n'étant qu'un collège électoral elle ne peut délibérer ou discuter une proposition quelconque.

Le scrutin a lieu à la majorité absolue du nombre légal des membres de l'assemblée : il nécessite donc autant de tours qu'il est besoin pour obtenir cette majorité.

Le vote est secret : c'est là un principe électoral pour les désignations de personnes et c'est un principe traditionnel que ne saurait modifier l'assemblée puisqu'elle ne peut faire un règlement nouveau.

143. La durée des pouvoirs du Président est fixée à *sept années*. Cette durée assez longue a été déterminée par cette raison historique qu'au moment du vote de la Constitution le Président en fonction était lui-même élu pour sept ans. Elle est d'ailleurs utile pour fortifier une situation assez faible par elle-même et pour assurer l'esprit de suite dans les délibérations d'un gouvernement dont les ministres sont parfois instables. D'ailleurs, si, aux Etats-Unis, le Président de la République n'est élu que pour quatre ans, il est généralement réélu pour une seconde période ; en France, si le Président est rééligible, il semble ne pas devoir fréquemment solliciter sa réélection.

Les pouvoirs du Président peuvent prendre fin normalement par l'expiration de la durée de ses pouvoirs, ou accidentellement par démission ou décès.

Quand ils prennent fin par l'expiration des sept ans à partir du jour de l'entrée en fonctions, le Président doit, un mois au moins avant la fin de ses pouvoirs, convoquer l'Assemblée nationale pour procéder à l'élection de son successeur. On a voulu par cette disposition empêcher toute interruption dans l'exercice des fonctions exécutives. S'il ne le faisait pas, la réunion de l'Assemblée aurait lieu de plein droit 15 jours avant cette expiration. C'est là une garantie prise contre un Président qui voudrait se maintenir illégalement au pouvoir. Mais le nouvel élu n'entre en fonction qu'à l'expiration normale des pouvoirs de son prédécesseur. Ainsi, M. Fallières élu le 17 janvier 1906, n'a reçu les pouvoirs des mains de M. Loubet que le 18 février suivant.

Quand la présidence de la République devient vacante par suite de décès ou de démission, chaque Chambre, même la Chambre des Députés, si elle est dissoute, doit se réunir immédiatement. Le Président du Sénat convoque de suite l'Assemblée nationale pour l'élection d'un nouveau Président. Pendant ce temps, le pouvoir exécutif est exercé collectivement par le Conseil des Ministres qui en est investi.

Il faudrait, dans le silence de la Constitution, appliquer les mêmes règles au cas de mise en accusation du Président ou d'impossibilité physique de sa part d'exercer ses fonctions.

§ 2. — Attributions du Président de la République.

Le Président est le chef du gouvernement et, à ce titre, il doit résider à Paris. Il exerce des attributions législatives, parlementaires, diplomatiques et administratives par le moyen d'actes qui portent le nom de *décrets*.

144. *A.* **Attributions législatives.** — De même que le Parlement collabore avec le Président à l'œuvre administrative, de même le Président collabore avec le Parlement à la confection des lois par l'initiative, la promulgation, le droit de nouvelle délibération, la publication.

a) **L'initiative des lois** est partagée par le Président avec les membres du Parlement. L'initiative gouvernementale a même sur celle de ces derniers des avantages : mieux éclairée par les renseignements que fournissent les bureaux des ministères et mieux exercée par suite de la collaboration accidentelle du Conseil d'Etat, elle a plus d'autorité aux yeux du Parlement et les projets de loi aboutissent plus vite et plus fréquemment que les propositions.

b) La **promulgation des lois,** *c'est l'acte par lequel le Président de la République déclare exécutoire une loi régulièrement votée par le Parlement et donne aux agents de l'autorité publique l'ordre de la faire exécuter.* C'est là un acte législatif de sa nature car il est essentiel pour l'existence même de la loi. La promulgation donne sa date à la loi, aussi doit-elle être faite dans un délai assez court.

Ce délai est d'*un mois* à partir de la transmission du texte au gouvernement par le Président de la Chambre qui l'a votée la dernière, ou de trois jours quand, par un vote spécial, les Chambres ont déclaré la promulgation urgente. Mais ces délais sont sans sanction. L'observation en est remise à la loyauté du Président. Aussi ce dernier pourrait-il trouver dans ce fait un moyen d'arrêter les lois inconstitutionnelles.

c) **Nouvelle délibération.** Le Président peut, temporairement, se soustraire à l'obligation de promulguer la loi votée : il peut dans le délai fixé pour la promulgation et par un message motivé, demander aux Chambres une nouvelle délibération qui ne peut être refusée. Cette disposition a pour but d'appeler à nouveau la réflexion du Parlement sur une loi dont il n'a peut être pas aperçu d'abord toute la portée.

Ce droit est différent du *droit de sanction*. En déclarant que l'adhésion ou la sanction du roi était nécessaire à l'existence de la loi, les chartes de 1814 et de 1830 ou le droit anglais font du chef de l'Etat une partie du Parlement, de l'autorité législative. Au contraire, en donnant au chef de l'Etat un droit de *veto* (Const. 1791 et 1848, Const. des Etats-Unis), on ne lui confère que le pouvoir de refuser de faire exécuter la loi, de s'opposer à l'exécution, mais la loi reste intacte.

Ce droit peut être exercé efficacement aux Etats-Unis par le Président, parce que le gouvernement est indépendant des Chambres, et qu'en cas d'opposition du Président, la loi ne peut plus être votée qu'à la majorité des deux tiers des représentants. Il ne peut l'être en France pratiquement, car non seulement il est douteux que les Chambres se déjugent à quelques jours d'intervalle, mais encore le ministère qui a collaboré avec le Parlement au vote de la loi ne s'y prêterait pas ; s'il démissionnait, le nouveau ministère ne pourrait que refléter la même opinion de la majorité parlementaire ; le Président aurait tout simplement engagé sa responsabilité personnelle dans le conflit.

d) La **publication des lois**, c'est l'acte par lequel le Président porte la loi votée et promulguée à la connaissance des citoyens pour la rendre obligatoire à leur égard : elle résulte de l'insertion du texte au *Journal officiel de la République française* ou au *Bulletin des lois.* Elle doit être faite dans les délais de promulgation.

La loi, en effet, ne devient obligatoire qu'après un certain délai nécessaire pour qu'elle puisse être connue du public et au bout duquel s'applique le maxime : « Nul n'est censé ignorer la loi ». Ce délai est, à Paris, d'un jour franc (c'est-à-dire complet), après le jour de la publication du numéro du *Journal officiel* qui en contient le texte. Il est, en province, d'un jour franc après que le numéro du *Journal officiel* qui en contient le texte est parvenu au chef-lieu d'arrondissement.

En fait la promulgation et la publication, bien que constituant des actes juridiques différents se font en un seul et même acte.

145. Le **pouvoir réglementaire,** c'est celui de faire des règlements. Un règlement, c'est une disposition impérative et générale émanant d'une autorité administrative. Il oblige les citoyens tout comme les lois ; il est appliqué par les tribunaux et sanctionné à défaut de peines spéciales, par l'amende, prévue à l'article 471 du Code pénal.

Il est fort utile de donner au Président de la République le droit de faire des règlements. On accélère le travail législatif en dispensant les Chambres de voter des dispositions secondaires. On fait des lois meilleures, plus claires parce qu'elles peuvent ne poser que des principes et laisser au règlement le soin de déterminer les détails d'application. Le gouvernement est mieux placé que la Chambre pour régler ces derniers ; chargé d'appliquer la loi, il prévoit plus complètement les nécessités pratiques de l'exécution ; il supplée aisément aux omissions du législateur grâce à l'aide des bureaux des ministères et des conseils administratifs comme le Conseil d'Etat.

Il pourrait être cependant dangereux d'abandonner ainsi les garanties que, pour la confection des lois, présentent les assemblées représentatives directement élues par le peuple et par suite réflétant la volonté populaire ; le gouvernement, qui n'est point directement responsable devant elle, pourrait aller à l'encontre de cette volonté.

Ce danger est évité par ce fait que le règlement est toujours subordonné à la loi qu'il ne peut enfreindre ou modifier. D'ailleurs les règlements engagent la responsabilité politique des ministres ; s'ils sont illégaux, ils peuvent être l'objet d'un recours en annulation devant le Conseil d'Etat ou être écartés par les tribunaux auxquels on en demande l'application. (V. n᾿ **296**).

Le pouvoir réglementaire du Président de la République s'exerce sous deux formes : sous la forme de règlements simples et sous celle de règlements d'administration publique.

Les **règlements simples** *ou règlements ordinaires sont ceux que le Président émet spontanément et généralement sans aucun concours.* Il le peut faire pour compléter une loi dont le législateur a omis des détails d'exécution. Il tire alors son pouvoir de l'article 3, § 2, de la loi constitutionnelle du 25 février 1875 : « Il (le Président) assure et surveille l'exécution des lois ». Il le peut également pour résoudre des questions que le législateur n'a pas prévues : c'est ainsi que fréquemment il règle le fonctionnement des services publics ou assure la police de la salubrité et de la sécurité publique. Cette prérogative est traditionnellement reconnue au chef de l'Etat.

Les **règlements d'administration publique** *sont ceux que le Président édicte sur l'invitation expresse du Parlement.* Il est, en effet, aujourd'hui d'une pratique parlementaire courante que les Chambres fassent appel au Président pour préciser les détails d'application de la loi qu'elles votent ou même pour préciser une matière dont elles n'ont pas le temps de se saisir. Ces règlements sont alors *obligatoirement préparés au Conseil d'Etat* et la mention de cette formalité doit être mentionnée dans le visa du décret par la formule « le Conseil d'Etat entendu ».

Le Président, en vertu d'une compétence permanente à lui attribuée par le Sénatus-consulte du 3 mai 1854, détermine en outre le droit colonial par des **règlements coloniaux** appelés parfois **décrets-lois** sur toutes les matières sur lesquelles le législateur français n'a pas déclaré les lois métropolitaines applicables.

146. *B)* **Attributions parlementaires.** — Dans notre régime de collaboration des pouvoirs, si les Chambres contrôlent le gouvernement, par contre ce dernier a des moyens d'action sur le Parlement. Ce sont :

1º **La convocation, l'ajournement et la clôture des sessions des Chambres** (V. nº 120).

2º **Les messages.** — Les messages constituent pour le Président un moyen de faire connaître aux Chambres ses vues sur les objets qui viennent en discussion devant elles. Mais le Président n'a pas le droit de venir en personne dans les Chambres, dont il ne peut plus être membre, faire oralement ses communications. Il risquerait de se créer ainsi une responsabilité politique. Ses messages sont donc écrits et lus à la tribune de chaque Chambre par un ministre.

3º **La dissolution de la Chambre des députés.** — C'est là, nous l'avons vu, un élément essentiel du gouvernement parlementaire. Mais c'est un droit qui peut devenir dangereux pour la liberté politique : un président pourrait, par ce moyen, supprimer la représentation politique et faire un coup d'Etat. Aussi contre ce danger éventuel des garanties sont-elles prises, ce sont :

a) *La nécessité d'un avis conforme au Sénat.* Ce rôle modérateur du Sénat dans les conflits entre le gouvernement et la Chambre n'est pas d'ailleurs sans danger, car si les nouvelles élections renvoient à la Chambre la même majorité, le Sénat se trouvera en fait politiquement condamné comme le gouvernement.

b) *L'obligation pour le Président de convoquer les collèges électoraux* pour l'élection de la nouvelle Chambre dans le délai de deux mois et de réunir cette chambre dans les dix jours qui suivent la clôture des opérations électorales. Ainsi, le délai pendant lequel le gouvernement est soustrait au contrôle de la Chambre est réduit au minimum.

c) *L'impossibilité pour le Président de déclarer personnellement l'état de siège* pendant que la Chambre est dissoute. En effet, l'état de siège faisant passer le pouvoir entre les mains de l'autorité militaire rendrait facile un coup d'Etat.

d) *L'impossibilité d'ouvrir par décret des crédits supplémentaires ou extraordinaires* pendant cette même période empêche le Président de se donner des moyens financiers de gouvernement personnel sans le concours du Parlement et l'oblige à réunir ce dernier.

Enfin, prévoyant le cas où un Président ferait un coup d'Etat par une disssolution illégale sans convoquer de nouvelle Chambre, une loi du 15 février 1872, dite **loi Tréveneuc,** décide que les conseils généraux devront se réunir de plein droit dans chaque département et élire deux délégués. Les délégués de tous les départements constitueront une assemblée nationale qui organisera le gouvernement légal.

Le droit de dissolution qui devrait intervenir assez fréquemment dans le gouvernement parlementaire comme le fait se produit en Angleterre où, il est vrai, la législature a une durée plus longue, semble devoir disparaître de notre régime politique. La faute en est à l'erreur commise par le maréchal de Mac-Mahon en 1877. En effet, Mac Mahon élu président de la République par la droite monarchique, se croyait tenu d'honneur à gouverner avec elle. Mais la Chambre élue en 1876 était en majorité républicaine. Le Président ne voulut pas suivre la politique de la majorité ; il renvoya le ministère Jules Simon et prit le ministère de Broglie pour dissoudre la Chambre (16 mai 1877). Jusque là il n'y avait rien que de légal, mais pendant cette période dite du 16 mai, le ministère s'efforça de fausser les prochaines élections : il changea tout le personnel administratif pour le remplacer par des fonctionnaires de combat ; il entrava la liberté de la presse et des réunions publiques pour reprendre les pratiques de l'Empire en faveur des candidatures officielles. Enfin, par des manifestes au peuple français, le Président sortit de son rôle constitutionnel de chef irresponsable de l'Etat pour combattre les républicains. Il mettait ainsi en jeu sa responsabilité qu'acceptait Gambetta par sa formule : « Il lui faudra se soumettre ou se démettre ». Or, les élections d'octobre 1877 renvoyèrent à la Chambre une majorité républicaine. Le ministère donna sa démission et fut remplacé par un autre ministère conservateur avec lequel la majorité de la Chambre ne voulut pas entrer en rapport. Le Président dut à la fois se soumettre en prenant un ministère républicain, ce qui était la seule solution parlementaire correcte, et se démettre pour ne pas suivre la politique du ministère (janvier 1879).

A défaut du droit de dissolution qu'il lui paraît difficile aujourd'hui d'exercer, le Président, en cas de conflit avec la Chambre, pourrait au moins ajourner le Parlement pour permettre aux députés d'aller officieusement consulter les électeurs.

147. *C)* **Attributions diplomatiques.** — Le Président est le représentant de la France dans ses rapports avec les puissances étrangères.

A ce titre :

1º **Il agrée la nomination des ambassadeurs** des autres pays et reçoit les lettres de créance qui les accréditent auprès de lui ;

2º **Il dirige les relations extérieures et diplomatiques** avec le concours du ministre des affaires étrangères. Il a même en fait dans ce domaine un rôle plus personnel que dans la politique intérieure parce que l'action diplomatique exige une certaine continuité de vues et que le Président est dans le gouvernement un élément plus stable que le ministre.

3º **Il ratifie, c'est-à-dire approuve et confirme les traités** négociés par les agents diplomatiques ; traités d'alliance, de protectorat, etc... Mais il ne peut le faire qu'avec l'autorisation des Chambres pour les traités plus graves, traités de paix, de commerce, ceux relatifs à l'état des personnes et au droit de propriété des français à l'étranger, traités engageant les finances de l'Etat ou son territoire (cession, échange ou adjonction de territoire) ;

4º **Il déclare la guerre,** avec l'autorisation des Chambres.

Cette disposition ne peut d'ailleurs guère recevoir d'application car, en fait, la plupart des guerres éclatent par des hostilités sans déclaration.

148. *D)* **Attributions administratives.** — Le Président de la République est le chef suprême de l'administration. Ses actes administratifs sont des décrets individuels qu'il rend, soit seul, soit avec la collaboration de l'Assemblée générale du Conseil d'Etat (décrets pris en la forme de règlements d'administration publique). Le Président agit comme chef de l'administration dans les cas suivants :

1º **Il préside aux solennités nationales ;**

2º **Il organise les services publics et nomme aux emplois civils et militaires.**

Ainsi le ministère du Travail a été créé par décret le 15 novembre 1906.

Cependant l'organisation centrale des ministères doit être déterminée après avis du Conseil d'Etat : l'art. 16 de la loi du 29 déc. 1882 exige des *règlements d'administration publique.*

Le droit de créer des fonctions nouvelles a donné lieu à des abus sous l'ancien régime : le roi créait des emplois pour en gratifier des courtisans. Le danger est moindre dans le régime actuel parce que le Parlement peut rendre les ministres responsables de créations inutiles et, en tout cas, peut refuser les crédits nécessaires à l'emploi.

Si le Président a le droit de nommer les fonctionnaires, nous rappelons cependant que cette prérogative est limitée par la Constitution pour la désignation des Conseillers d'Etat qui doivent être nommés en Conseil des ministres et peut l'être en outre par les lois qui exigent des candidats des conditions d'âge ou de capacité technique, ou qui confèrent le droit de nomination à d'autres agents (ministres, préfets, recteurs d'académie, maires), en vertu d'une tradition en vigueur au moment du vote de la Constitution de 1875, ou enfin qui peuvent substituer le système de l'élection à celui de la nomination.

3⁰ Il dispose de la force publique, c'est-à-dire à la fois de la force publique civile (agents de la police générale ou locale) et de la force publique militaire (gendarmerie, armée de terre, de mer, armée coloniale).

C'est là une attribution normale de l'Exécutif qui doit assurer l'ordre dans l'Etat et son respect à l'extérieur. Disposant de la force armée, il n'a pas, comme les agents inférieurs de l'autorité civile, à exercer un droit de réquisition suivant des formalités spéciales, mais il donne directement des ordres aux commandants militaires. Ceux-ci doivent exécuter ces ordres sans même en pouvoir apprécier la légalité, car la force armée est essentiellement obéissante (Const. 1791, titre IV, art. 12).

4⁰ Il ouvre des crédits à l'administration lorsque les Chambres ne sont pas en session, soit par suite de l'insuffisance des crédits prévus par le budget (*crédits supplémentaires*) soit pour des dépenses nouvelles non prévues au budget (*crédits extraordinaires*).

Comme ce droit déroge au principe protecteur des contribuables que c'est le Parlement qui doit voter les dépenses publiques, la loi a pris des garanties contre l'abus qu'en pourrait faire le Président : le décret portant ouverture de ces crédits doit être rendu en *Conseil d'Etat* délibéré et approuvé en *Conseil des Ministres* et présenté à la *ratification des Chambres* dans la quinzaine de leur plus prochaine réunion.

149. Le Président de la République a le droit de faire grâce. — Le roi, dans l'ancien régime, avait la prérogative personnelle de pouvoir dispenser les individus de l'application de la loi. Il en est resté au profit du Chef actuel de l'Etat le droit de donner certaines *dispenses*, comme les autorisations de mariage entre parents et alliés au degré prohibé, et le droit de grâce.

La grâce est l'acte qui dispense un condamné de l'exécution de la peine prononcée contre lui ou la transforme en une autre peine plus douce. Elle laisse subsister les condamnations et peines accessoires ou déchéances qui accompagnent la peine principale.

Elle se différencie ainsi de *l'amnistie qui est une loi générale statuant pour toute une catégorie de condamnés, rendant rétroactivement inapplicable la loi qui a motivé la condamnation et faisant disparaître même cette dernière.*

Cette prérogative s'est conservée au profit du Président parce qu'elle présente une réelle utilité : non seulement elle permet de remédier immédiatement aux erreurs judiciaires avant que la longue procédure de revision ait abouti, mais encore elle permet d'atténuer l'effet de condamnations dans lesquelles le juge n'a pas pu appliquer les circonstances atténuantes ou le sursis et elle rend la peine plus moralisatrice en engageant le condamné à se bien conduire pour la mériter.

Telles sont les attributions du Président de la République.

150. Force et faiblesse du Président de la République. — Les attributions du Président de la République sont, on le voit, en droit très étendues. Elles le sont même plus que celles du Président des Etats-Unis. Les Constituants de 1875 ont voulu faire de notre Président un véritable monarque parlementaire.

Mais en le faisant élire par les membres des Chambres, il lui ont imposé une situation subordonnée au Parlement qu'il devrait contrôler.

De plus, ils l'ont bien déclaré pénalement responsable devant la Haute Cour de ses crimes et délits de droit commun et spécialement des crimes particuliers à sa fonction qui constituent une haute trahison. Mais ils l'ont rendu politiquement irresponsable. Ils lui ont ainsi enlevé beaucoup de son autorité.

Aussi en fait les Présidents n'ont guère qu'un rôle décoratif dans l'Etat. Ceux qui, comme Mac-Mahon et Casimir-Périer ont voulu avoir une politique personnelle ont dû démissionner. Le pouvoir effectif est passé aux mains des ministres responsables devant le Parlement et en particulier dans celles du Président du Conseil des ministres.

Section II. — Les Ministres.

Les ministres constituent le rouage essentiel du gouvernement parlementaire : ce sont eux, en effet, qui assurent la collaboration du chef de l'Exécutif et du Parlement. Ce principe domine et explique leur mode de nomination, leurs attributions et leur responsabilité.

§ 1. — Nomination des ministres.

151. Nomination par le Président de la République. — Comme tous les fonctionnaires, les ministres sont nommés par le Président de la République et par conséquent peuvent être révoqués par lui.

Ils peuvent être pris dans le Parlement ou en dehors de lui. Mais le Président doit les choisir de façon à ce qu'ils représentent l'opinion de la majorité parlementaire de la Chambre des Députés. Sinon, il aboutirait à un conflit entre le Ministère et la Chambre : s'il voulait maintenir le premier, il devrait dissoudre la seconde. Mais si, à la suite des élections, la même majorité revenait à l'assemblée, le Président devrait sacrifier le ministère et se résoudre enfin à en choisir un nouveau dans la majorité.

§ 2. — Attributions des ministres.

Les ministres exercent en fait toutes les attributions politiques dont le Président de la République est titulaire en droit et, de plus, ils ont des attributions administratives personnelles.

Ils remplissent leurs fonctions politiques de deux manières : tantôt ils prennent des décisions en corps, dans une délibération commune, tantôt chaque ministre décide isolément des affaires de son ministère.

A. — *Attributions collectives.*

152. Conseil des Ministres et Conseil de Cabinet. — La réunion des ministres constitue un organe unitaire du gouvernement qu'on appelle, nous l'avons vu, le **Cabinet**. Celui-ci a pour chef en Angleterre le Premier ministre et en France le **Président du Conseil** qui dirige la politique générale du gouvernement.

Les ministres se réunissent pour délibérer sur les affaires gouvernementales sous deux formes : en Conseil des Ministres et en Conseil de cabinet.

Le **Conseil des Ministres** est présidé par le Président de la République. Non seulement il traite des questions de politique générale, mais encore il est saisi de certaines questions pour lesquelles il doit donner un avis au chef de l'Etat. Celui-ci rend sur ces questions un « *décret en Conseil des ministres* » et insère, dans le visa du décret, la formule « le Conseil des ministres entendu ».

Tantôt l'avis de l'assemblée des ministres ne vaut que comme conseil ; le Président de la République peut ne pas le suivre : il en est ainsi pour la nomination et la révocation des Conseillers d'Etat, la convocation du Sénat en Haute Cour pour juger une personne quelconque inculpée d'attentat contre la sûreté de l'Etat, la dissolution d'un Conseil municipal, etc...

Tantôt, au contraire, l'avis formulé par le Conseil des ministres s'impose au Président. Il en est ainsi dans tous les cas où il s'agit de prendre une mesure grave qui pourrait être préparatoire d'un coup d'Etat ou qui déroge aux règles essentielles du gouvernement représentatif : ouverture de crédits extraordinaires ou supplémentaires, ou déclaration d'état de siège en l'absence des Chambres.

Le **Conseil de cabinet** est présidé par le Président du Conseil et siège hors de la présence du Président de la République. Il peut délibérer sur toutes les affaires du gouvernement pour lesquelles la présence du Président de la République n'est pas nécessaire. Il prépare en général les décisions qui seront prises en Conseil des ministres.

B. — *Attributions individuelles.*

Les ministres sont à la fois des membres du gouvernement et les chefs administratifs de leur ministère. Ils ont donc des attributions politiques et des attributions administratives.

153. Leurs attributions politiques sont les suivantes :

1° **Le contreseing** : tout acte juridique du Président de la République doit être contresigné par un ministre. Ainsi même l'acte de nomination d'un nouveau Président du Conseil est contresigné par son prédécesseur et la nomination des autres ministres par le Président du Conseil.

Cette formalité sert non seulement à certifier la signature du Président de la République, mais surtout à déterminer le ministre qui prend la responsabilité politique de l'acte du chef de l'Etat. Le contreseing est donné par le ministre du département duquel dépend l'objet du décret ou même par plusieurs si l'objet intéresse différents départements ministériels.

2° **Le droit d'entrer aux Chambres et le droit d'y prendre la parole** toutes les fois qu'ils le demandent est donné à tous les ministres même à ceux qui ne sont pas membres du Parlement. C'est là une nécessité de la collaboration des pouvoirs et de l'interdiction au Président de la République de prendre part aux débats parlementaires. Ce sont les ministres qui viennent lire ses messages, répondre aux questions et interpellations, discuter les lois. Pour ce dernier objet, ils peuvent même se faire assister de *commissaires du gouvernement*.

Ceux-ci sont des fonctionnaires administratifs dont la compétence technique est souvent nécessaire au ministre pour suivre les débats d'un projet. Ils sont nommés par décret pour prendre part à la discussion d'un projet déterminé. Ils ne peuvent l'être régulièrement pour répondre à une question ou interpellation. Ce sont, en effet, de simples auxiliaires du ministre sans initiative et sans responsabilité.

154. Les **attributions administratives** des ministres sont relatives à la nomination de fonctionnaires, à l'exercice du pouvoir hiérarchique sur tous les agents ressortant de leur ministère, à la représentation de l'Etat pour l'ordonnancement des dépenses publiques (délivrance des mandats) et la signature des marchés et contrats.

Ils les exercent sous forme d'arrêtés, d'instructions personnelles à un fonctionnaire ou de circulaires adressées à tous les agents d'un service et qui s'imposent à ceux-ci sinon aux particuliers et aux tribunaux.

Mais les ministres n'ont pas de pouvoir réglementaire.

En outre, le ministre exerce parfois des attributions juridictionnelles. Pendant longtemps on a pensé que c'était à lui que devaient être portés tous les procès administratifs qu'un texte ne déférait pas à une autre juridiction (V. n° 288). Cette jurisprudence a été abandonnée et le ministre ne juge plus que certaines élections administratives notamment celles des Conseils de l'enseignement public.

§ 3. — **Responsabilité des ministres.**

Cette responsabilité peut être pénale, politique ou civile.

155. La **responsabilité pénale** est la plus ancienne dans la formation historique du gouvernement parlementaire (V. n° **84**). Nous avons montré que dans la Constitution actuelle les ministres peuvent, pour tous délits, être renvoyés par le ministère public devant les tribunaux de droit commun (cour d'assises et tribunaux correctionnels) où ils se verront, pour des faits prévus par le Code, infliger les peines édictées par la loi. En outre, la Chambre peut les mettre en accusation et les faire juger par la Haute Cour pour crimes commis dans l'exercice de leurs fonctions, crimes dont la Haute Cour détermine les éléments et fixe la peine (V. n° **140**).

156. La **responsabilité politique** consiste dans la perte du pouvoir. C'est sur elle que repose tout le gouvernement parlementaire. Elle est mise en jeu par des interpellations sinon devant le Sénat du moins devant la Chambre des députés (V. n° **132** et **134**) pour tous actes du Président de la République, des ministres eux-mêmes et de leurs agents subordonnés. Le vote par la Chambre d'un ordre du jour de blâme ou de refus de confiance doit provoquer la démission du ministère. Si ce dernier résistait, la Chambre pourrait lui refuser le budget et tout crédit pour l'empêcher de gouverner et, le cas échéant, le mettre en accusation pénale.

Cette responsabilité est *collective et solidaire* ou bien *individuelle*. Tout le cabinet est responsable des actes de politique générale du gouvernement ; chaque ministre est responsable de ses actes personnels. La distinction est délicate car un acte est individuel ou collectif suivant qu'il a été ou non discuté en Conseil ; en fait, la difficulté est tranchée par les **déclarations** du Président du Conseil qui désavoue le ministre attaqué ou se solidarise avec lui.

157. La **responsabilité civile,** c'est l'obligation de réparer le préjudice causé.

Un ministre peut, par un acte de sa fonction faire tort à un particulier ou même à l'Etat. Dans le silence des lois, je pense qu'on ne peut qu'appliquer aux ministres le droit commun des fonctionnaires et qu'ils peuvent être poursuivis devant les tribunaux judiciaires pour fautes personnelles, ou devant les tribunaux administratifs pour fautes de service (V. n° **295**).

En effet, un principe général de notre droit veut que tout fait de l'homme qui cause à autrui un dommage oblige celui par la faute duquel il est arrivé à le réparer (art. 1382, Code civil) ; aussi admet-on, en Angleterre, que le particulier lésé peut librement attaquer le ministre. Mais cette liberté permet des poursuites vexatoires de la part d'adversaires politiques. C'est pourquoi beaucoup de régimes et notamment des lois révolutionnaires ont subordonné les poursuites civiles à l'ouverture des poursuites pénales ou à l'autorisation du Corps législatif. Mais la Constitution de 1875 et les lois actuelles sont muettes sur la question.

Dès lors les uns ont conclu qu'on ne pouvait jamais poursuivre un ministre. Ce serait contraire au principe de l'égalité des citoyens devant la loi.

D'autres pensent que la poursuite n'est possible que quand l'action pénale est intentée. C'est transposer, sans droit, le système de 1791 dans le régime actuel.

D'autres enfin, appliquent le droit commun des fonctionnaires. C'est le système le plus rationnel. Mais, en l'absence d'une jurisprudence établie, la poursuite d'un ministre reste une entreprise téméraire de la part d'un administré.

Si le préjudice a été porté à l'Etat par une faute de la fonction, les difficultés ne sont pas moindres. Si le fait constitue un délit, il n'est pas douteux que les tribunaux judiciaires en peuvent connaître. S'il s'agit seulement d'une faute tel qu'un engagement de dépenses sans crédits, j'appliquerais encore le droit commun des fonctionnaires. Mais il est à craindre que, d'une part, les tribunaux judiciaires ne se déclarent incompétents parce qu'il s'agit d'un fait administratif, et que, d'autre part, le Conseil d'Etat refuse de statuer parce qu'il ne peut être saisi que par des arrêtés de débet : or, ceux-ci peuvent être délivrés contre les comptables de l'Etat mais non contre les ordonnateurs que sont les ministres. (V. n° **241**).

Des projets de lois destinés à remédier à cette situation sommeillent dans les cartons des Chambres.

Les organes du gouvernement, Président de la République et ministres, sont en même temps les chefs de l'administration qu'il nous faut maintenant étudier.

CHAPITRE V

L'ADMINISTRATION GÉNÉRALE

158. Un des principes de l'organisation administrative moderne a été de séparer la *délibération* sur la mesure à prendre de *l'exécution* de cette mesure.

Ce procédé comporte des avantages.

Pour la délibération on peut faire appel à un certain nombre de gens compétents constitués en **Conseil**. On peut ainsi, par ces conseils, organiser une sorte de *représentation profession-nelle* à côté de la représentation politique. Les conseils émettent des avis, formulent des vœux ou prennent des décisions.

Mais si « délibérer est le fait de plusieurs, agir est le fait d'un seul » : l'exécution doit être toujours confiée à un **agent** unique.

Ce principe s'applique aux divers degrés de l'administration des intérêts généraux, c'est-à-dire des intérêts communs à tout le pays et de celle des intérêts locaux, c'est-à-dire spéciaux aux départements et aux communes.

L'administration des intérêts généraux comprend : 1º l'administration centrale siégeant à Paris ; 2º l'administration régionale qui applique dans chaque partie du pays les décisions du gouvernement.

Section I. — L'Administration centrale.

§ 1. — Les agents.

159. L'organisation des ministères. — L'administration centrale a pour agents les organes du gouvernement : Président de la République et ministres. Mais ceux-ci ont des auxiliaires dans les employés des ministères.

L'organisation des ministères est, nous l'avons vu, réglée par le Président de la République. Celui-ci peut donc, dans le silence de la Constitution et des lois, en déterminer le nombre, en créer de nouveaux, et répartir entre eux librement les services. Le dernier mot d'ailleurs en cette matière, appartient au Parlement qui vote les crédits.

Il y a actuellement douze ministères : 1º *Justice* dont le titulaire est quelquefois appelé de son ancien nom Garde des Sceaux ; 2º *Affaires étrangères* ; 3º *Intérieur* ; 4º *Finances* ; 5º *Guerre* ; 6º *Marine* ; 7º *Instruction publique* ; 8º *Travaux publics* ; 9º *Commerce et Industrie* ; 10º *Agriculture* ; 11º *Colonies* ; enfin, 12º *Travail*.

Les ministères sont dirigés non seulement par le ministre, mais encore par un ou plusieurs sous-secrétaires d'Etat, un cabinet et des bureaux.

Les **sous-secrétaires d'Etat**, ainsi appelés parce qu'autrefois le ministre portait le nom de Secrétaire d'Etat, furent d'abord, en France, des fonctionnaires purement administratifs dont les attributions étaient déterminées par le ministre (Ordonnance du 9 mai 1816). Mais en Angleterre ils ont de bonne heure reçu une mission politique, celle de représenter le ministre-lord dans la Chambre des Communes dans laquelle ne peuvent pénétrer ceux qui n'en sont pas membres. Cette conception parlementaire des sous-secrétaires d'Etat a transformé l'institution française. Sous la monarchie de juillet et la IIIᵉ République on a fait entrer par ce moyen des députés ou sénateurs dans le gouvernement pour fortifier la situation parlementaire d'un cabinet. Dès lors, ils furent nommés par le chef de l'Etat. Puis, au lieu de recevoir des attributions déléguées par le ministre, ils ont vu leur compétence fixée par le décret de nomination ; alors ils ont joué le rôle de véritables ministres ayant entrée à la Chambre et au Conseil, bien qu'ils n'aient pas le droit de contreseing, ni de responsabilité politique personnelle.

Le **cabinet du ministre** est un organe politique attaché à la personne du ministre et dont les membres disparaissent avec lui. Il est composé de directeurs, de chefs, chefs adjoints, attachés. Il s'occupe des affaires exclusivement politiques et des relations du ministre avec le Parlement.

Les **bureaux** constituent la partie permanente et stable du ministère. Chaque ministère est divisé en services ou *directions* à la tête desquelles sont placés des directeurs : les directions sont partagées en bureaux composés de chefs, sous-chefs, rédacteurs, expéditionnaires, auxiliaires, etc...

§ 2. — Les Conseils.

L'administration centrale, à côté des agents, comprend des Conseils. Ceux-ci sont de deux sortes : les Conseils techniques, le Conseil d'Etat.

160. Des **Conseils techniques spéciaux** sont placés auprès des ministres pour chaque grand service public. Ils constituent souvent une représentation consultative des intérêts professionnels, car ils sont composés, non seulement de hauts fonctionnaires, de parlementaires, de savants ayant une compétence spéciale, mais encore de représentants des professions intéressées à la bonne gestion du service. Tels sont : *le Conseil supérieur de l'agriculture, le Conseil des eaux et forêts, le Conseil supérieur du commerce et de l'industrie, le Conseil supérieur de la guerre, le Conseil général des Ponts-et-Chaussées, le Conseil supérieur du travail*, etc....

161. Le **Conseil d'Etat** est à la fois un tribunal administratif et un Conseil gouvernemental dont nous avons seulement à nous occuper ici.

En tant que conseil, il a des *attributions consultatives*. D'une part, il est *facultativement* consulté par le gouvernement sur les projets de lois et de règlements ordinaires et sur les projets de décrets individuels. D'autre part, il l'est *obligatoirement* sur les projets de *règlements d'administration publique* exigés par le législateur et sur les *décrets en forme de règlements d'administration publique*. Mais l'avis du Conseil d'Etat n'est jamais impératif et le chef de l'Etat peut ne pas le suivre.

Le Conseil d'Etat a été créé en l'an VIII uniquement pour donner des *avis* au chef de l'Etat : 1º sur les réclamations et recours administratifs sur lesquels statuait seul le chef de l'Etat ; 2º sur les projets de lois et de règlements que le Conseil préparait et interprétait. Mais, d'une part, sa compétence en matière contentieuse s'est modifiée et élargie ; de simple donneur d'avis, il est devenu définitivement par la loi du 24 mai 1872, un véritable juge (V. nº **268**). D'autre part, son rôle gouvernemental et administratif a diminué avec l'introduction du régime parlementaire qui donne aux Chambres l'initiative législative et qui, imposant aux ministres une plus grande responsabilité leur fait rechercher plutôt la collaboration des commissions parlementaires ou des Conseils techniques spéciaux. Le Conseil d'Etat n'a repris que temporairement des attributions législatives et gouvernementales sous la République de 1848 dans laquelle il a même joué le rôle d'une seconde chambre et reçu le droit de faire seul les règlements d'administration publique. Il s'est à nouveau effacé sous la IIIᵉ République. Néanmoins, ce caractère primitif de Conseil administratif qu'a revêtu le Conseil d'Etat a réagi sur son organisation qui n'est pas celle d'un véritable tribunal.

Le Conseil se compose d'un personnel ordinaire et permanent et d'un personnel extraordinaire.

A. Le **personnel ordinaire** comprend des *auditeurs* de seconde classe recrutés au concours, des auditeurs de première classe nommés par décret parmi les premiers, des *maîtres des requêtes* pris pour les trois quarts parmi les auditeurs de première classe et, pour un quart, sans condition d'origine ou de capacité, des *conseillers* en service ordinaire recrutés par moitié parmi les maîtres des requêtes et moitié parmi les hommes politiques et souvent les anciens préfets, enfin un secrétaire général chargé du greffe et un secrétaire spécial du contentieux.

Ce personnel prend part à toutes les fonctions du Conseil d'Etat.

B. Le **personnel extraordinaire** est composé d'administrateurs dont la qualité de membres du Conseil d'Etat n'est que l'accessoire d'une autre fonction gouvernementale et administrative. En font partie : le *Ministre de la justice* président de droit du Conseil d'Etat, les *ministres*, les *Conseillers d'Etat en service extraordinaire* qui sont de hauts fonctionnaires administratifs et généralement des directeurs de ministères.

Ce personnel ne participe qu'aux avis administratifs ; il ne prend jamais part aux délibérations du contentieux, car il jugerait ses propres décisions.

C. Les **délibérations** du Conseil d'Etat ont lieu dans l'une des trois formes suivantes :

a) En *section :* le Conseil comprend en outre des deux sections du contentieux, quatre sections administratives dont chacune examine les affaires correspondant à plusieurs ministères. Si une affaire intéresse plusieurs sections, celles-ci peuvent se réunir pour statuer ;

b) En *assemblée générale fermée*, présidée par le Garde des Sceaux ou le Vice-Président du Conseil d'Etat. L'assemblée générale examine les affaires les plus importantes qui lui sont renvoyées soit par un ministre (règlements d'administration publique, projets de loi, création de tribunaux de commerce, etc.) soit par une section qui se dessaisit ;

c) En *assemblée publique du contentieux*, forme juridictionnelle que nous verrons ultérieurement (V. n° **283**).

Section II. — L'Administration régionale.

162. Les circonscriptions administratives et la déconcentration. — L'administration régionale des intérêts généraux est nécessitée par le besoin de faire appliquer les lois dans toutes les parties du pays, d'assurer la bonne exécution des services qui intéressent la généralité des habitants (défense nationale, justice, services financiers) et de maintenir l'unité nationale indispensable aux Etats qui ont à jouer un rôle dans le concert des nations. On ne peut pas régir tout de Paris. « Si l'on peut gouverner de loin, on n'administre bien que de près. » Il a donc fallu d'une part diviser la France en circonscriptions administratives (départements, arrondissements, cantons, communes) à la tête desquels sont placés des agents locaux du pouvoir central, et d'autre part *déconcentrer* les administrations, c'est-à-dire transférer le droit de décider en certaines matières du Président de la République ou des ministres, aux agents locaux.

L'ancien régime avait divisé la France en trente deux *généralités* administrées par des *intendants* qui, d'ailleurs, se nommaient des subdélégués. Les décrets du 22 déc. 1789 et du 12 août 1790, pour briser les cadres des anciennes provinces, détruire l'esprit local et constituer l'unité nationale, partagèrent le pays en 83 *départements* ; ceux-ci en *districts*, ceux-ci en *cantons* et les cantons en *communes*. Ces circonscriptions furent administrées exclusivement par des agents locaux élus. Ceux-ci négligèrent souvent d'appliquer les lois générales. On aboutit à l'anarchie administrative. Le gouvernement révolutionnaire réagit en envoyant dans les départements des *représentants en mission* avec des pouvoirs souverains, et en nommant près des administrations locales des *agents nationaux*. La réaction s'accusa davantage avec la loi du 28 pluviose de l'an VIII qui est encore la base du système administratif actuel : cette loi sacrifiant les intérêts locaux à l'intérêt général, réalisa une centralisation absolue en subordonnant tous les agents locaux au gouvernement.

Le territoire français est actuellement divisé en 87 départements y compris la Corse, plus le territoire de Belfort, 362 arrondissements, 2.908 cantons et 36.222 communes.

Les cadres administratifs de l'organisation régionale des intérêts généraux ont créé des divisions qui sont demeurées artificielles (arrondissements et cantons) mais parfois ils ont fait naître des personnes administratives nouvelles (départements) ou se sont adaptés à des personnes administratives déjà existantes (communes). Les unes et les autres de ces personnes ont ainsi une vie double, générale et locale ; générale en tant que circonscription administrative de l'Etat, locale en tant que personne administrative ayant des intérêts propres : leurs agents participent à l'exécution de deux catégories de services, service généraux d'Etat et services locaux. Nous n'étudierons, pour le moment, ces personnes et ces agents que dans la mesure où ils participent aux services généraux d'Etat.

§ I. — Le département.

163. Le **préfet** est l'administrateur préposé dans le département à la gestion locale des intérêts de l'Etat. En fait il est aussi un agent politique représentant le parti au pouvoir. Il est nommé par décret du chef de l'Etat sur la proposition du ministre de l'Intérieur, sans conditions de capacité ; mais généralement il est choisi parmi les secrétaires généraux de préfecture et les sous-préfets qui ont fait preuve d'aptitudes administratives et politiques.

Il a deux sortes d'attributions :

1º **Agent du pouvoir central**, ce qui était jadis son caractère essentiel et ce qui le demeure quand aucun texte ne lui donne un droit de décision, il exécute et fait exécuter dans le département les lois que le Président de la République a promulguées et les décisions que les ministres ont prises.

2º **Représentant du gouvernement,** il a un pouvoir de décision propre sous le contrôle hiérarchique du ministre qui peut annuler ou réformer ses décisions. Ces pouvoirs en cette qualité n'existent qu'en vertu des textes dont les principaux sont les décrets de déconcentration du 25 mars 1852 et du 13 avril 1861. A ce titre :

a) *Il exerce la police générale* des étrangers, de l'hygiène publique, de la chasse et de la pêche, etc. ;

b) *Il exerce la tutelle administrative* sur les communes et établissements publics spéciaux (V. nº **169**) ;

c) *Il contrôle la gestion de certains services nationaux,* recrutement militaire, services pénitentiaires, service d'assistance et nomme souvent les agents de ces services (instituteurs, agents des postes, etc.) ;

d) *Il rend exécutoire les rôles d'impôts directs* (V. n° **258**) ;

e) *Il élève le conflit d'attribution* (V. n° **271**) ;

f) *Il représente l'Etat* personne morale, dans les *contrats* (marchés de travaux, ventes, baux) que l'Etat passe, ou les *procès* qu'il soutient.

Toutes ces attributions, le préfet les exerce par des actes qui s'appellent *arrêtés*. Ces arrêtés sont individuels (ex. : autorisation d'ouvrir un établissement insalubre), ou règlementaires (ex. : ouverture de la chasse). Ils sont exécutoires par eux-mêmes après publication sauf annulation par les ministres ou le Conseil d'Etat pour violation de la loi ou des règlements généraux.

164. Les **auxiliaires du préfet** dans l'exercice de ses attributions sont : le chef de cabinet, le secrétaire général de la préfecture, les bureaux et le Conseil de préfecture.

Le chef de cabinet nommé par le préfet n'est qu'un secrétaire politique.

Le **secrétaire général** nommé par le Président de la République est au contraire un fonctionnaire officiel qui dirige les bureaux, signe les expéditions d'arrêtés et joue le rôle de commissaire du gouvernement près le Conseil de préfecture. Il peut en outre recevoir des attributions déléguées par le préfet, par exemple celle de sous-préfet dans l'arrondissement du chef-lieu.

Les **bureaux**, partagés en divisions, sont organisés et les employés en sont nommés par le préfet.

Le **Conseil de préfecture** comme le Conseil d'Etat a une double mission, il est le corps consultatif de l'administration préfectorale et un tribunal administratif. Sa seconde mission que nous étudierons ultérieurement est de beaucoup la plus importante.

Il est composé de trois ou quatre conseillers. Le Conseil du département de la Seine en a neuf. Tous sont nommés par décret et révocables sans garanties contre l'arbitraire. On n'exige des candidats que l'âge de 25 ans et le grade de licencié en droit qui peut être remplacé par dix ans de services administratifs ou judiciaires. Il peut être présidé par le préfet, mais celui-ci en fait s'abstient de le faire quand le Conseil siège au contentieux.

Ses attributions sont individuelles ou collectives.

Individuellement, chaque conseiller peut suppléer le préfet d'une façon permanente pour la signature de pièces administratives (ex. : mandats de paiement), siéger dans certains conseils administratifs comme les conseils de revision, et être chargé de l'intérim des sous-préfectures.

En tant que le Conseil administratif, il donne des avis au préfet et doit parfois être consulté : mais ses avis peuvent n'être pas suivis. Il donne en outre, aux établissements publics (hospices, hôpitaux), l'autorisation de plaider.

En fait, les conseils de préfecture ne jouent qu'un rôle bien modeste dans l'administration active. Généralement le préfet ne le consulte pas et se contente, lorsqu'il lui faut prendre un arrêté en conseil de préfecture, de faire signer les conseillers sans les réunir. Les membres du conseil, mal payés, sans indépendance, ne peuvent constituer ni de bons conseillers ni, à plus forte raison, de bons juges. Aussi de nombreux projets de réorganisation sont-ils en cours de discussion : les uns voudraient grouper 3 ou 4 départements dans le ressort d'un conseil de préfecture pour faire à ses membres une situation avantageuse et indépendante : d'autres, proposent de supprimer le conseil comme donneur d'avis et de créer un juge administratif au chef-lieu de chaque département.

Le **Conseil général du département**, organe d'administration locale dont nous étudierons plus loin la constitution (V. n° **171**), fait cependant quelques *actes d'administration générale* : il répartit entre les arrondissements le contingent départemental des impôts directs, fixe la valeur de la journée de travail pour l'établissement de la contribution personnelle (qui équivaut à trois journées de travail). Tuteur des communes dans une certaine mesure, il détermine le maximum des centimes additionnels que peuvent s'imposer les communes du département.

Il est souvent sollicité par le gouvernement de donner son *avis* sur des réformes administratives.

Il peut émettre des *vœux* sur des questions d'intérêt général mais les vœux politiques lui sont interdits.

On se rappelle enfin que la **loi Tréveneuc** donne aux conseils généraux, en cas d'invasion, de révolution ou de coup d'Etat empêchant la réunion du Parlement, le droit de constituer par des délégués élus, une nouvelle assemblée politique représentative.

§ 2. — L'arrondissement.

L'arrondissement, à la différence du département et de la commune, n'est pas une personne administrative ayant des intérêts propres, mais est demeuré une circonscripion administrative de l'Etat. C'est également une circonscription judiciaire au chef-lieu de laquelle siège le tribunal civil de première instance (V. n° **274**). et une circonscription électorale, base du recrutement de la Chambre des députés. Il est administré par un sous-préfet et un conseil d'arrondissement.

165. Le **sous-préfet** placé à la tête de l'arrondissement (seuls les arrondissements de Saint-Denis et Sceaux dans la Seine et l'arrondissement du chef-lieu dans chaque département n'ont pas de sous-préfet) est un agent du pouvoir central et du préfet. Il ne fait que des actes individuels.

Il a des attributions propres : il autorise certains établissements insalubres, l'exploitation de tourbières ; il agrée et commissionne les gardes champêtres et gardes particuliers, délivre les permis de chasse, nomme les répartiteurs des contributions directes.

Des attributions peuvent en outre lui être déléguées par le Préfet. Mais il n'est guère en réalité qu'un conseiller des maires et un agent de transmission qui fait parvenir aux maires les ordres du préfet et au préfet les réclamations des administrés.

Les sous-préfets avaient leur raison d'être, lors de leur création en l'an VIII pour mettre un agent de l'administration générale près des administrés. Mais, depuis le développement des moyens de communication et leur rapidité, leur utilité est contestée. Aussi réclame-t-on souvent leur suppression. Celle-ci a même été votée un moment par la Chambre en 1906. On n'a pas persisté dans cette voie parce que l'institution des sous-préfets présente un intérêt électoral pour le député dans le scrutin d'arrondissement.

Si on conserve les sous-préfets, il serait bon de déconcentrer l'administration préfectorale et de transférer du préfet au sous-préfet le droit de décision en beaucoup d'affaires dont la solution serait ainsi accélérée.

165bis. Le **Conseil d'arrondissement** ne joue qu'un rôle infime dans la vie administrative, car il n'a que quelques attributions d'intérêt général.

Individuellement, les conseillers sont électeurs sénatoriaux, font partie des conseils de revision et peuvent être désignés par le préfet pour remplacer le sous-préfet.

Comme Conseil délibérant, le Conseil d'arrondissement répartit entre les communes le contingent des impôts directs imposé à l'arrondissement, et donne son avis sur les réclamations auxquelles cette répartition donne lieu. Son avis doit être pris pour le classement des chemins de grande communication et les changements de circonscription territoriale des cantons et des communes. Enfin il peut émettre des vœux sur les besoins des différents services publics dans l'arrondissement mais non des vœux sur l'administration départementale ou générale ni des vœux politiques.

Le Conseil est élu à raison d'un membre par canton ; mais il doit comprendre au moins neuf membres et, s'il y a moins de neuf cantons dans l'arrondissement, les cantons les plus peuplés en élisent deux pour compléter le nombre de neuf. Les conseillers sont élus pour six ans et sont renouvelables par moitié tous les trois ans.

Le Conseil se réunit en une réunion ordinaire divisée en deux périodes : l'une avant, l'autre après la session du conseil général d'août. Ses séances ne sont pas publiques, mais le sous-préfet y a toujours entrée et les procès-verbaux doivent être communiqués à tout citoyen.

§ 3. — Le canton.

166. Le canton n'est guère qu'une circonscription électorale pour l'élection des conseillers d'arrondissement et des conseillers généraux et une circonscription judiciaire, siège d'une justice de paix.

La Constitution de l'an III avait groupé les communes rurales en grandes communes dirigées par les municipalités de canton. En effet, beaucoup de petites communes n'ont pas assez de ressources pour vivret pour exécuter des travaux publics indispensables. Leur union eût fais leur force. Cependant ce groupement disparut en l'an VIII, devant le protestations des groupements ruraux qui entendaient garder leur caractère propre et surtout ne pas partager avec les voisins la jouissance de leurs biens communaux. Des projets récents ont, en vain, essayé de reconstituer les « grandes communes » dans le canton.

§ 4. — La commune.

167. La commune est la dernière subdivision de l'administration générale qui a pris pour cadre l'ancienne paroisse.

Le *territoire* des circonscriptions communales a été délimité en 1821, par la confection du cadastre. Il peut être partagé en sections par une loi (V. n° 230). Il peut être modifié par une loi ou un décret en forme de règlement d'administration publique ou une délibération du conseil général suivant que la modification intéresse ainsi un canton et selon qu'il y a ou non accord entre les conseils municipaux intéressés.

Leur nom peut être modifié par un décret en assemblée générale du Conseil d'Etat.

Le **maire** est, nous le verrons, l'agent d'exécution de la commune personne administrative. Mais il est aussi agent de l'Etat : 1° *sous l'autorité de l'administration centrale* et en particulier du préfet, il assure la *publication des lois* et règlements dans la commune, il exerce la *police administrative*, c'est-à-dire la mission de faire régner l'ordre, la tranquillité et la salubrité publiques, tant par des actes individuels que par des règlements ou arrêtés de police. Cette dernière fonction est d'ailleurs assez mal remplie par le maire qui ne veut pas mécontenter ses électeurs. Aussi constate-t-on une tendance à la diminuer ou même à la lui enlever, comme la loi l'a fait pour les villes de Lyon et de Marseille dans lesquelles la police appartient au préfet du département.

En outre le maire établit les listes de recrutement militaire ; il délivre des certificats de résidence, d'indigence, de bonne vie et mœurs, légalise les signatures, il reçoit les déclarations d'association, etc...

Le maire, agent du pouvoir central est placé sous le contrôle hiérarchique du préfet qui peut annuler ou réformer ses actes ou même prendre les mesures de police que le magistrat municipal a refusé d'édicter.

2° *Sous l'autorité du procureur de la République et du procureur général*, il remplit les fonctions *d'officier de l'Etat civil* en dressant les actes de naissance, de mariage, de décès, et celle *d'officier de police judiciaire* pour la constatation des crimes, délits ou contraventions et pour la poursuite de ces derniers devant le tribunal de simple police. (V. n° **282**).

CHAPITRE VI

L'ADMINISTRATION LOCALE

168. La décentralisation. — En outre des services qui touchent au même titre tous les Français, il en est d'autres qui intéressent spécialement les individus habitant une région ou une commune, par exemple la construction d'un chemin de fer local ou l'éclairage d'une ville. Pour la gestion des intérêts locaux, deux systèmes peuvent être mis en œuvre. L'un la confie aux agents de l'administration générale subordonnés au gouvernement qui, de Paris, règle ainsi médiatement les intérêts de toute agglomération d'habitants. C'est le système de la *centralisation*. L'autre la remet à des administrateurs locaux indépendants du pouvoir central : c'est le système de la *décentralisation*. On décentralise d'une part, en assurant une plus grande indépendance à ces administrateurs, généralement en les faisant élire par les habitants du groupe intéressé, et, d'autre part, en leur donnant le droit de régler définitivement un plus grand nombre de questions locales.

La centralisation ralentit la solution des affaires dont décide un gouvernement en fait éloigné du territoire intéressé ; elle impose une lourde responsabilité à l'administration centrale qui doit examiner tous les détails des services locaux ; elle développe l'indifférence des habitants vis-à-vis des affaires publiques auxquelles ils ne sont pas mêlés. Par contre elle soustrait les administrateurs aux querelles locales et les rend impartiaux ; elle fortifie l'unité nationale.

La décentralisation, en sens inverse, accélère la marche de la machine administrative, et fait participer directement tout le monde aux affaires publiques en donnant aux intéressés un contrôle direct sur la gestion des services. Mais elle relâche les liens qui unissent tous les habitants du territoire, elle livre parfois les minorités à la tyrannie d'une majorité locale, elle compromet les intérêts généraux, par exemple, en imposant des charges excessives aux habitants qui ne peuvent plus contribuer aussi aisément aux impôts d'Etat.

C'est cependant ce second système politique qui paraît l'emporter dans un régime libéral en vertu de ce principe général que les individus ne doivent pas seulement se gouverner mais aussi s'administrer eux-mêmes.

L'ancien régime avait établi, grâce à ses intendants, une centralisation abusive. Le décret du 22 décembre 1789 fit administrer les départements, districts et communes par des assemblées électives. Celles-ci soustraites à tout contrôle du pouvoir central n'appliquèrent même pas les lois. La décentralisation aboutit rapidement à l'anarchie ; les pouvoirs de ces assemblées furent restreints et un certain contrôle assuré par le décret du 14 frimaire an II pris par le gouvernement révolutionnaire. Pour rétablir complètement l'ordre, le Consulat restaura, par la loi du 28 plûviose an VIII, un régime de centralisation absolue : tous les administrateurs locaux préposés à la gestion du département (préfet et conseil général), ou de la commune (maire et conseil municipal), sont nommés et révoqués par le pouvoir central et ils n'ont d'ailleurs pas le pouvoir de décider d'un acte d'administration, qui est pris par l'agent supérieur.

Une réaction contre cette centralisation excessive s'est produite au XIXe siècle. Sous la Monarchie de juillet d'une part, des lois décident que les conseils municipaux (loi du 31 mars 1831), et les conseils généraux (loi du 22 juin 1833) seront élus. D'autre part, ces mêmes conseils reçoivent des pouvoirs de décision sur quelques objets d'intérêt local (loi du 18 juillet 1837 et loi du 10 mai 1838). Après un recul passager pendant la période de l'Empire autoritaire, le mouvement décentralisateur reprend avec l'Empire libéral qui augmente les pouvoirs des conseils généraux et municipaux (lois des 18 juillet 1866 et 26 juillet 1867). La Troisième République a accentué ce mouvement libéral par les lois actuellement en vigueur du 10 août 1871 sur les conseils généraux, loi qui a créé un agent d'exécution élu, à savoir la Commission départementale, et par les lois du 28 mars 1882 et 5 avril 1884, sur les conseils municipaux qui ont fait élire les maires.

Cependant, il semble que nous sommes arrivés à un équilibre permanent des forces centralisatrices et décentralisatrices, car depuis quelques années, bon nombre de lois ont augmenté les pouvoirs de l'autorité centrale en imposant aux départements et aux communes des dépenses obligatoires qui peuvent être inscrites d'office par les agents du pouvoir central aux budgets départementaux et communaux.

Pour parer aux dangers signalés, pour maintenir la suprématie de l'intérêt général, pour protéger les individus contre les haines de clocher, pour empêcher les empiètements sur les attributions des pouvoirs politiques, la loi a organisé le contrôle de l'administration locale.

169. Le contrôle administratif et le contrôle juridictionnel. — Ce contrôle est d'abord administratif. On l'appelle parfois « **tutelle administrative** », expression défectueuse, car un tuteur remplace un incapable tandis que l'administration supérieure ne fait en général que surveiller les administrateurs locaux. Ce contrôle pour assurer la légalité de la gestion des services locaux, s'exerce sur les personnes et sur les actes. *Vis-à-vis des personnes*, l'administration supérieure (ministres, préfets) peut suspendre et révoquer les agents ou dissoudre les conseils locaux élus. *A l'égard des actes*, elle a souvent le droit d'approuver et par suite de refuser son approbation nécessaire à l'exécution de l'acte, le droit de suspendre ou d'annuler la décision de l'agent décentralisé ; elle peut même exceptionnellement faire l'acte que se refuse à accomplir l'agent contrôlé.

Cette surveillance est d'ailleurs insuffisante. Elle ne protège guère les administrés car ceux-ci ne peuvent contraindre l'administration supérieure à appliquer la loi. Elle est souvent exercée dans un esprit de parti : ainsi il arrive qu'un ministre ou un préfet respectent la délibération illégale ou inopportune d'un

Conseil municipal qui fait partie de la majorité politique, alors qu'ils annulent la même décision prise par un autre conseil qui appartient à un parti d'opposition.

Aussi plus efficace et plus impartial est le **contrôle juridictionnel** exercé par le Conseil d'Etat qui peut être saisi, directement ou indirectement, de recours en annulation contre les actes de tous les agents administratif; même décentralisés.

Deux groupements d'habitants ont reçu de la loi une administration décentralisée, ce sont le département et la commune qui ainsi ne constituent pas seulement des circonscriptions de l'administration générale, mais encore des personnes administratives gérant elles-mêmes leurs services d'intérêt local.

Section I. — Le Département.

L'organisation de l'administration départementale est une transaction entre le principe de la collégialité admis pendant la Révolution et celui de l'administrateur unique en vigueur dans l'ancien régime.

La délibération est l'œuvre d'un conseil, le Conseil général. Mais l'action ou l'exécution sont confiées à la fois à un administrateur, le préfet et à une délégation permanente du Conseil général, à savoir la Commission départementale.

D'autre part, cette administration est assez largement décentralisée puisque, au moins le conseil général et la commission départementale sont élus et ont un droit de décision propre.

§ 1. — Le préfet.

170. Le préfet, qui est déjà, nous l'avons vu, un agent de l'administration générale, est aussi pour le département un agent d'instruction et d'exécution.

a) **Agent d'instruction**, il prépare toutes les affaires réglées par le Conseil général ou la Commission départementale, notamment le budget. Cette instruction préalable accompagnée de l'avis du préfet est requise par la loi à peine de nullité des délibérations. Pour exercer cette fonction, le préfet a entrée et parole aux séances des conseils et de la Commission.

b) **Agent d'exécution.** il exécute les décisions des deux organes délibérants. Ainsi il répartit les crédits votés par le Conseil général, il nomme aux emplois créés par celui-ci, il représente le département personne morale dans les contrats, marchés et procès en suivant l'avis de la Commission.

Dans l'exercice de ses attributions locales, le préfet est contrôlé administrativement par le Conseil général et la Commission départementale qui peuvent se plaindre au ministre de la non exécution de leurs délibérations, et juridictionnellement par le Conseil d'Etat auquel peuvent s'adresser tous les intéressés pour faire annuler ses actes illégaux ou obtenir réparation d'un préjudice subi du fait du préfet.

L'imposition, par le régime napoléonien de l'an VIII d'un agent de l'Etat au département, se concevait dans un régime de centralisation. Il n'est plus en harmonie avec un régime décentralisé. Aussi le remplacement du préfet dans ses attributions locales par un agent exclusivement départemental fut-il réclamé, en 1871. Par suite d'une transaction, le préfet fut maintenu, mais on lui adjoignit la Commission départementale permanente et associée à l'exécution. Le maintien du préfet a été motivé par ce fait que tous les gouvernements ont un intérêt électoral à faire intervenir leur agent politique dans l'action d'une assemblée aussi puissante que le conseil général. En fait, cependant, cet inconvénient se trouve atténué : le préfet surveillé par le conseil général, est obligé de vivre en bonne intelligence avec lui, de lui obéir, sinon le conseil, qui a une grosse influence politique parce qu'il contient des membres du Parlement, ou parce que ceux-ci se recrutent souvent dans son sein, obtiendrait du ministre son déplacement.

§ 2. — *Le Conseil général.*

171. Le Conseil général constitue une autorité décentralisée parce qu'il est indépendant du pouvoir central et qu'il possède des attributions propres.

Il est indépendant, grâce à son mode de recrutement et de fonctionnement. Le Conseil général est élu au suffrage universel direct renouvelé par moitié tous les trois ans. Chaque conseiller est donc élu pour six ans.

Sont éligibles tous les citoyens âgés de 25 ans, inscrits sur une liste électorale quelconque, ou ayant le droit de l'être à la date de l'élection et ayant avec le département une attache légale résultant du domicile, de la résidence, ou de l'inscription sur le rôle des contributions directes. Sont frappés d'une *inéligibilité relative* la plupart des fonctionnaires du département, et d'une inéligibilité absolue, les militaires, certains fonctionnaires, les individus pourvus d'un conseil judiciaire, les membres de familles ayant régné en France, certains condamnés : spécialement pendant un an, les conseillers généraux ayant refusé d'accomplir une fonction à eux imposée par la loi, et pendant trois ans, ceux qui ont pris part à une réunion illégale du Conseil.

En outre, sont *incompatibles* avec le mandat de conseiller général, d'une façon absolue, c'est-à-dire dans tout département, les fonctions de préfet, sous-préfet, secrétaire général de préfecture, commissaire de police, celle de conseiller général dans un autre département, ou de conseiller d'arrondissement, et d'une façon relative, c'est-à-dire dans leur seul département, les fonctions d'employé de préfecture et de sous-préfecture, celles salariées sur les fonds départementaux et celle d'entrepreneur d'un service départemental.

Ces inéligibilités et incompatibilités ont pour but d'assurer non seulement la bonne gestion des fonctions publiques, mais encore la liberté et l'indépendance des conseillers généraux.

Le contentieux des élections appartient au Conseil d'Etat. Le mandat de conseiller, étant donné que le conseil ne siège pas en permanence, est demeuré gratuit.

172. Fonctionnement. — Les **réunions** du Conseil général sont fixées par la loi : il y a deux *sessions ordinaires*, l'une d'une durée de 15 jours, commence le deuxième lundi après Pâques, l'autre au premier lundi après le 15 août ou en octobre. Celle-ci peut durer un mois car elle est consacrée au vote du budget. En outre, le Conseil peut être convoqué en *session extraordinaire* par le chef de l'Etat, ou sur la demande des deux tiers des membres, par le préfet.

L'**organisation intérieure** du Conseil est librement fixée par lui : il fait son règlement, il élit au mois d'août, pour un an, son bureau composé d'un Président, de vice-Présidents et de secrétaires. Le Président a la police de l'assemblée ; mais il n'a pas le droit de requérir la force armée pour sa protection, il ne le peut faire que par l'intermédiaire du préfet à la discrétion duquel se trouve ainsi l'assemblée.

Les **séances du Conseil** sont publiques : le préfet et le secrétaire général y assistent, sauf lors de la vérification de leurs comptes. Le Conseil peut cependant se constituer en comité secret sur la demande de cinq membres.

173. Attributions. — Le Conseil général a des attributions propres : en principe il règle toute question d'intérêt départemental. C'est ainsi qu'il *gère les biens* du domaine départemental (acquisitions, aliénations, échange, baux) et décide de *l'entretien des édifices départementaux* affectés à un service public (préfecture, sous-préfecture, tribunaux, prisons, gendarmeries, écoles normales d'instituteurs, asiles, etc....), il gère les *finances* du département par l'établissement du budget, le vote des centimes additionnels, l'émission d'emprunts ; il constitue ou modifie le *domaine public* départemental par la création de routes départementales, de chemins vicinaux de grande communication, des chemins de fer d'intérêt local ; il règle enfin le fonctionnement des *services départementaux d'assistance* (asiles d'aliénés, dépôts de mendicité, services des enfants assistés, etc...) Dans toutes ces matières, il contrôle l'exécution de ses décisions que procurent le préfet, la Commission départementale ou le Trésorier payeur général.

Individuellement tout conseiller général est électeur sénatorial ; il peut suppléer un conseiller de préfecture ou un sous-préfet empêché, être appelé à siéger au Conseil départemental de l'instruction primaire ou au Conseil de revision cantonal.

174. Le **contrôle** de l'administration supérieure sur cette autorité décentralisée s'exerce à la fois sur les conseillers et sur leurs délibérations.

A. — **Sur les personnes**, il ne s'impose qu'avec des garanties qui assurent l'indépendance de l'assemblée :

a) La *démission d'office* peut être imposée par le seul Conseil général au conseiller qui a manqué toute une session ordinaire sans excuse, ou par le Conseil d'Etat sur la demande du gouvernement au conseiller qui refuse de faire un acte de sa fonction.

b) La *dissolution* d'un Conseil général qui viole la loi en se réunissant en dehors des sessions légales ou en délibérant sur des objets étrangers à sa compétence, peut être prononcée par un décret motivé du Président de la République et de nouvelles élections doivent avoir lieu le quatrième dimamche qui suit la dissolution. Mais si la dissolution est prononcée pendant que les Chambres sont en session, le Président de la République en rend compte au Parlement qui, par une loi, fixe la date des élections.

B. — **Sur les délibérations**, est institué, en outre du contrôle juridictionnel du Conseil d'Etat, *un contrôle administratif.*

Le contrôle de l'administration active intervient :

a) *En cas de refus du Conseil général de faire un acte de ses fonctions*, comme la répartition des contributions directes, ou d'inscrire au budget le crédit nécessaire pour faire face à un service qui ne peut demeurer en souffrance, le préfet prendra alors lui-même l'acte nécessaire et opérera la répartition des contributions directes entre les arrondissements, le Président de la République, par décret en Conseil d'Etat, inscrira d'office la dépense obligatoire au budget départemental.

b) *En cas de délibération nulle de plein droit*, c'est-à-dire de délibération prise hors des sessions légales ou portant sur un objet étranger aux attributions du Conseil, la nullité en peut toujours et à tout moment être prononcée sur la réclamation de tout intéressé par le Président de la République en assemblée générale du Conseil d'Etat.

c) *En cas de délibération annulable*. Toutes les délibérations du Conseil général n'ont pas en effet la même force exécutoire :

1º *En principe, ses délibérations sont soumises à l'approbation tacite du gouvernement* : leur exécution est suspendue temporairement, elles ne deviennent exécutoires que trois mois après la clôture de la session. Dans ce délai, si la délibération est illégale ou même jugée inopportune, le Président de la République peut, par un décret simple motivé, en suspendre définitivement l'exécution. Il en est ainsi par exemple de toutes les délibérations portant sur la gestion du domaine départemental affecté à un service public général (tribunaux, préfecture, etc...) parce qu'elles intéressent en même temps l'Etat.

2º *Exceptionnellement*, bien que ce soient les plus nombreuses, en vertu de textes, les *délibérations du Conseil sont définitives par elles-mêmes*. Ce sont en général celles dans lesquelles l'Etat n'est pas directement intéressé, par exemple celles décidant l'exécution d'un travail public départemental. Elles ne peuvent être annulées que pour illégalité. Le Préfet dans les vingt jours après la clôture de la session peut en demander l'annulation au Président de la République qui la prononce en assemblée générale du Conseil d'Etat.

3º **Enfin il est des** *délibérations qui ne peuvent être exécutées*

qu'après une approbation expresse du Président de la République :
exemple : **le budget.**

Si le Conseil général est ainsi indépendant par son recrutement, il est
encore soumis à une tutelle assez étroite en droit. Il l'est surtout, dans son
attribution la plus importante, la fixation du budget départemental qui
est astreint à l'autorisation, dont les recettes ne sont guère faites que de
centimes additionnels limités par la loi et dont les dépenses sont fréquemment obligatoires, c'est-à-dire peuvent être imposées d'office pour des
services nationaux. Mais, en fait, les Conseils généraux, par leur composition et leur importance politique, jouissent d'une réelle autonomie qui
s'affirme surtout dans la Commission départementale.

175. La Commission départementale. — Le Conseil
général n'étant pas un corps permanent, le préfet restait jadis,
pendant l'intervalle des sessions, l'administrateur unique du
département. Aussi la loi du 10 août 1871 a institué une commission du Conseil général, commission surveillant le préfet et
associée à lui pour l'exécution : c'est la Commission départementale.

La Commission départementale est une délégation permanente
du Conseil général.

Elle est cependant organisée de façon à n'annihiler ni le Conseil, ni le
préfet : en effet, elle est composée de 4 à 7 membres élus chaque année,
en août, par le Conseil et elle peut être éventuellement révoquée par lui.
Mais les sénateurs, députés, ou le maire du chef-lieu de département ne
peuvent en faire partie parce qu'ils seraient trop puissants vis à vis du
préfet. Elle s'organise elle-même en se donnant un président et un
secrétaire ; elle se réunit aussi fréquemment qu'elle le veut et au
moins une fois par mois ; elle tient ses séances sans aucune publicité,
et seul le préfet y peut et doit assister.

Ses attributions lui sont données par la loi ou par le Conseil
général.

Ses attributions légales ou propres consistent surtout dans la
surveillance de la gestion préfectorale pendant l'intervalle des
sessions du Conseil : elle signale à son attention les affaires
urgentes ; elle lui donne des avis ; elle contrôle sa gestion financière ; elle reçoit notamment du préfet l'état des comptes et le
projet de budget dont elle fait rapport au Conseil général. En
outre elle répartit elle-même les subventions portées au budget
et les fonds provenant des amendes correctionnelles : elle fixe
l'époque et le mode de réalisation des emprunts, elle classe les
chemins vicinaux ordinaires, etc...

Ses attributions déléguées par le Conseil général sont indéterminées et par suite peuvent être fort étendues. Cependant le Conseil ne peut abdiquer ses pouvoirs légaux entre les mains de la Commission. Aussi la délégation est-elle limitée :

a) *Aux matières non financières*, ce qui exclut le vote du budget, des centimes additionnels, affectations de crédits, attributions essentielles du Conseil général ;

b) *A une affaire déterminée*, chaque question devant faire l'objet d'une délégation spéciale ;

c) *A un temps limité*, c'est-à-dire qu'elle doit prendre fin par le règlement de l'affaire.

Le **contrôle** de la Commission est assuré, en dehors de celui du Conseil d'Etat qui porte sur la légalité de tous les actes administratifs, par le Conseil général et le chef de l'Etat.

Le Conseil général a le droit de réformer les actes accomplis par la Commission dans l'exercice d'attributions par lui déléguées; tout intéressé peut ainsi en appeler de la décision de la Commission au Conseil lui-même et cet appel suspend l'exécution et dessaisit la Commission. Le Conseil a de plus, le droit de révoquer la Commission elle-même quand un conflit s'élève entre elle et le préfet et qu'il désapprouve la première.

Le Président de la République comme pour les délibérations du Conseil général peut, sur recours du·préfet, annuler pour violation de la loi une décision de la Commission, par un décret en assemblée du Conseil d'Etat.

Section II. — La Commune.

176. Nous avons vu que la commune n'est pas seulement une circonscription administrative pour la gestion des intérêts généraux, mais qu'elle constitue également une personne administrative décentralisée et ayant des intérêts propres.

La commune est même la plus ancienne des collectivités d'habitants ; elle préexiste à l'Etat qui n'a été formé que d'agglomérations de cités. En outre, à la différence du département créé artificiellement en 1789, la commune constitue un groupement naturel d'habitants qui, avant toute organisation administrative, sont devenus collectivement propriétaires de bois, prés, landes, etc... Cette propriété collective a été menacée un moment pendant la Révolution par des lois ordonnant le partage des biens communaux. Cependant, encore aujourd'hui, les communes possèdent un domaine privé comprenant plus de deux millions d'hectares de bois et produisant plus de 60 millions de revenus. La vie communale a, depuis peu, pris un développement intense par suite des besoins collectifs nés des grandes agglomérations urbaines, formées au XIX⁰ siècle : services de voirie, d'égouts, de transport, de distribution d'eau, de gaz, d'électricité. Et les budgets des communes se sont grossis considérablement.

Aussi l'organisation de la commune s'est-elle modifiée. Déjà au Moyen âge, l'alliance, contre les seigneurs, du roi et des villes avait valu à ces dernières d'obtenir fréquemment des *chartes d'affranchissement*. Mais dans la période moderne, le roi vainqueur de la féodalité avait méconnu ses alliés et restreint l'autonomie des villes. Au régime des privilèges urbains variant avec les villes et inconnus des campagnes, la Révolution a substitué un régime *légal et uniforme* en faisant de toutes les paroisses, de toutes les petites communautés d'habitants, des communes (loi du 14 décembre 1789). Comme des communes rurales, la plupart n'avaient pas assez de ressources pour vivre, la Constitution de l'an III les groupa en « grandes communes » correspondant à nos cantons. Mais chacune réclama la jouissance exclusive de ses communaux; la loi du 28 pluviose an VIII revint au système des petites communes et à l'uniformité du régime administratif des campagnes et des villes.

Ce régime, très décentralisé en 1789, puis plus surveillé en l'an II, devint tout à fait centralisé en l'an VIII. Toute commune fut administrée par un maire et un conseil municipal nommés par les agents du pouvoir central, chef de l'Etat ou préfet, et ne possédant pas de pouvoirs de décision. Le *mouvement de décentralisation* fit élire le conseil municipal en 1831 et, après des essais temporaires, définitivement le maire en 1882. Il lui fit attribuer des droits propres de décision dans quelques cas en 1837, en 1867, puis, par la loi du 5 avril 1884 actuellement en vigueur. Enfin le contrôle de ces agents décentralisés qui appartint d'abord aux organes du pouvoir central et notamment au préfet, a été transféré, en partie, à des agents eux-mêmes décentralisés, au Conseil général et à la Commission départementale.

Dans l'administration de la commune l'action est confiée à un maire et à des adjoints, et la délibération à un Conseil municipal.

§ 1. — Le maire et les adjoints.

Le maire est assisté d'un ou de plusieurs adjoints selon la population de la commune. Un adjoint spécial peut être créé par décret en Conseil d'Etat pour remplir les fonctions de police et d'officier de l'état-civil dans une fraction de la commune éloignée du chef-lieu.

Le maire et les adjoints sont des agents *décentralisés*, c'est-à-dire qu'ils sont indépendants du pouvoir central et qu'ils possèdent des attributions personnelles.

177. *a*) L'**indépendance** du maire et des adjoints à l'égard du pouvoir central leur est assuré par ce fait qu'ils sont *élus* par le Conseil municipal dans son sein et pour la même durée que lui. Cette élection se fait à la première séance après l'installation du conseil. Les contestations sur sa régularité émanant de tout électeur ou conseiller sont jugées par le Conseil de préfecture.

Sont inéligibles pendant une année, après leur révocation, les maires et adjoints révoqués. En outre, la fonction de maire ou d'adjoint est incompatible avec la qualité de fonctionnaire d'une administration financière qui détient des fonds communaux et spécialement celle d'adjoint est incompatible avec celle d'agent salarié du maire (ex. : régisseur).

Les fonctions de maire ou d'adjoint sont *gratuites ;* cependant des missions spéciales peuvent être rémunérées et réglées sur un état de frais dressé par le bénéficiaire.

178. *b*) Les **attributions** du maire lui sont conférées par la loi. Elles peuvent être cependant l'objet d'une délégation volontaire et d'une délégation légale ou suppléance.

Délégation volontaire. — D'une part, le maire peut, sous sa surveillance et sa responsabilité, déléguer une partie de ses attributions à un adjoint ou, en cas d'empêchement des adjoints, à un conseiller municipal quelconque.

Délégation légale. —D'autre part, le maire révoqué, suspendu ou empêché est de plein droit remplacé dans l'ensemble de ses attributions par un des adjoints pris dans l'ordre de leur élection ou à défaut par un conseiller municipal *pris ·dans l'ordre du tableau* (V. n° **180**).

Le maire, en outre de ses fonctions d'organe du pouvoir central, est l'agent des intérêts communaux à double titre :

Comme agent d'instruction et d'exécution du Conseil municipal, il préside les délibérations du Conseil, prépare son travail et notamment le budget, exécute ses décisions par l'ordonnancement des dépenses, en passant les contrats ou en soutenant les procès de sa commune.

Comme magistrat municipal, il a personnellement le droit de gérer le domaine communal par des actes conservatoires, il dirige les services communaux, les régies municipales, assure la police municipale de la circulation et de la sécurité dans les rues (entretien de la voirie, permissions de voirie). Il nomme et révoque les employés communaux : cependant, le personnel chargé de la police (gardes-champêtres et agents de police) doit être agréé ou commissionné par le sous-préfet et ne peut être révoqué que par le préfet.

Ces attributions, le maire les exerce par des *arrêtés* individuels ou par des arrêtés réglementaires sanctionnés par une amende de 1 à 5 fr. (article 471 du Code pénal).

179. *c*) Le **contrôle de la municipalité,** en outre de celui exercé par les tribunaux est assuré :

1º *Par le Conseil municipal* qui surveille le maire dans la gestion des services communaux, peut le blâmer, peut signaler ses actes à l'attention du préfet, mais non le révoquer.

2º *Par le pouvoir central* pour tous les actes d'intérêt local ou général.

Ce contrôle est disciplinaire et s'exerce sur le fonctionnaire : celui-ci peut être suspendu pendant un mois par un arrêté motivé du préfet, pendant trois mois par un arrêté motivé du ministre de l'intérieur et peut être révoqué par un décret motivé du Président de la République.

Le maire, révoqué ou suspendu, abandonne de suite ses fonctions, tandis qu'en cas de démission, il est obligé de les continuer non seulement jusqu'à ce que sa démission soit acceptée, mais encore jusqu'à l'élection de son successeur.

Ce contrôle est également administratif et porte sur les actes du maire. Pour qu'il puisse être exercé, tous les arrêtés du maire sont communiqués au sous-préfet et, par celui-ci, ils le peuvent être au préfet : ils sont exécutoires en principe dès leur publication ; seuls les arrêtés de police permanents ne sont exécutoires qu'un mois après la communication au sous-préfet.

Les actes des maires, agents du pouvoir central, peuvent, nous l'avons vu, être annulés ou réformés par le préfet.

Ceux du maire, agent municipal, ne peuvent en principe qu'être annulés ou suspendus. Mais quand le maire refuse de faire un acte qui lui est imposé par la loi, par exemple de délivrer un alignement individuel, le préfet peut le mettre en demeure d'agir et en cas de nouveau refus, faire l'acte lui-même ou le faire accomplir par un délégué spécial qu'il désigne à cet effet : il doit toujours prendre lui-même les mesures de police négligées par le maire.

§ 2. — Le Conseil municipal.

180. Le Conseil municipal est l'agent délibérant décentralisé de la commune.

Il est indépendant parce qu'élu au suffrage universel direct pour quatre années. L'élection se fait au *scrutin de liste* pour toute la commune.

Il en résulte que des quartiers d'une ville ou des hameaux importants peuvent n'être pas représentés et voir leurs intérêts négligés. Pour obvier à ce danger, un *sectionnement électoral* peut avoir lieu. Il faut pour cela que la commune comprenne plusieurs agglomérations distinctes ou que la ville ait-plus de 10.000 habitants. Dans ce cas, tout intéressé (électeurs, conseiller général, conseil municipal, préfet) peut demander le sectionnement au conseil général. Celui-ci consulte le conseil municipal et, par une enquête, les habitants intéressés; puis il décide du sectionnement. Le préfet détermine alors le nombre de conseillers à élire par la section, d'après sa population. Tout intéressé peut recourir contre un sectionnement irrégulier, soit au préfet, soit directement au Conseil d'Etat.

Sont électeurs, tous les citoyens inscrits sur la liste électorale de la commune.

Sont éligibles en principe tous les citoyens âgés de vingt-cinq ans et qui ont une attache légale avec la commune (résidence, domicile, paiement d'une contribution directe).

Ne peuvent être élus, les citoyens ne présentant pas de garantie d'indépendance (assistés, interdits, domestiques), ou ceux qui, chargés d'une fonction administrative comprenant la commune dans son ressort, pourraient être tentés d'en abuser pour se faire élire (art. 33, loi du 5 avril 1884). De plus, la fonction de conseiller municipal est incompatible avec certaines fonctions publiques (art. 34, loi du 5 avril 1884), avec le mandat de conseiller municipal dans une autre commune ou avec la qualité de parent ou allié au second degré avec un autre membre du même conseil, dans les communes de plus de 500 habitants. Dans cette dernière hypothèse, c'est le dernier élu en date ou celui qui a eu le moins de suffrages qui ne peut entrer au Conseil.

Les élections ont lieu tous les quatre ans, le premier dimanche de mai. Cependant des élections nouvelles pour la période restant à courir ont lieu quand le Conseil est dissous. De plus, des élections partielles et complémentaires peuvent avoir lieu après des vacances, par suite de décès ou de démissions dans trois cas : quand il s'agit d'élire un maire ou un adjoint ; quand le conseil a perdu le quart de ses membres en tout temps ou la moitié pendant les 6 mois qui précèdent le renouvellement général ou bien quand une section électorale a perdu la moitié de ses membres.

Le contentieux des élections municipales est jugé par le Conseil de préfecture, sauf appel au Conseil d'Etat.

Le Conseil municipal est composé de dix à trente-six membres suivant une échelle graduée d'après la population de la commune. Ces membres sont classés en un tableau d'après leur rang d'ancienneté s'ils n'ont pas été élus à la même date, ou en cas d'égale ancienneté, d'après le nombre de suffrages obtenus. Cet ordre détermine leur place dans les séances du Conseil et l'ordre des suppléances dans les fonctions de maire.

181. Fonctionnement. — Les sessions du Conseil sont assez fréquentes : il y a quatre *sessions ordinaires* par an (février, mai, août, novembre) qui peuvent durer quinze jours chacune, sauf prolongation avec autorisation du sous-préfet, ou six semaines, pour celle de mai pendant laquelle on vote le budget.

En outre, le Conseil peut être convoqué en *session extraordinaire* pour une affaire déterminée par le préfet ou sous-préfet ou sur l'initiative du maire, à condition d'en aviser le sous-préfet, ou sur l'initiative de la majorité des conseillers.

Le Conseil s'organise librement, nomme son bureau et son président ; le maire, qui a la police de l'assemblée fait son règlement intérieur, nomme des commissions, etc...

Les **séances** sont publiques : par suite toute personne a le droit d'y être admise, et les procès-verbaux doivent être communiqués à tout citoyen qui en peut prendre copie. Elles doivent être tenues au moins par la majorité des membres du Conseil. Elles sont présidées par le maire, sauf la séance où celui-ci rend ses comptes de gestion.

182. Les attributions du Conseil concernent toutes les affaires d'intérêt communal. Ainsi :

a) Il décide des actes *de gestion du patrimoine communal* (achat, vente, baux des biens de la commune) ;

b) Il a la *tutelle des établissements publics spéciaux* de la commune, tels que hospices, hôpitaux, caisse des écoles ;

c) Il établit le *budget* municipal, vote les centimes additionnels, taxes d'octroi, emprunts, etc. ;

d) Il décide de tous les *travaux publics* et du mode d'exploitation des *services industriels ou commerciaux* ;

La commune jouit d'un certain nombre de *monopoles de droit* : tel que le droit exclusif d'établir des *halles et marchés*, des *poids publics*, des *abattoirs*. Elle peut, en outre, établir des *monopoles de fait* lorsque les nécessités de la voirie ne permettent pas la liberté de l'industrie : ainsi en ne laissant pas tout entrepreneur creuser à chaque instant la rue pour y poser des tuyaux d'adduction d'eau, en ne le permettant qu'à un seul, on constitue, sinon en droit, du moins pratiquement au profit de celui-ci un monopole de distribution d'eau. Les communes, en général, *concèdent* l'exploitation de ces monopoles à des particuliers qui leur paient une redevance fixe. Mais elles peuvent les exploiter directement en régie, par des agents nommés par le maire : la loi le permet pour les monopoles de droit, la jurisprudence du Conseil d'Etat l'autorise pour les monopoles de fait (distribution d'eau, de gaz, d'électricité), lorsqu'aucun concessionnaire ne se présente ou ne fait des offres assez avantageuses, ou ne présente des garanties suffisantes de la bonne exécution du service.

e) Enfin le Conseil peut émettre des *vœux* d'intérêt local, et des avis, notamment au sujet de l'administration des établissements d'assistance et de bienfaisance.

183. Le **contrôle** de la gestion du Conseil municipal est d'autant plus indispensable que, malgré le vœu de la loi, les conseillers municipaux sont choisis, non à raison de leurs capacités administratives, mais à raison de leur opinion politique. Ce fait d'ailleurs s'explique parce qu'ils sont appelés à désigner les électeurs sénatoriaux.

Le contrôle s'exerce sur les personnes et sur les actes.

184. *a)* **Le contrôle disciplinaire sur les personnes** peut imposer la démission d'office, la suspension ou la dissolution.

La *démission d'office* d'un conseiller municipal peut être prononcée par le préfet pour incompatibilité survenue postérieurement à l'élection ou pour absences sans excuses à trois réunions consécutives du Conseil et par le Conseil d'Etat pour refus d'accomplir une fonction imposée par la loi.

La *suspension* d'un Conseil municipal peut être imposée par un arrêté motivé du préfet pour la durée d'un mois.

La *dissolution* est déclarée par un décret motivé du Président de la République en Conseil des ministres. En ce cas, le Président peut nommer une *délégation spéciale* de trois à sept membres pour administrer provisoirement la commune : le décret désigne le président de cette commission pour remplir les fonctions de maire.

185. *b*) **Le contrôle administratif sur les délibérations** du Conseil est facilité par l'obligation imposée au maire d'adresser au sous-préfet dans la huitaine une expédition de toutes les délibérations.

Une *nullité absolue* frappe tous les actes du Conseil qui ont été accomplis en dehors de ses attributions ou de ses réunions légales. Elle peut être déclarée à tout moment par le préfet en Conseil de préfecture.

L'annulation des délibérations prises pendant les sessions et dans les limites des attributions du Conseil peut en outre être prononcée pour illégalité ou inopportunité.

En principe, les délibérations sont définitives ou réglementaires et peuvent être exécutées trente jours après le dépôt à la préfecture.

Mais si elles violent une loi ou un règlement, elles peuvent être annulées à toute époque par le préfet en Conseil de préfecture. Si à une délibération a pris part un membre du Conseil personnellement intéressé à l'affaire traitée, les intéressés peuvent en demander la nullité dans les quinze jours et le préfet la prononce dans les trente jours.

Exceptionnellement, les délibérations du Conseil sont soumises à l'approbation de l'autorité supérieure et généralement du préfet : ce sont les plus importantes, celles qui décident d'actes graves, de gestion du domaine (ventes et longs baux), celles qui statuent sur l'aménagement de la voirie, et surtout les délibérations financières qui établissent le budget, des centimes additionnels ou des taxes.

Enfin le préfet peut substituer sa décision à celle qu'a refusé de prendre le Conseil : ainsi il met en vigueur un budget identique à celui de l'année antérieure quand le Conseil municipal n'en a pas voté un nouveau ; il inscrit d'office au budget voté les crédits pour dépenses obligatoires qui ont été refusés par le Conseil.

Le contrôle administratif du préfet est souvent influencé par des considérations politiques. Aussi dans toutes les circonstances précédentes, contre la décision du préfet qui doit d'abord intervenir, tout contribuable peut se pourvoir en annulation devant le Conseil d'Etat (contrôle juridictionnel) dont la collégialité assure l'indépendance et l'impartialité (V. n° **289**).

L'identité de régime administratif et de tutelle des communes rurales et des villes simplifie sans doute le contrôle et évite l'arbitraire.

Mais il gêne les grandes villes dont l'acte le plus important, le budget, est soumis à l'approbation de l'autorité supérieure. Or, les villes ont aujourd'hui à organiser des services publics très complexes ; leurs Conseils comprennent des administrateurs très compétents, elles ont à leur service des ingénieurs capables, l'oppression des individus par la municipalité des villes est peu à craindre. Aussi, la plupart des législations étrangères (Angleterre, Etats-Unis), leur accordent plus d'indépendance qu'aux communes rurales. En fait cependant, en France, les villes sont moins gênées que ces dernières par le contrôle administratif parce que leur force politique en impose au pouvoir central.

186. Administration des intérêts communs à plusieurs départements ou plusieurs communes. Le régime normal exposé ci-dessus ne suffit pas à tous les besoins. En effet, deux départements voisins ou deux communes limitrophes peuvent vouloir exécuter un travail public qui intéresse à la fois les deux groupements et qui doit être construit à frais communs. Dans un système de centralisation, la décision pourrait être prise par l'autorité supérieure aux deux administrations locales, par le Président de la République pour la collaboration de deux départements, par le préfet pour celle de deux communes de son département. Dans un régime décentralisé, il faut donner aux collectivités locales le moyen de s'entendre directement entre elles pour l'exécution d'une œuvre d'intérêt commun.

Entre départements, une association pourrait être fort utile car les dépenses d'assistance et d'enseignement sont lourdes et les départements pauvres. Ils auraient intérêt à s'associer pour construire et exploiter à frais communs des asiles d'aliénés, des hospices de vieillards, des écoles normales d'instituteurs, des chemins de fer d'intérêt local. Cependant la loi ne permet aux Conseils généraux que de préparer une entente par une **Conférence interdépartementale** composée de délégués des Conseils des départements intéressés. Mais la décision doit être prise par chaque conseil général. Cette liberté est insuffisante pour la gestion d'un service interdépartemental, car, pour chaque acte de ges tion, il faut consulter tous les Conseils généraux intéressés et obtenir l'unanimité. Il serait désirable de permettre aux départements de constituer des associations personnalisées ayant un droit de décision. La vie provinciale se développerait. Mais on craint, à tort, la renaissance d'un esprit particulariste et fédéraliste.

Entre communes, l'association est plus nécessaire encore : fréquemment la construction d'un pont sur une rivière qui sépare deux agglomérations, d'une école pour un hameau situé entre deux bourgs éloignés exige une collaboration de deux conseils municipaux. La loi est plus libérale pour les communes que pour les départements. Elle permet des Conférences intercommunales, des Commissions syndicales et des syndicats de communes.

Les **Conférences intercommunales** peuvent préparer tout *projet d'intérêt communal* concernant plusieurs communes : mais elles ne peuvent que faire des propositions qui devront être ratifiées et votées par les Conseils municipaux intéressés. Chacun de ceux-ci envoie trois délégués à la conférence dont un Conseil a pris l'initiative. Le préfet averti pourra assister aux séances de l'assemblée commune.

Les **Commissions syndicales** sont, au contraire, des assemblées permanentes qui décident elles-mêmes des actes d'administration qu'elles font. Mais leur compétence est limitée à un objet déterminé, à la *gestion des biens indivis* entre plusieurs communes (landes, prés, bois). Sur la demande d'un des Conseils municipaux intéressés, elles sont constituées par décret et chaque Conseil municipal y envoie des délégués.

Les **syndicats de communes** sont des personnes administratives ou établissements publics constitués pour l'institution et la gestion de *tout service permanent* qui entre dans les attributions des Conseils municipaux : construction et entretien d'un hospice, d'un pont, de digues, etc., à frais communs entre plusieurs communes. Cette association de communes est constituée sur l'initiative des intéressés par un décret en Conseil d'Etat ; elle est administrée par un Comité syndical formé de délégués élus par les Conseils municipaux des communes du groupement.

187. Régimes exceptionnels d'administration locale. — 1º Le département de la Seine et la **Ville de Paris** ont une organisation spéciale. Si les grandes villes devraient avoir plus d'autonomie, on conçoit cependant qu'exception soit faite pour Paris et la Seine : le groupement parisien a une importance exceptionnelle ; sa population est énorme, sa richesse considérable, son budget égal à celui de toutes les autres communes de France réunies et sa dette double de celle de ces dernières ; le territoire de la ville est très étendu. D'autre part, Paris a une importance politique que prouve le rôle qu'elle a joué dans toutes les révolutions : c'est la capitale du pays, le siège du gouvernement et de tous les pouvoirs publics qu'on ne peut laisser à la disposition d'une police décentralisée.

Aussi, dans l'agglomération parisienne, l'administration départementale et l'administration municipale sont en partie confondues parce que le département de la Seine n'est que l'annexe de Paris. Et, de plus, ces administrations sont soumises à une tutelle très étroite parce qu'elles touchent de très près à l'intérêt national.

Les agents d'exécution de cette administration, ce sont le **préfet de la Seine** et le **préfet de police**.

Le préfet de la Seine est à la fois l'agent du département et le maire de Paris pour les services administratifs. La ville est cependant **divisée en vingt arrondissements** et chaque arrondissement en quatre quartiers : à la tête de chaque arrondissement sont placés un maire et **des adjoints** nommés par décret du Président de la République, mais préposés seulement aux services d'intérêt national (état civil, recrutement militaire, établissement des listes électorales, etc.). Les maires sont placés sous la direction du préfet de la Seine qui gère directement les autres services.

Le préfet de police est également agent du département et maire de la ville, mais il n'est préposé qu'à la police judiciaire (recherche et constatation des crimes, délits, contraventions), à la police générale (établissements insalubres, mœurs, etc.), et à la police municipale (voirie, hygiène, salubrité). Il exerce même ces attributions dans quelques communes de Seine-et-Oise.

Les deux préfets sont assistés d'un *Conseil de préfecture* exceptionnellement composé de neuf membres, ayant un Président spécial et un Ministère public (quatre commissaires du gouvernement), autre que le secrétaire général.

Il n'y a ni Conseil d'arrondissement, ni sous-préfet à Sceaux et Saint-Denis.

Les *organes délibérants* du département et de la ville sont, en partie, séparés. *Le Conseil municipal* de Paris est élu au scrutin uninominal à raison d'un conseiller par quartier. *Le Conseil général* de la Seine se compose de tous les conseillers municipaux de Paris (soit 80 membres), et de 21 conseillers généraux, élus par les cantons de la banlieue pour la même durée de quatre ans.

Le contrôle administratif est plus étroit sur ces Conseils que sur ceux de la province. Le Conseil général ne se réunit que sur convocation du préfet ; en principe, ses délibérations ne sont exécutoires qu'après approbation du préfet et il n'a pas de Commission départementale.

Le Conseil municipal, s'il a des sessions régulières, ne peut cependant être convoqué en sessions extraordinaires que par le préfet ; ses délibérations sont, en général, soumises à l'approbation du préfet ou du gouvernement. Toutefois, il a un bureau élu par lui et, en réalité, il a fait accepter l'attribution d'une indemnité aux conseillers.

2° La **Ville de Lyon** était jadis soumise au régime parisien. Il en est resté cette règle que le préfet du Rhône a la police municipale dans la ville de Lyon et les communes de l'agglomération lyonnaise. Mais Lyon a un maire élu qui siège à la mairie centrale et délègue, dans six mairies d'arrondissement, des adjoints pour les services du recrutement militaire, de l'état civil, etc...

3° Le **territoire de Belfort,** reste de l'ancien département du Haut-Rhin perdu en 1871, a, à sa tête, non un préfet, mais un *administrateur* qui en joue le rôle et qui est assisté d'une *Commission administrative* remplaçant le Conseil général.

4° Les **départements algériens** sont administrés par des *préfets* placés sous la dépendance du gouvernement général de l'Algérie, et par des *Conseils généraux* dans lesquels siègent à côté des conseillers français élus par les électeurs français, des conseillers indigènes nommés par le gouverneur général. Des communes algériennes, seules les communes de plein exercice où domine la population européenne, sont décentralisées, mais les *communes mixtes* et les *communes indigènes* sont gérées par des administrateurs nommés, assistés de Commissions administratives également nommées par le Gouverneur Général.

QUATRIÈME PARTIE

LES SERVICES PUBLICS SPÉCIAUX

188. Les services essentiels. — Tout Etat établit un certain nombre de services publics qui pourvoient à ses besoins essentiels : il est indispensable qu'il défende son existence contre les dangers extérieurs et pour cela il organise la *défense nationale* : il doit mettre à la disposition de la collectivité les choses dont l'usage doit être commun à tous et pour cela il crée le *domaine national* ; il doit exiger de tous qu'ils contribuent au paiement des dépenses communes qu'il effectue et dans ce but il institue des *services financiers :* il doit enfin assurer l'application de la loi et protéger les administrés contre l'arbitraire, il organise la *justice.*

Ce sont là les principaux services publics qu'il nous faut étudier.

CHAPITRE PREMIER

LA DÉFENSE NATIONALE ET LE SERVICE MILITAIRE

La défense nationale est assurée par l'armée de terre, l'armée de mer et l'armée coloniale.

SECTION I. — L'ARMÉE DE TERRE.

189. Egalité devant le service militaire. Son histoire. — L'armée est aujourd'hui recrutée par voie d'appel : tout Français est astreint au service militaire. Mais l'égalité de tous devant le service militaire ne date que de la loi du 21 mars 1905.

Dans **l'ancien régime**, le roi recrutait ses soldats par voie d'*enrôlements volontaires* provoqués par une rémunération. Le gouvernement était ainsi assuré de la fidélité de ses mercenaires.

La **Révolution française** au contraire, a conçu et réalisé l'idée de la nation armée pour se défendre. Comme les volontaires étaient en nombre insuffisant pour lutter contre l'Europe coalisée, la Convention décida la *réquisition générale et permanente* de tous les Français par le décret du 23 août 1793 ainsi conçu : « Article premier : Dès ce moment et jusqu'à celui où les ennemis auront été chassés du territoire de la République, tous les Français sont en réquisition permanente. Art. 2: Les jeunes gens iront au combat ; les hommes mariés forgeront les armes et transporteront les subsistances ; les femmes feront des tentes, des habits et serviront dans les hôpitaux ; les enfants mettront les vieux linges en charpie ; les vieillards se feront porter sur les places publiques pour enflammer le courage des guerriers, exciter leur haine contre les rois et recommander l'unité de la République ». La loi du 19 fructidor an VI posa le principe du service personnel et obligatoire par la *conscription*, mais comme on ne pouvait armer tous les conscrits, le *tirage au sort* décida de ceux qui devaient être appelés et ceux-ci purent se faire *remplacer* par des hommes qu'ils payèrent pour servir à leur place.

La **Restauration** abolit le principe de la conscription et rétablit le recrutement volontaire. Mais l'insuffisance de l'armée nécessita l'obligation des appels subsidiaires par voie de tirage au sort. Ce régime qui devait durer jusqu'en 1872, créait une *inégalité* fâcheuse dans les charges des citoyens qui n'étaient astreints ni au service obligatoire par suite des nombreuses exemptions et dispenses ni au service personnel par suite du remplacement dont pouvaient user les seuls riches. De plus, il ne créait pas de *réserves* pour l'armée. En vain le gouvernement du second Empire tenta d'imposer des charges aux exonérés au profit de la Caisse de dotation de l'armée qui devait mettre un terme aux marchés scandaleux des remplacements en fournissant elle-même les remplaçants et de constituer une réserve par l'institution de la Garde mobile. L'armée resta composée de gens qui n'avaient pas pu payer un remplaçant et de gens qui s'étaient fait payer pour remplacer ; les sous-officiers attirés par de grosses primes donnèrent des cadres trop vieux et empêchèrent tout avancement. La *Garde mobile* ne fut pas organisée assez tôt. Les défaites de 1870 montrèrent l'erreur de tous les gouvernements qui s'étaient succédé en France depuis 1814.

Aussi, la **Troisième République** est-elle revenue au principe révolutionnaire du *service obligatoire pour tous*.

Mais, étant donné la masse des appelés et les nécessités budgétaires, l'Assemblée nationale pensa qu'il ne fallait conserver que peu de soldats sous les drapeaux, sauf à les bien exercer, de manière qu'ils puissent, en cas de guerre, encadrer la masse moins exercée. La loi du 27 juillet 1872 après avoir imposé l'obligation du service militaire à tout Français de 20 à 40 ans, partagea *le contingent annuel en deux parties* désignées par le sort, l'une incorporée pour un an, l'autre pour cinq ans. Ce système entraînait le *défaut d'homogénéité* des réserves car les soldats d'un an n'étaient guère instruits. Mais surtout il consacrait de graves inégalités des charges militaires d'abord entre les deux fractions du contingent, puis par le maintien de dispenses assez nombreuses en faveur des membres du clergé, de l'enseignement public, des soutiens de famille, des volontaires qui, à la suite d'un examen facile et moyennant le paiement d'une somme de 1500 francs (prime aux riches) ne faisaient qu'une année de service.

Le législateur de 1889 a, au contraire, préféré créer une armée moins exercée mais plus homogène en incorporant tous les appelés pour trois ans. Il maintint cependant certaines dispenses partielles en faveur des anciens exonérés qui ne furent retenus qu'une année à la caserne, dispense qu'on s'efforça de compenser par une taxe militaire imposée à leurs parents.

La loi du 21 mars 1905 a enfin réalisé *l'égalité absolue* en *supprimant toutes les dispenses partielles*. Elle a réduit le service actif à deux années en compensant la perte ainsi subie par l'effectif par l'incorporation des jeunes gens aptes seulement au service de bureau (services auxiliaires), par la suppression de dispenses pour cause d'étude ou de profession ou de charge de famille, par la réduction des congés à un maximum légal, par la sollicitation des rengagements. Elle a assuré l'homogénéité des réserves également exercées et qui constitueraient la partie essentielle de l'armée en temps de guerre.

190. Principe de l'obligation. — L'obligation du service militaire frappe tout Français. Dès lors :

a) *Les étrangers* ne peuvent entrer dans l'armée métropolitaine. Ils peuvent cependant s'engager dans la *Légion étrangère* qui est appelée à servir hors de la France continentale.

b) *Toutes les dispenses sont supprimées.* Celles qui dans la législation antérieure à 1905 résultaient des études supérieures étaient discutables. Celles des soutiens de famille dont le travail et le gain sont nécessaires pour faire vivre des personnes à leur charge, pour être plus impérieuse, peut cependant être et a été remplacée par une allocation journalière de soixante-quinze centimes au profit de ceux qui vivaient du travail du jeune homme appelé au service.

La demande d'allocation doit être adressée au maire de la commune du domicile avec, à l'appui, un état du nombre des membres de la famille et de leur situation, leurs revenus ou ressources. Le dossier, avec avis du Conseil municipal, est envoyé au préfet. Il est statué sur les demandes par une Commission qui siège au chef-lieu du département et est composée du préfet président, des directeurs des contributions directes, du trésorier payeur-général, de trois conseillers généraux et d'un conseiller d'arrondissement désignés par la Commission départementale.

Il n'y a d'exemption que pour les infirmes, incapables d'être utiles même dans les services auxiliaires, et les condamnés de droit commun.

Les condamnés aux peines les plus graves sont mis à la disposition de l'administration pour l'exécution de travaux publics aux colonies (*section d'exclus*). Ceux qui n'ont subi que des peines légères sont envoyés aux *bataillons d'infanterie légère d'Afrique.* Il ne faut pas confondre ces deux corps avec les *Compagnies de discipline* où sont incorporés les soldats à la suite d'actes d'insubordination ou d'inconduite grave et persistante.

La durée du service de tout Français est de 25 ans partagée en quatre périodes pendant lesquelles le soldat fait successivement partie de l'armée active, de la réserve de l'armée active, de l'armée territoriale, de la réserve de l'armée territoriale.

191. L'armée active retient le soldat *deux ans* à la caserne à partir du premier octobre de l'année qui suit celle dans laquelle il a eu vingt ans. Cependant la règle comporte des exceptions.

a) Dans le cas où les circonstances paraîtraient l'exiger, le *ministre peut maintenir sous les drapeaux la classe qui a terminé sa seconde année de service et, avec l'assentiment du Conseil des ministres, il peut rappeler par ordre individuel ceux qui sont dans la première année de leur service dans la réserve.*

b) Par *devancement d'appel*, les jeunes gens, dès l'âge de 18 ans, peuvent sur leur demande être incorporés. Ils doivent pour cela avoir la force physique nécessaire, un certificat d'aptitude militaire délivré par une société agréée par l'Etat, et contracter un engagement de trois ans. Ils seront mis en congé après deux ans, s'ils ont obtenu le certificat d'aptitude aux fonctions de chef de section et s'ils s'engagent à effectuer une période d'exercices tous les trois ans pendant la durée de leurs obligations militaires.

c) Des *sursis* peuvent d'année en année, jusqu'à vingt-cinq ans être accordés pour des raisons d'étude, par suite des nécessités d'une exploitation industrielle ou agricole, ou de charges de famille. L'intéressé doit adresser au maire une demande motivée qui est soumise, pour avis, au Conseil municipal et au préfet, et sur laquelle statue le ministre. Mais ce n'est point là une dispense parce que l'intéressé suit le sort de la classe dans laquelle il est incorporé : il est de suite appelé en cas de guerre.

d) Une *division du service actif en deux périodes* peut être accordée aux élèves de certaines écoles qui feront alors une année de service avant leur entrée à l'école, recevront dans celle-ci une instruction militaire, et accompliront à leur sortie de l'école une seconde année de service comme sous-lieutenants s'ils ont obtenu le brevet d'aptitude à ce grade, sinon, comme sous-officiers ou soldats.

192. La réserve de l'armée active. — Les soldats en font partie durant *onze années* pendant lesquelles ils sont astreints à deux périodes de manœuvres, respectivement de vingt et un jours et de dix-sept jours. Ils sont toujours mobilisables par décret et constituent, avec l'active, l'armée de marche.

L'armée territoriale les garde ensuite pendant *six ans* durant lesquels ils sont astreints à une période d'exercices de neuf jours. Les soldats de cette armée sont en temps de guerre préposés à la garde des places fortes, à la protection des convois de vivres et de munitions, etc...

La réserve de l'armée territoriale qui comprend également *six années* ou classes est, en temps de guerre, chargée de veiller à la tranquillité publique, à la garde des voies ferrés, etc...

193. Le recrutement de l'armée se fait à la fois par voie d'appel ou de réquisition et par voie d'engagement volontaire.

1° **L'appel** met en œuvre le principe d'obligation au service qui atteint tout Français par les opérations administratives suivantes :

a) Au premier janvier, le maire fait le *recensement* de tous les jeunes gens domiciliés dans la commune et ayant atteint l'âge de vingt ans dans l'année précédente.

b) Ceux-ci sont convoqués devant un *Conseil de revision*, tribunal administratif qui siège dans chaque canton.

Ce conseil est composé de cinq membres avec voix délibérative dont le préfet président ou à son défaut le secrétaire général ou un conseiller de préfecture, un conseiller général et un conseiller d'arrondissement désignés par la Commission départementale pour siéger dans un canton autre que celui qu'ils représentent, un officier général ou supérieur désigné par l'autorité militaire. Il comprend, en outre, trois membres qui n'ont que voix consultative, un médecin militaire qui donne son avis sur l'état physique de l'affecté, un officier de recrutement qui donne son avis sur l'aptitude du jeune homme à servir dans telle arme et un sous-intendant militaire.

Le Conseil n'a que des *attributions administratives ;* il revise les opérations du recensement, juge les réclamations qui se produisent contre elles, et décide après examen du jeune homme, de son appel, de son ajournement pour faiblesse de constitution susceptible de disparaître, de son exemption définitive pour cause d'infirmité ou de son affectation aux services auxiliaires pour inaptitude au service armé.

Mais il n'a pas d'*attributions judiciaires* : il ne peut résoudre les questions d'état (nationalité, âge, domicile) qui peuvent être soulevées par les intéressés. Si un appelé prétend qu'il n'est pas Français, qu'il n'a pas l'âge requis, qu'il n'est pas domicilié dans la commune sur la liste de laquelle il est inscrit, le conseil de revision doit surseoir à statuer jusqu'à ce que le tribunal civil ait résolu la question soulevée.

Les décisions du conseil de revision sont en dernier ressort et ne peuvent être attaquées que par le recours en cassation devant le Conseil d'Etat pour violation de la loi.

c) L'autorité militaire établit alors la *liste cantonale du recrutement* qui classe en tableaux différents les jeunes gens bons pour le service armé, ceux des services auxiliaires, les engagés, etc...

d) Elle procède à *l'immatriculation* sur le registre de la subdivision de la région du corps d'armée de tous les incorporés qui en reçoivent copie sur un livret militaire. En principe, ceux-ci peuvent être affectés à un corps d'armée quelconque car le recrutement est national. Cependant, en fait et malgré ses inconvénients, le recrutement est à peu près régional et les conscrits sont incorporés dans le corps d'armée de leur région. Ils peuvent en outre être affectés à une arme quelconque (infanterie, cavalerie, etc...) suivant leurs aptitudes et les besoins signalés par le ministre de la guerre aux bureaux de recrutement.

Les **sanctions** des opérations du recrutement sont particulièrement sévères pour ceux qui tentent de se soustraire à l'accomplissement du devoir militaire. Ceux qui ont été simplement omis sur les listes de recrutement sont inscrits lorsque l'erreur est découverte : mais ils sont frappés de pénalités s'il y a eu fraude ou manœuvres de leur part. Sont punis de peines variables et au moins de prison par les conseils de guerre : 1º les *insoumis*, c'est-à-dire les appelés et recensés qui ne se rendent pas au corps ou les hommes de la réserve ou de la territoriale qui n'obéissent pas aux ordres de convocation ; 2º les *déserteurs* frappés de peines plus ou moins graves suivant que la désertion a lieu à l'intérieur du pays, à l'étranger ou en présence de l'ennemi ; 3° *ceux qui, volontairement, se sont rendus impropres au service militaire* (mutilations).

2° Des **engagements volontaires** peuvent être contractés par tous jeunes gens de 18 ans au moins avec le consentement de leurs parents ou tuteur s'ils sont mineurs. Les sous-officiers pour la constitution des cadres, même les caporaux et soldats pour le renforcement des effectifs, sont, jusqu'à un âge variable avec leur grade, sollicités de contracter des rengagements par des primes, des payes *supérieures ;* des *pensions* proportionnelles et des *garanties d'emploi civil* à la fin du service.

Les engagements et rengagements constituent des contrats administratifs ; les premiers sont passés devant les maires des chefs-lieux de canton en la forme des actes d'état-civil, les seconds devant les sous-intendants militaires. Les difficultés qui peuvent s'élever entre l'administration et l'engagé devraient être du ressort des tribunaux administratifs. Cependant un ancien arrêt de la Cour de cassation affirme la compétence judiciaire.

194. Les **cadres de l'armée** comprennent, en dehors de son chef, des officiers, des sous-officiers et caporaux.

Nous avons vu que, constitutionnellement *le chef de l'armée c'est le Président de la République ;* son chef effectif, c'est le Ministre de la guerre. Ils sont assistés d'un **Conseil supérieur de la guerre** composé d'officiers généraux, présidé par le Président de la République et ayant des attributions consultatives pour toutes les questions militaires.

Les **officiers** sont classés en *officiers généraux*, généraux de division et généraux de brigade), *officiers supérieurs* (colonels, lieutenants-colonels, commandants ou chefs d'escadron), *officiers subalternes* (capitaines, lieutenants, sous-lieutenants). Ils sont nommés par le chef de l'Etat parmi ceux du grade immédiatement inférieur. Nul ne peut être nommé officier s'il n'est pas élève de certaines écoles dans lesquelles on entre par le concours ; de l'*Ecole polytechnique* (génie, artillerie), de l'*Ecole spéciale militaire de Saint-Cyr* (infanterie, cavalerie) ou des écoles spéciales ouvertes aux sous-officiers ou soldats de *Saint-Maixent* (infanterie), *Saumur* (cavalerie), *Versailles* (artillerie, génie, train des équipages) ou enfin s'il n'a pas *dix ans de services comme adjudant.*

195. L'état des officiers. — Les officiers sont des fonctionnaires dont la situation a été depuis longtemps fixée par les lois et règlements.

L'*avancement* a lieu à l'ancienneté pour le passage du grade de sous-lieutenant à celui de lieutenant (deux ans), à l'ancienneté et au choix, dans une proportion fixée par la loi jusqu'au grade de commandant, au choix seulement pour les grades supérieurs. Ce choix est fait par le seul ministre de la guerre jusqu'au grade de colonel inclus et avec la collaboration du Conseil supérieur de la guerre pour les officiers généraux.

La *discipline* s'exerce avec des garanties sérieuses pour l'application des peines les plus graves qui touchent à l'exercice de la fonction : le *grade* ne peut être enlevé qu'à la suite de condamnations de droit commun ou par une destitution prononcée par un conseil de guerre : l'*emploi*, c'est à dire l'affectation à un service déterminé, peut être retiré par le ministre. L'officier peut ainsi se trouver en *activité* quand il est pourvu d'un emploi de son grade, en *disponibilité* ou en *non activité* quand il est privé de son emploi tout en restant compris dans les cadres, en *réforme* par une décision prise avec avis conforme d'un Conseil d'enquête, enfin en *retraite* après la limite d'âge ou *en réserve* après la période de service actif.

Les sous-officiers. — Tout soldat après six mois de service, ou même une durée plus courte s'il est pourvu d'un brevet d'aptitude militaire, peut être nommé caporal ou brigadier, puis sous-officier (sergent ou maréchal des logis, sergent-major ou maréchal des logis chef, adjudant).

Les officiers de réserve et de l'armée territoriale sont recrutés au concours : les jeunes gens qui veulent obtenir ces grades en subissent les épreuves après leur première année de service. Ils sont nommés élèves-officiers, suivent une nouvelle instruction pendant le premier semestre de leur seconde année et sont alors nommés sous-lieutenants de réserve. Ils accomplissent en qualité de sous-lieutenant leur quatrième semestre de service dans l'armée active.

Les sous-officiers peuvent également, après avoir passé un examen spécial, être nommés après leur sortie de l'active, sous-lieutenants de réserve; les grades supérieurs dans la réserve et la territoriale sont conférés au choix.

196. Organisation intérieure de l'armée. — L'armée comprend deux éléments : l'élément actif ou combattant et l'élément administratif.

L'élément actif est composé : 1º de l'*Etat-major* recruté parmi les officiers brevetés de l'Ecole supérieure de guerre ; 2º des différentes *armes* (infanterie, génie, artillerie, cavalerie, train des équipages). Il est divisé en vingt corps d'armée; ceux-ci en divisions, les divisions en brigades, régiments, bataillons ou escadrons, compagnies ou batteries.

L'élément administratif comprend les services de l'intendance, du contrôle, de la santé, des conseils de guerre, etc.

L'intendance a une hiérarchie propre bien que subordonnée au commandant de corps d'armée. Les intendants passent, par délégation du ministre, les marchés de fournitures pour l'armée, règlent les indemnités pour réquisition ou dommages.

Le contrôle assure l'application des lois et règlements par tous les organes de l'armée.

Le *service de la santé* a une large autonomie.

197. La justice militaire connaît non seulement des manquements aux obligations militaires, délits spéciaux aux officiers et soldats tels que désertion, insoumission, mais encore des délits de droit commun commis par des militaires. Cette dernière compétence a été justifiée par ce fait que la répression prompte et sévère de ces délits est nécessaire pour maintenir entre les soldats la confiance mutuelle nécessaire à ceux qui courent les mêmes dangers. Elle est cependant aujourd'hui fort critiquée.

Il y a un **conseil de guerre** permanent à chaque chef-lieu de corps d'armée : il est présidé par un colonel et comprend en général six juges dont le grade varie avec celui de l'inculpé qui ne peut jamais être jugé par des inférieurs, un commissaire du gouvernement faisant fonction de ministère public, un rapporteur préposé à l'instruction et un officier d'administration tenant le rôle de greffier. Tous les jugements des conseils de guerre peuvent être attaqués par un pourvoi devant la Cour de Cassation pour violation de la loi.

L'institution des conseils de guerre, depuis une dizaine d'années, est fort attaquée par suite de l'incompétence des juges dans des fonctions pour lesquelles ils ne sont pas préparés et par suite du grand nombre de délits de droit commun dont ils connaissent. Aussi de nombreux projets et propositions de loi ont entrepris leur réforme.

Section II. — L'Armée coloniale.

198. Les troupes consacrées à la défense des colonies relevaient jadis du ministère de la marine : elles sont aujourd'hui rattachées au ministère de la guerre. Cependant elles ont une organisation propre.

D'une part elles sont dirigées par un chef d'état-major et un *état-major* distincts ; elles ont des services administratifs spéciaux.

D'autre part, *leur recrutement est exclusivement volontaire* parmi les Français de la France continentale. En effet, les troupes coloniales sont composées : 1° de tous Français ayant choisi un corps colonial par engagement volontaire ou devant le conseil de revision lors de leur appel; 2° de contingents coloniaux formés des Français habitant aux colonies et qui sont appelés pour une année ou deux années de service; 3° de corps spéciaux d'indigènes recrutés par engagement volontaire (tirailleurs algériens, sénégalais, annamites, etc.)

Leurs cadres sont identiques à ceux de l'armée de terre.

Section III. — L'Armée de Mer.

199. Le **recrutement** de l'armée de mer est à peu près exclusivement *volontaire*. Il se fait par divers procédés.

1° **Par l'inscription maritime,** qui enrôle parmi les équipages de la flotte les Français exerçant la pêche ou la navigation à titre professionnel sur la mer, les étangs salés ou les fleuves dans leur partie maritime. Mais cette inscription sur les registres de la marine est toujours volontaire de la part de l'inscrit qui sans elle serait appelé à servir dans l'armée de terre.

Les inscrits sont divisés en trois catégories :

a) *Les inscrits provisoires :* les jeunes gens qui commencent à naviguer peuvent, dès l'âge de dix ans, avec le consentement de leurs parents ou tuteurs, se faire inscrire pour participer aux avantages de l'institution.

b) *Les inscrits définitifs :* les jeunes gens qui ont atteint l'âge de dix-huit ans et accompli dix-huit mois de navigation (les mois de voyage au long cours comptent double) peuvent se faire inscrire définitivement; mais c'est toujours là une faculté de leur part et une fois inscrits ils peuvent se faire rayer.

c) *Les inscrits hors service :* ce sont ceux qui ont atteint l'âge de cinquante ans.

Les inscrits sont assujettis à servir sur les navires de guerre de l'Etat de dix-huit à cinquante ans : cette durée de l'obligation militaire se partage en trois périodes :

a) Une *période facultative* de dix-huit à vingt ans pendant laquelle les inscrits ne sont pas convoqués, sauf en cas de guerre.

b) Une *période obligatoire* de service de sept années, de vingt à vingt sept ans, dont cinq de service actif et deux de disponibilité pendant laquelle les inscrits peuvent être rappelés par le ministre.

c) Une *période de réserve*, de vingt-sept à cinquante ans, pendant laquelle les inscrits ne peuvent être appelés que par décret.

L'obligation militaire est ainsi plus lourde pour les inscrits que pour les soldats de l'armée de terre : comme cette obligation est volontairement acceptée par les inscrits, la loi leur accorde des avantages pour les inciter à l'inscription. Ces avantages sont :

a) Le *monopole de la pêche côtière* tant par bateaux que par pêcheries fixes ou mobiles, parcs à coquillages, monopole qui consiste dans le droit exclusif de se livrer à la pêche pour en vendre les produits et cela sans le paiement d'aucune patente.

b) Le *monopole de la navigation au cabotage,* c'est-à-dire de port français à port français ou algérien.

c) Une *pension* payée par la *Caisse des invalides de la marine,* constituée par une retenue minime de 3 % sur le salaire de l'inscrit et surtout par les majorations de l'Etat et réversible pour partie au profit de la veuve et des orphelins de l'inscrit.

2º Le recrutement de l'armée de mer se fait en outre par des **engagements volontaires** et par le **choix** dont peut se prévaloir toüt appelé non inscrit au moment où il subit l'examen du conseil de *revision*.

3º Enfin et éventuellement on pourrait procéder à l'**incorporation forcée** des hommes du contingent de l'armée de terre dans les équipages de la flotte si ces derniers devenaient insuffisants.

200. Les cadres. — L'armée de mer a pour chef le Président de la République assisté du *Conseil supérieur de la Marine* qu'il peut présider, et pour directeur effectif le ministre de la marine assisté d'un *état-major*.

L'**élément** actif de l'armée de mer est dirigé par les *officiers de marine* et les *officiers mécaniciens*.

Les officiers de marine sont recrutés par les concours de l'Ecole navale (le *Borda*) d'où ils sortent aspirants de seconde classe, et de l'Ecole d'application (le *Duguay-Trouin*, où ils deviennent *enseignes de vaisseau de seconde classe*, et, exceptionnellement, parmi les élèves de l'Ecole polytechnique et les capitaines au long cours. L'avancement a lieu à l'ancienneté pour le grade *d'enseigne de vaisseau de première classe* après deux ans de service, au choix et à *l'ancienneté pour ceux de lieutenant de vaisseau* et de *capitaine de frégate*, au choix exclusivement pour ceux de *capitaine de vaisseau contre-amiral* et *vice-amiral*.

Les sous-officiers forment le *cadre de maistrance* avec le grade d'*officiers mariniers* (second-maître, maître, premier-maître adjudant principal, pilote-major)

Les officiers mécaniciens ont une hiérarchie spéciale.

L'**élément administratif** de l'armée comprend les *commissaires de la marine* dont le service correspond à celui de l'intendance dans l'armée de terre, et les *administrateurs de l'inscription maritime* préposés au service du recrutement et des pensions.

201. L'organisation maritime.— Au point de vue **territorial**, la France est divisée en cinq *arrondissements* maritimes dont les chefs-lieux sont nos cinq ports militaires : *Cherbourg, Brest, Lorient, Rochefort* et *Toulon*. Chaque arrondissement a à sa tête un *préfet maritime*. Celui-ci est le chef de tous les bâtiments du port non en escadre, il est chargé de la défense mobile des côtes et a ainsi le commandement de garde-côtes, torpilleurs et sous-marins ; il dirige les services administratifs du recrutement, les arsenaux, c'est-à-dire tous les services du génie maritime, de l'artillerie et du commissariat, pour l'entretien, la construction, l'armement, le ravitaillement des navires. Les arrondissements sont divisés en *sous-arrondissements* administrés par un commissaire général ou commissaire de marine : les sous-arrondissements en *quartiers*, avec, à leur tête, des administrateurs de l'inscription maritime.

L'élément naviguant est constitué par la flotte qui comprend des navires de plusieurs catégories (cuirassés, croiseurs, avisos, torpilleurs, sous-marins). Un navire peut être en réserve, en disponibilité ou armé et incorporé en escadre. Une escadre se compose de deux ou trois divisions navales et une division de deux ou trois bâtiments.

Enfin l'armée de mer a des **tribunaux maritimes** analogues aux conseils de guerre de l'armée de terre.

Section IV. — Les Mesures de Défense.

202. Le service de la défense nationale n'exige pas seulement la réquisition par l'Etat des hommes valides, elle entraine aussi fréquemment la réquisition des choses, des propriétés auxquelles elle impose des charges, parfois sans indemnité réparatrice.

1º La **zone frontière** délimitée par décret impose aux personnes administratives (départements, communes) qui en font partie, l'interdiction de faire dans son périmètre certains travaux publics, chemins de fer, routes, remblais, ponts, sans l'autorisation d'une commission mixte, mi-partie militaire, mi-partie administrative.

2º Des **fortifications** entourent les places de guerre, camps retranchés, forts d'arrêt ou isolés.

Les *camps retranchés* sont des enceintes de forts détachés assez éloignés des places qu'ils défendent pour empêcher l'artillerie ennemie d'envoyer ses obus sur la ville elle-même et cependant assez rapprochés les uns des autres pour pouvoir croiser leurs feux et empêcher l'ennemi de passer entre eux. Les plus importants sont sur la frontière nord-est, en première ligne, ceux de Dunkerque, Lille, Maubeuge, Verdun, Toul, Epinal, Besançon, en seconde ligne, Reims, Langres, Dijon, en troisième ligne, Paris ; et sur la frontière des Alpes, en première ligne, Albertville, Grenoble, Briançon, Nice, Toulon ; en seconde ligne. Lyon,

Les *forts isolés* ou *forts d'arrêt* sont destinés à surveiller un chemin de fer ou une route et à arrêter l'ennemi qui pourrait envahir le territoire par cette voie.

Tous les travaux de défense imposent des servitudes aux propriétés riveraines. Il faut en effet empêcher la constitution d'obstacles qui faciliteraient les travaux d'approche de l'ennemi. Dès lors, dans une *première zone* autour des fortifications, on ne peut élever aucune construction ni haie vive; dans une *seconde zone* en s'éloignant du fort, les propriétaires peuvent faire des constructions légères en terre ou en bois à charge de les détruire à première réquisition; dans une *troisième zone*, ils peuvent faire toute construction mais avec l'autorisation de l'administration militaire.

3⁰ Le **droit de réquisition** sur toutes choses mobilières utiles à l'approvisionnement de l'armée (vivres, fourrages, etc.) peut être exercé par les armées en campagne ou en manœuvre. La réquisition est adressée au maire et l'indemnité réglée aux propriétaires par une commission administrative sauf recours aux tribunaux judiciaires.

4⁰ Les **dommages** causés par les exercices militaires en temps de paix sont réglés comme les réquisitions. Mais en temps de guerre, les mesures prises à l'approche de l'ennemi, tous travaux de défense en présence de l'ennemi constituent des faits de force majeure qui ne donnent aucun droit à indemnité. Cependant en fait, une loi, dans une pensée de solidarité nationale. pourra ordonner la mise à la charge de l'Etat du préjudice causé à quelques-uns dans l'intérêt de tous. C'est ce que l'on a fait en 1871 après la guerre franco-allemande.

5⁰ **Les prises**. — Dans la guerre terrestre les armées doivent respecter la propriété privée des ennemis ; dans la guerre maritime au contraire, la capture des navires marchands ennemis est permise, parce que ce sera souvent le seul moyen de réduire l'adversaire à merci. Mais, afin d'éviter les erreurs possibles à l'égard de navires qui auraient dissimulé leur nationalité, afin d'assurer la régularité des prises, les navires de l'Etat capteur doivent faire déclarer la régularité de leur capture par un *Conseil des prises*. Des décisions de celui-ci il peut être appelé devant le Conseil d'Etat. L'arrêt de ce dernier peut lui-même dans certains cas être réformé par une *Cour internationale des prises* qui siège à La Haye.

CHAPITRE II

LE DOMAINE NATIONAL

203. Le domaine est constitué par l'ensemble des choses mises à la disposition de la collectivité des citoyens : routes, chemins de fer, forteresses, navires de guerre, forêts domaniales.

Il est administré non seulement par l'Etat mais encore par les personnes administratives locales : il y a donc un domaine national ou d'Etat, un domaine départemental, un domaine communal.

Ces biens peuvent être divisés en deux catégories très distinctes et soumises à des régimes juridiques tout à fait différents. Les uns servent directement à l'usage de tout le monde (routes, fleuves, ports) ; ils constituent le **domaine public** qui, en raison même de sa destination et des dangers d'accaparement dont il peut être l'objet, doit être très fortement protégé par la loi ; les autres ne servent à la collectivité qu'indirectement par la production, au profit des personnes administratives, de revenus qui allègent d'autant les impôts des contribuables (forêts nationales, bois communaux ; immeubles loués à des particuliers, etc.), ils constituent le **domaine privé** et n'ont pas besoin de protection autre que celle de toute propriété privée.

Mais on n'est pas d'accord sur les caractères qui permettent de déterminer quels biens doivent entrer dans le domaine public et quelles choses doivent faire partie du domaine privé. En fait la controverse a peu d'intérêt, parce que la plupart du temps les textes déterminent la condition juridique des biens dont il s'agit.

On ne peut se fonder pour déterminer ces caractères distinctifs sur l'article 538 du Code civil qui énumère les biens du domaine national et comprend dans son énumération des biens du domaine privé et des biens du domaine public. Dès lors, on a cherché une distinction rationnelle entre les choses qui doivent être soumises à un régime juridique exceptionnellement protecteur et celles pour lesquelles on devait laisser subsister le droit commun de la propriété. Les uns classent dans le domaine public toutes les choses affectées à un usage ou à un service public, c'est-à-dire non seulement les voies de communication, les fleuves, mais encore tous les monuments publics affectés à un service et tous les objets mobiliers (livres, tableaux, statues) des bibliothèques et musées, chevaux, fusils et canons de l'armée, etc. En réalité il n'y a pas de raison bien sérieuse pour soustraire au droit commun les immeubles affectés ou les objets mobiliers qui, dans l'exécution des services publics, ne jouent qu'un rôle secondaire. Au contraire, la raison commande de soustraire les routes, les fleuves, les rivages de la mer à toute possibilité d'accaparement privé. Aussi la plupart des auteurs ne font entrer dans le domaine public que les *portions de territoire qui, par leur nature même ou leur destination, sont susceptibles de propriété privée.*

Un bien passe dans le domaine public dès que : 1º il constitue une *portion de territoire*; 2º il devient *insusceptible de propriété privée*. Ainsi l'administration acquiert des terrains pour construire une route : ces terrains tombent dans le domaine privé : ils ne feront partie du domaine public que lorsque la route sera ouverte au public par le classement. Inversement, toute chose cesse de faire partie du domaine public dès qu'une des deux conditions disparaît : une route qui cesse d'être affectée à la circulation par le déclassement tombe dans le domaine privé; une rivière qui cesse d'être navigable devient, par sa nature, susceptible de propriété privée et par suite cesse d'appartenir au domaine public.

Section I. — Le Domaine public.

§ 1. — Le contenu du domaine public.

204. Les **biens qui font partie du domaine public** sont classés d'après les administrations chargées de leur gestion dans le domaine public terrestre, dans le domaine public fluvial et dans le domaine public maritime.

A. Le **domaine public terrestre** est constitué surtout par la voirie.

a) La *grande voirie* comprend les *routes nationales* et *départementales*, les rues qui y font suite, toutes les rues de Paris, les *chemins de fer d'intérêt général et local*. Elle est construite par le service des Ponts et Chaussées sous la direction du ministre des travaux publics à la charge de l'Etat ou du département : elle est placée sous la police du préfet.

b) La *petite voirie* comprend les chemins vicinaux et ruraux et les rues des villes. Elle est construite et entretenue par le service départemental des agents-voyers là où ce service n'a pas été confondu avec celui des Ponts et Chaussées; elle est placée sous la direction et la police des maires, et par suite sous la tutelle du ministre de l'intérieur.

Les *chemins vicinaux de grande communication* et ceux *d'intérêt commun* constituent une dépense obligatoire pour les communes et sont classés par les Conseils généraux après avis des Conseils municipaux intéressés ; les *chemins vicinaux ordinaires* ne constituent qu'une dépense facultive ; ils sont classés par la Commission départementale avec l'assentiment des Conseils municipaux.

Les *chemins ruraux* ce sont toutes les voies affectées au passage du public et qui n'ont pas été classées comme chemins vicinaux. Ils sont présumés appartenir à la commune et passent dans le domaine public par un arrêté de reconnaissance pris par la Commission départementale.

B. **Le domaine public maritime.** — La mer appartient à tout le monde. Cependant les Etats riverains se réservent un droit exclusif de police sur une zone de trois milles marins le long de leurs côtes : cette zone est appelée la *mer territoriale*. En outre on a classé dans le domaine public les *rivages de la mer*, c'est-à-dire la bande de terrain, grèves ou rochers, couverte et découverte alternativement par les eaux. Il faut y ajouter les *étangs salés*, les *hâvres*, les *rades*, les ports et tout leur *outillage maritime et industriel*, phares, feux, balises, bouées, jetées, quais, grues, etc. Au contraire, les *lais*, dépôts marins formés sur le littoral et émergeant des grandes marées et les *relais* espace d'où la mer s'est définitivement retirée, font partie du domaine privé de l'Etat.

C. Le **domaine public** fluvial est constitué par les *fleuves et rivières navigables ou flottables* par trains et radeaux et les *canaux* de navigation.

Au contraire, les *cours d'eaux non navigables ni flottables* ou flottables seulement à bûches perdues appartiennent, sinon pour leur eau, du moins quant à leur lit, aux propriétaires des rives : ce sont donc les seuls propriétaires riverains qui peuvent y pêcher, chasser, tirer du sable, etc., ils ont droit à une indemnité pour tout travail public effectué dans la rivière et à plus forte raison si ce travail, rendant la rivière navigable, la fait passer dans le domaine public et entraîne leur dépossession.

Mais, comme l'eau appartient à tous, des *règlements d'eaux* déterminent l'usage que chacun en peut faire pour ses irrigations, usines, etc. L'importance des chutes d'eau et leur valeur comme force motrice, centuplée depuis la

possibilité des transports électriques de la force à distance, a fait naître la
question de savoir s'il ne convenait pas dans l'intérêt public d'enlever
au propriétaire riverain le moyen d'empêcher l'utilisation de la chute :
c'est la question de la *houille blanche*, dénomination tirée de la compa-
raison avec une autre source de force motrice, le charbon ou houille
noire. De multiples projets de lois destinés à permettre pratiquement
l'exploitation des chutes, le plus simple, d'après un projet primitif du
gouvernement, c'est d'assimiler la construction de l'usine hydraulique
à un travail public qui permet l'expropriation moyennant indemnité.

§ 2. — Le régime juridique du domaine public.

On doit assurer d'une façon impérieuse et absolue la conservation des biens contre tous empiètements ou dégradations et leur
affectation exclusive à l'usage ou au service public. Cette protection varie avec chaque dépendance du domaine, il y a un
régime des chemins de fer, un régime des fleuves, un régime des
canaux, etc. Mais chaque régime contient des principes communs
qui sont caractéristiques de la domanialité publique.

205. 1° Le domaine public est inaliénable. — Cette
règle fut imposée par l'ancien droit au domaine de la couronne
pour empêcher les dilapidations commises par les rois (édit de
Moulins 1566). Aucun texte moderne ne l'a consacrée. Elle
n'en est pas moins affirmée par tous et appliquée par les tribunaux.

Ce fait prouve bien que la théorie du domaine public est purement
rationnelle, que le caractère distinctif de cette domanialité réside bien,
non pas seulement dans l'affectation nécessaire d'un objet à un service
public, mais encore dans l'impossibilité naturelle d'être soumis à la condition juridique de la propriété privée, enfin que le caractère de domanialité publique doit être strictement appliqué c'est-à-dire doit frapper le
moins de biens possible, puisque ce régime est exceptionnel.

L'inaliénabilité reçoit les applications suivantes :

a) *Interdiction à l'administration de vendre* aucune parcelle
du domaine public : toute vente serait nulle de plein droit et
pourrait toujours être révoquée. Seules les aliénations consenties
antérieurement à l'édit de 1566, date de naissance de la règle,
(généralement au profit d'usines qui ont établi des barrages sur
les cours d'eau) et les ventes de biens nationaux pendant la
période révolutionnaire garanties par des dispositions légales
et constitutionnelles, ne peuvent être annulées.

b) *Le domaine public est imprescriptible*, car ce qui est hors du commerce juridique ne peut s'acquérir par prescription acquisitive.

c) *Il est insaisissable*, car toute saisie aboutit à une vente qui ici, est impossible.

d) *Le domaine public ne peut être frappé d'aucune servitude*, ce qui constituerait une aliénation partielle ; non seulement il ne peut être grevé d'aucun droit réel (hypothèque) mais encore il est indépendant des propriétés riveraines, il échappe aux servitudes légales du Code civil qui résultent des obligations de bon voisinage (recevoir les eaux du voisin, obligation de livrer passage en cas d'enclave, de céder la mitoyenneté d'un mur de clôture, d'observer la distance légale pour pratiquer des ouvertures dans un mur, etc...). Il n'est pas davantage atteint par les servitudes d'utilité publique au profit d'autres parties du domaine public (alignement ou reculement, V. n° **209**).

L'administration, qui a besoin d'une partie d'un domaine public pour exécuter un travail public, par exemple de prendre une parcelle d'un chemin vicinal appartenant à une commune pour y faire passer le chemin de fer d'Etat qui le coupe, ne peut procéder par expropriation; il faudra une entente entre les deux administrations intéressées, la parcelle visée sera désaffectée, elle tombera dans le domaine privé de la commune qui la vendra à l'Etat, lequel la fera ensuite passer de son domaine privé dans son domaine public par l'affectation à la voie de chemin de fer.

Tout au contraire le domaine public impose souvent des servitudes aux propriétés privées riveraines.

Ainsi les propriétaires riverains d'une route doivent *recevoir les eaux* de la route, la *terre* provenant du curage des fossés, ils ne peuvent ouvrir des carrières ou planter des arbres à une certaine distance de la route, déposer des matériaux inflammables près de la ligne de chemin de fer. De même les riverains d'un cours d'eau navigable supportent la *servitude de halage* ou de *marchepied*, la première consistant dans l'obligation de laisser sur un bord de la rivière un espace libre de 7 m. 80 pour le halage des bateaux et à tenir libre de plantations ou constructions un espace supplémentaire de 1 m. 95, la seconde obligeant à laisser, sur le bord opposé de la rivière, un espace libre de 3 m. 25 sans arbres ni clôture.

206. 2° Le domaine public est affecté à l'usage normal de tous. — Tous les individus ont le droit de se servir du domaine public pour l'usage auquel il a été destiné, par exemple de circuler sur la route, d'amarrer un bateau au quai. Cet usage est déterminé par les lois et règlements qui fixent les conditions dans lesquelles on pourra ouvrir des fenêtres sur les rues, circuler sur les routes, faire stationner ses voitures sur les places publiques. L'autorité administrative a le droit d'apprécier si tel usage peut devenir gênant et, par exemple, d'interdire des manifestations publiques et processions dans la rue.

Le droit d'user d'un domaine public conformément à sa destination est protégé par des recours : l'administré peut par un recours pour excès de pouvoir devant le Conseil d'Etat faire annuler tous les actes illégaux qui entravent cet usage, par exemple un arrêté interdisant sans motif la circulation dans une rue. Mais il ne pourrait au contraire faire annuler des actes administratifs qui règlementent cet usage pour conserver au domaine son affectation à l'usage de tous, par exemple un arrêté du maire interdisant la circulation des bicyclettes sur une partie de la voie publique réservée aux promeneurs à pied ou un arrêté déterminant la vitesse maxima des automobiles dans cette voie. En outre, l'administré pourrait éventuellement demander des dommages-intérêts, si, par une opération de voirie, il était privé d'un droit d'accès à une rue : ainsi un commerçant ne peut pas réclamer contre la diminution de circulation que des travaux publics provoquent dans sa rue et qui se traduit pour lui par une diminution de ses ventes : mais il le peut faire si ces travaux ont pour résultat de rendre sa boutique inaccessible au public.

L'usage normal du domaine public est gratuit, en principe : on ne paie plus de péages sur les routes, les ponts, les canaux.

Seul le prix d'un billet de chemin de fer comprend non seulement le prix du transport, mais encore une certaine somme supplémentaire représentant l'amortissement du capital engagé pour la construction : c'est la facilité de perception de ce péage qui l'a fait maintenir.

Mais la loi peut autoriser la perception de *redevances* pour une utilisation du domaine public même conforme à sa destination : c'est ainsi que l'occupation d'une place dans un marché donne lieu à la perception de *droits de place* ou *droits d'attache* pour les bestiaux ; les voitures publiques paient des *droits de stationnement* dans la rue, les bateaux, des *droits d'amarrage* au quai. Ces différentes taxes sont établies par voie d'autorité et en général leur perception est affermée. Elles sont fixées par des *règlements* ou *tarifs* que votent annuellement les conseils municipaux (les taxes sont en général payées au profit des communes, même sur le domaine public national) et qu'homologue l'autorité supérieure.

207. 3° Usage anormal ou occupations privatives du domaine public. — Si le domaine public doit servir en même temps à tout le monde, il est cependant des usages individuels et exclusifs qui, sans être conformes à la destination du domaine, ne nuisent pas à l'utilisation publique.

Ainsi d'abord, bien que ce ne soit pas là son but, le domaine public produit des *fruits* : branches provenant de l'élagage des arbres, herbes des routes, sable des rivières, etc... La vente de ces produits, l'adjudication du droit de chasse et de pêche dans une partie du domaine fluvial, la perception des redevances dues par les mines du sous-sol du domaine terrestre constituent des revenus au profit de la collectivité administrative gardienne du domaine, sans que l'usage public en soit gêné.

Mais de plus, on peut permettre à un seul individu d'occuper privativement une partie du domaine public. Par des **permissions d'occupation** ou permissions de voirie, l'administration autorise temporairement un forain à établir une baraque sur le champ de foire, un vendeur de journaux à placer un kiosque sur la promenade, des particuliers à monter une cabine sur la plage, un cafetier à mettre des tables et des chaises sur le trottoir de la voie publique. Par des **concessions d'occupation**, elle permet des établissements privés permanents tels que le barrage d'un cours d'eau pour l'utilité d'une usine hydraulique ou la pose de canalisations dans le sol de la voie publique pour la distribution collective d'eau ou de gaz aux habitants d'une ville. Ces occupations privatives ne nuisent pas au domaine public. Les permissions peuvent servir même à son agrément (étalages extérieurs des magasins). Les concessions servent en tout cas au public puisqu'elles deviennent un mode d'exécution de travaux publics et d'exploitation de services publics (distribution d'eau, de gaz, d'électricité, tramways, etc...)

Mais les unes et les autres profitent surtout au concessionnaire, qui du domaine tire un avantage personnel. Aussi lui est-il imposé une *redevance* qui, à la différence de celle perçue en cas d'utilisation normale, n'a pas le caractère d'une taxe, mais celui d'un *loyer* pour service rendu. En effet ces redevances ne sont pas fixées annuellement comme les impôts par les représentants des contribuables, elles le sont par des conventions librement débattues entre l'administration et le concessionnaire et par suite ne peuvent être modifiées en cours d'occupation.

Néanmoins les occupations anormales du domaine public ne sont licites que dans la mesure où elles ne nuisent pas à l'intérêt public. La conformité du but de l'occupation et du but du domaine est une question d'appréciation qui ne peut être que laissée à l'autorité administrative. Mais la liberté d'appréciation ne doit pas devenir la liberté de vexation. Aussi la permission refusée par le maire sans motifs peut-elle être accordée par le préfet (article 58, loi du 5 avril 1884). Mais le refus de l'administration n'est susceptible d'aucun recours.

Au contraire, la permission accordée peut donner lieu à deux sortes d'actions : tout individu gêné dans l'usage du domaine auquel il a droit peut, d'une part, demander par un recours pour excès de pouvoir, au Conseil d'Etat, l'annulation de l'autorisation administrative donnée, et d'autre part, poursuivre par une action en indemnité devant les tribunaux judiciaires, le permissionnaire lui-même dont le fait est préjudiciable.

Enfin, *toute permission est essentiellement précaire et révocable :* elle ne confère au permissionnaire ni un droit réel sur la chose, ni un droit personnel vis-à-vis de l'administration. Celle-ci peut donc, si la permission devient une gêne pour l'usage public du domaine, révoquer l'autorisation donnée. La règle n'a pas cependant une portée illimitée : d'une part, une révocation arbitraire en vue d'un intérêt autre que l'intérêt public, par exemple pour accorder l'occupation à un autre individu, pourrait être, sur recours, annulée par le Conseil d'Etat ; d'autre part les concessions permanentes contiennent généralement des stipulations contractuelles dont la violation engage la responsabilité pécuniaire de son auteur.

§ 3. — **La délimitation du domaine public.**

Lorsque les personnes administratives veulent déterminer les bornes de leur domaine privé, lorsque les particuliers veulent fixer les limites de leurs propriétés, les unes et les autres doivent à défaut d'entente avec les voisins s'adresser aux tribunaux. Au contraire, c'est l'administration elle-même qui délimite son domaine public. Ses pouvoirs cependant sont plus ou moins étendus suivant qu'il s'agit du domaine public naturel (rivages de la mer, fleuves et rivières navigables ou flottables) ou du domaine public artificiel (voies de communication).

208. La délimitation du domaine public naturel est déclarative et non attributive de limites. — L'administration constate les limites naturelles mais ne les créée pas. Ainsi les rivages de la mer comprennent la bande de terrain habituellement découverte par les eaux et qui s'étend jusqu'où monte le plus grand flot. Pour l'océan, c'est la *limite scientifique du flot de la grande marée de l'équinoxe de mars* en dehors des circonstances contingentes (vents) qui peuvent modifier la marée. De même le domaine fluvial englobe tout l'espace compris dans les limites des plus hautes eaux avant tout débordement du fleuve. Le Président de la République par un décret en assemblée générale du Conseil d'Etat pour les rivages de la mer, le préfet dans un arrêté pour les fleuves et rivières doivent constater ces limites.

S'ils commettent une erreur, s'ils englobent dans le domaine public une parcelle de propriété privée, leur décision peut être l'objet d'un recours en annulation devant le Conseil d'Etat. Cependant la jurisprudence a admis jusqu'ici que le propriétaire lésé avait en outre un autre recours et que, au lieu de demander l'annulation de l'acte au tribunal administratif, il pouvait laisser subsister la délimitation abusive et réclamer une indemnité devant les tribunaux judiciaires. La doctrine repousse au contraire cette solution des *recours parallèles* parce qu'il n'appartient pas aux tribunaux judiciaires de décider si la délimitation du domaine est exacte ou non.

Exceptionnellement la délimitation est également déclarative pour quelques éléments du domaine artificiel comme les canaux, les ports et les chemins de fer.

209. La délimitation du domaine public artificiel, au contraire, est attributive et non déclarative de limites. — L'administration fixe les limites du domaine là où elle veut qu'elles soient. Elle le fait par les *plans géné-*

raux d'alignement appliqués aux riverains des voies publiques par les *arrêtés individuels d'alignement.*

Les **plans d'alignement** n'ont aucun effet s'ils maintiennent à la voie sa largeur, mais ils peuvent la modifier, ils peuvent restreindre ou augmenter la largeur de la voie.

Si le plan restreint la largeur de la voie, il attribue de nouvelles limites au domaine : il laisse en dehors d'elle une bande de terrain qui se trouve désaffectée, et cesse ainsi de faire partie du domaine public pour tomber dans le domaine privé. L'administration la vend et le riverain a un *droit de préemption,* c'est-à-dire le droit d'acheter avant tout autre pour le prix fixé par les experts. S'il n'exerce pas ce droit, l'administration peut exproprier la parcelle riveraine pour revendre le tout en un seul bloc.

Si le plan d'alignement élargit la voie, il attribue encore de nouvelles limites au domaine. En effet la bande de terrain riveraine comprise dans le nouveau plan est incorporée dans le domaine public sous condition suspensive :

a) Si les parcelles de cette bande de terrain ne sont ni bâties ni closes, le plan a pour effet d'interdire au propriétaire de bâtir sur elles et de donner à l'administration le droit de l'acquérir moyennant indemnité.

b) Si les parcelles sont bâties ou closes, il est interdit au propriétaire de faire aux constructions des travaux confortatifs, c'est-à-dire des travaux qui prolongeraient la durée normale de l'immeuble. Quand la maison ou le mur tomberont de vétusté ou seront démolis par le propriétaire, la parcelle deviendra non bâtie ou non close et on appliquera la règle précédente. On dit que la construction est frappée de la *servitude de reculement.* D'ailleurs, même pour ces parcelles l'administration a toujours le droit de les exproprier (V. n° **219** et suiv.).

Le respect de ces différentes règles est assuré par l'obligation imposée au propriétaire en bordure de la voie publique d'obtenir de l'administration une autorisation de bâtir et par celle d'aviser l'administration de toute réparation effectuée sous peine de contravention de voirie.

Les servitudes d'alignement n'existent d'ailleurs que pour la modification des voies existantes : pour les voies nouvelles à créer, l'administration doit toujours procéder par expropriation ; elles ne sont même imposées complètement que pour la grande voirie.

210. Protection du domaine public par des dispositions pénales spéciales. — Les faits matériels qui compromettent la conservation du domaine ou nuisent à l'usage public, occupations non parmises, empiètements, dégradations, inobservation des servitudes constituent des **contraventions de voirie.**

En peuvent être punis non seulement l'auteur du fait, mais encore celui pour le compte duquel a agi cet auteur : ainsi une construction élevée en violation de la servitude d'alignement fait condamner l'entrepreneur et le propriétaire, le dommage causé par un navire à un ouvrage du port peut provoquer la condamnation même de l'armateur.

Les contraventions sont sanctionnées par des *amendes* et éventuellement par la *remise des choses en l'état* antérieur (démolitions, restitutions).

Celles de petite voirie sont jugées par les *tribunaux de simple police* et celles de grande voirie par les *Conseils de préfecture.*

Section II. — L'Aménagement du Domaine.
Les Travaux publics.

211. Les travaux publics. — Le domaine public ne peut servir à l'usage collectif que s'il est aménagé par des travaux divers. On appelle travail public *toute œuvre de construction, d'aménagement ou d'entretien d'un immeuble, exécutée par une personne administrative en vue d'un service public* (ex. : construction de routes, de chemins de fer, de quais, d'écoles, etc.).

A raison des frais considérables qu'ils entraînent, les travaux publics sont décidés par l'autorité qui a qualité pour engager les finances de la personne administrative intéressée (Parlement, Conseil général, Conseil municipal). Cependant, la règle n'est pas absolue : il n'est pas nécessaire de faire intervenir l'assemblée délibérante pour les travaux de peu d'importance. Ainsi pour ceux de l'Etat, les grands travaux sont décidés par le Parlement, mais la construction d'un chemin de fer de moins de 20 kilomètres peut être ordonnée par le Président de la République et les réparations d'entretien, entraînant une dépense de moins de cinq mille francs, par le préfet.

Les travaux publics sont soumis à un régime juridique différent de celui des travaux effectués par les particuliers ou de ceux
entrepris par les personnes administratives pour l'aménagement
de leur domaine privé, parce qu'ils sont entrepris dans l'intérêt
général et qu'ils touchent à l'exécution des services publics :
ils donnent des droits exorbitants à l'administration, ils imposent des sacrifices exceptionnels aux intérêts privés et les litiges
qu'ils suscitent sont de la compétence des conseils de préfecture
dont la justice est plus expéditive et moins onéreuse que celle
des tribunaux judiciaires.

§ 1. — **Modes d'exécution des travaux publics**.

212. Régie, entreprise et concession. — Le but de
l'administration doit être de faire exécuter les travaux le mieux
et le moins cher possible. Suivant que l'un ou l'autre de ces
deux points de vue l'emporte, on emploie l'un des trois procédés suivants : la régie, l'entreprise ou la concession.

La **régie** est le procédé qui fait exécuter le travail par des
agents de l'administration. Elle est dite *régie simple* quand
l'ouvrage est fait par des ingénieurs et ouvriers payés directement à un prix fixé par l'administration. Elle est appelée
régie intéressée quand celui qui exécute le travail est rémunéré
par des remises proportionnelles soit aux dépenses faites, soit
aux économies réalisées. En général, la régie donne une exécution plus scrupuleuse du travail, mais elle coûte plus cher parce
que les agents de l'administration, liés par les règles de la comptabilité publique, n'ont pas de liberté commerciale pour leurs
marchés de fournitures.

L'**entreprise** fait exécuter le travail par un entrepreneur sous
la surveillance de l'administration et pour un prix déterminé.
Elle coûte en général moins cher, mais l'entrepreneur animé
par un esprit de lucre cherche souvent à augmenter ses bénéfices
en abaissant la qualité des matériaux employés.

La **concession** donne la charge de la construction de l'ouvrage
qui devient propriété de l'administration, à un entrepreneur,
lequel, pour se rémunérer, aura le droit pendant un certain
nombre d'années, de percevoir une redevance sur le public qui

se servira de l'ouvrage exécuté. Cette solution libère l'administration d'une dépense de premier établissement, mais elle fait généralement payer le service au public plus cher qu'il ne l'eût fait par l'impôt. Aussi la concession n'est-elle plus employée pour les ouvrages d'usage courant (routes, ponts) dont le service doit être gratuit, et est-elle réservée pour ceux dont la redevance est aisément perçue (chemins de fer, adduction d'eaux, de gaz, tramways).

Dans l'entreprise comme dans la concession, des garanties sont prises contre la dilapidation des deniers publics par des surélévations de prix et contre les malfaçons.

213. L'adjudication. — Pour obtenir le moindre prix, tout marché de travaux publics doit en principe être passé avec *publicité et concurrence* par le procédé de l'adjudication.

L'administration fait connaître par des affiches et insertions dans les journaux que tel travail est décidé. Elle fixe les conditions de ce travail dans un *cahier des charges*. Elle invite les entrepreneurs à lui adresser sous pli cacheté une *soumission* ou lettre indiquant le rabais qu'ils consentent sur les prix prévus par l'administration. Au jour fixé et en public, les soumissions sont ouvertes, l'administration déclare adjudicataire l'entrepreneur qui a offert le plus fort rabais si d'ailleurs cet entrepreneur présente des garanties de capacité (certificats) et de solvabilité (cautionnement). Le marché est alors passé entre l'adjudicataire et le représentant de la personne administrative intéressée.

Ce n'est que quand l'adjudication n'a donné aucun résultat ou pour les travaux secrets, urgents ou de peu d'importance, que les agents administratifs peuvent passer des marchés de gré à gré.

214. Contrôle et surveillance. — D'autre part, pour éviter les malfaçons, l'administration a un droit de surveillance et de contrôle sur l'entrepreneur ou le concessionnaire : elle procède à la *réception des travaux* quand ils sont exécutés.

L'étendue de ses pouvoirs est fixée non seulement dans le *cahier des charges spécial* au travail exécuté mais encore dans un *Cahier des clauses et conditions générales*. Celui-ci, dressé dans chaque service public important, règlemente tous les marchés passés par le service, précise les obligations de l'entrepreneur fixe l'époque de paiement des ouvriers, assure l'exercice du privilège des ouvriers et fournisseurs de matériaux

sur les sommes dues par l'administration à l'entrepreneur, met
à la charge de l'entrepreneur les soins médicaux dus aux
ouvriers non seulement pour accidents mais encore pour
toutes maladies occasionnées par les travaux, etc. Si l'entrepreneur n'exécute pas le travail dans les conditions prévues
de temps ou de qualité, l'administration peut prononcer elle-
même, sauf recours au Conseil de préfecture : 1º la *mise en régie,*
c'est-à-dire charger sous son contrôle un autre entrepreneur
d'achever les travaux pour le compte du premier et à ses
risques ; 2º la *résiliation du marché* avec réadjudication et obligation pour le premier entrepreneur de payer la différence
de prix entre la première et la seconde si celle-ci est à un prix plus
élevé.

L'exécution des travaux publics donne aussi à l'administration des droits et lui impose des obligations vis-à-vis des particuliers, soit que ceux-ci bénéficient de l'opération, soit qu'ils
en éprouvent des dommages.

§ 2. — Les bénéfices procurés aux particuliers par
l'exécution de travaux publics.

215. Ces bénéfices peuvent motiver plusieurs procédures :

a) D'abord des particuliers ou des collectivités qui espèrent
tirer d'une route, d'un chemin de fer, des avantages considérables font souvent à l'administration intéressée des **offres de
concours** en argent ou en immeubles qui, une fois acceptées
par l'administration, lient leurs auteurs.

b) D'autre part, on peut imposer un concours pécuniaire à ceux
qui trouvent à l'exécution du travail un bénéfice exceptionnel.
Ainsi l'ouverture d'un square, d'une nouvelle rue, peut donner
à une maison une notable augmentation de valeur : le propriétaire peut se voir imposer par une Commission administrative
nommée par décret en Conseil d'Etat, au profit de l'administration, une indemnité s'élevant jusqu'à la moitié de la **plus-
value** acquise.

c) Enfin l'administration peut obliger les intéressés à exécuter
personnellement des travaux publics dont seuls ils doivent
tirer profit, en constituant des **syndicats de propriétaires.**

216. Les syndicats de propriétaires répondent à cette idée que ceux qui profitent directement de certains travaux publics doivent en assumer la charge. Ainsi le dessèchement d'un marais profite surtout aux propriétaires dont les terres sont couvertes par l'eau stagnante.

Dès lors, les lois du 21 juin 1865 et du 22 décembre 1888 organisent trois catégories d'associations :

1º Les **associations syndicales libres** qui se forment du consentement de tous les associés par la publication du contrat d'association. Elles peuvent avoir pour objet des travaux de défense contre les inondations, des dessèchements de marais, l'établissement de canaux d'irrigation et en général toutes améliorations agricoles d'intérêt collectif. Elles n'ont que la capacité d'une association privée.

2º Les **associations syndicales autorisées** sont constituées en vue des mêmes objets. Elles doivent obtenir une autorisation administrative qui leur est accordée par décret du Conseil d'Etat et elles sont soumises au contrôle de l'administration qui protège la minorité contre les décisions de la majorité des associés. Mais par contre, elles jouissent de prérogatives exceptionnelles : la majorité des propriétaires intéressés peut contraindre la minorité qui s'y refuse à entrer dans l'association ; celle-ci peut exproprier (V. nº **219**) les terrains nécessaires aux travaux qu'elle se propose, user de toutes servitudes administratives comme l'occupation temporaire des terrains d'autrui (V. nº **218**), imposer à tous les associés des redevances auxquelles les intéressés ne peuvent échapper que par le délaissement de leurs terrains.

3º Des **associations syndicales obligatoires** peuvent pour certains travaux particulièrement urgents (construction de digues, dessèchement de marais) être constituées d'office par le préfet et imposées à tous les intéressés.

§ 3. — Dommages causés par l'exécution de travaux publics.

217. Dommages accidentels et dommages permanents. — Les personnes administratives, seules en cas d'entreprise ou de régie, ou subsidiairement au concessionnaire en cas de concession, sont responsables des préjudices exceptionnels que l'opération de travaux publics a pu causer. Cette responsabilité est déterminée par le Conseil de Préfecture.

Le dommage peut frapper les *personnes :* un passant peut être blessé par des matériaux tombant de l'édifice en construction, un ouvrier peut être victime d'un accident du travail. Dans la seconde de ces deux hypothèses, par exception et en vertu de la loi du 9 avril 1898, le recours de la victime doit être porté non au Conseil de préfecture mais devant le tribunal civil.

Mais le plus fréquemment, le dommage atteint les *propriétés* privées. Il peut être le résultat d'un accident : un édifice public en construction entraîne dans sa chute le mur d'un voisin. Il peut provenir aussi de la seule existence de l'ouvrage public :

ainsi la construction d'un remblai de chemin de fer peut rendre insalubre la maison qui est bâtie au pied. Ce préjudice, dit *dommage permanent* ne donne droit à indemnité que s'il résulte directement et matériellement de l'ouvrage public et s'il diminue réellement les avantages de la propriété.

Les atteintes les plus graves qui peuvent être portées aux propriétés privées dans l'exécution de travaux publics résultent de l'occupation temporaire et de l'expropriation.

§ 4. — Occupation temporaire.

218. L'administration et ses entrepreneurs ou concessionnaires peuvent, pour toutes opérations de travaux publics (études de projets, installations de chantiers) et à défaut d'entente amiable avec les propriétaires, occuper les terrains avoisinant les travaux.

Ce droit exorbitant n'est accordé que sous des garanties très sérieuses pour la propriété privée.

L'occupation est limitée :

1° *Quant aux terrains occupés :* les agents ou les représentants de l'administration ne peuvent jamais occuper des maisons d'habitation ni y pénétrer. Ils peuvent, pour l'étude des projets, entrer dans les terrains même clos ; ils ne peuvent pénétrer pour l'exécution des travaux que dans les terrains non clos ou terrains clos n'attenant pas à une habitation.

2° *Quant à la durée :* l'occupation est toujours temporaire ; elle ne peut persister que pendant cinq années ; si elle se prolonge au delà de cette durée, le propriétaire peut exiger l'expropriation.

L'occupation n'est permise que par une procédure évitant tout arbitraire de la part des entrepreneurs : elle doit être *autorisée par un arrêté du préfet* qui désigne d'une façon précise la *parcelle* de terrain qui pourra y être occupée et les *opérations* auxquelles pourra s'y livrer l'entrepreneur (dépôt de matériaux, ramassage de pierres, extraction de sable, etc.), tout acte non permis engageant la responsabilité personnelle de l'entrepreneur devant les tribunaux judiciaires. Un *état des lieux* est dressé contradictoirement entre le propriétaire et le représentant de l'administration afin de pouvoir déterminer ultérieurement l'étendue du préjudice causé et fixer l'indemnité.

Une *indemnité* réglée par le Conseil de préfecture est due

à tous ceux qui ont souffert de l'occupation (propriétaires, fermiers, etc.) ; elle doit comprendre tous les éléments de préjudice, c'est-à-dire non seulement la valeur des récoltes ou fruits perdus, mais encore le bénéfice qu'on n'a pu en retirer ; elle est réglée à la fin de chaque campagne, c'est-à-dire de chaque année et garantie tant par un privilège sur le cautionnement de l'entrepreneur que par un recours subsidiaire contre l'administration.

§ 5. — L'expropriation pour cause d'utilité publique.

219. Elle consiste dans la dépossession imposée à un propriétaire.

Elle peut résulter parfois de l'occupation définitive d'une propriété privée sans procédure spéciale. On l'appelle alors **expropriation indirecte.** Ainsi nous avons vu que le plan d'alignement incorporait définitivement dans le domaine public les parcelles qu'il avait visées et faisait fixer l'indemnité due par le juge de paix (petite voirie), ou le jury (grande voirie et voirie urbaine). Elle peut encore résulter en fait de la construction par erreur d'un travail public sur une propriété privée. Dans cette hypothèse le propriétaire devrait pouvoir demander au tribunal civil la réparation de cette voie de fait que rien n'autorisait de la part de l'entrepreneur et la démolition des travaux. Cependant la jurisprudence admet pratiquement que le propriétaire n'a droit qu'à une indemnité ; il lui paraît inopportun de détruire des travaux qu'on devra refaire ultérieurement après une expropriation régulière.

Comme les autres prérogatives exceptionnelles de l'administration en notre matière, l'expropriation se justifie par la nécessité de faire prévaloir l'intérêt général qui exige la construction d'un ouvrage utile à tous sur l'intérêt privé qui voudrait l'intangibilité de la propriété individuelle.

L'expropriation n'est donc légitime que si elle réunit les conditions suivantes :

a) Elle doit avoir un *but d'utilité publique* c'est-à-dire le but d'assurer le fonctionnement d'un service public et non celui de permettre l'acquisition d'un bien pour le revendre avec bénéfice.

b) Le transfert de propriété doit être l'*œuvre d'une autorité indépendante* qui constate que l'expropriation est bien poursuivie au profit d'une personne administrative (Etat, département, commune, association syndicale), car seules ces personnes sont chargées de services publics.

On a même, sans raison sérieuse, refusé aux établissements publics spéciaux (hospices, hôpitaux) le droit d'expropriation, ils ne peuvent acquérir par ce moyen que par l'intermédiaire des départements ou des communes auxquels ils sont rattachés. Exceptionnellement une expropriation peut être faite au profit d'un concessionnaire de mines pour la construction d'une voie de transport nécessaire à l'exploitation.

c) Enfin l'exproprié doit recevoir une *indemnité* car il est équitable que le travail public, devant profiter à tous, n'impose pas seulement à quelques-uns des charges exceptionnelles mais soit mis à la charge de tous.

220. La **constatation de l'utilité publique** porte à la fois sur les travaux entrepris et sur la nécessité de l'expropriation de chaque parcelle de terrain qu'elle exige. Après une **enquête** dans les localités intéressées, les travaux font l'objet d'une **déclaration d'utilité publique** par une loi du Parlement ou un décret du Président de la République suivant leur importance. Puis, après l'établissement d'un **plan parcellaire** déterminant les immeubles compris dans le périmètre des travaux et une nouvelle **enquête** portant sur l'utilité de l'acquisition de chacun d'eux, un **arrêté préfectoral de cessibilité** désigne les parcelles à exproprier. Dès lors cette acquisition est obligatoire pour l'administration.

221. Le **transfert de propriété** au profit de la personne administrative peut avoir lieu amiablement ou par jugement.

Si le propriétaire et l'administration s'entendent sur le prix, ils peuvent effectuer le transfert par une **cession amiable.** Le contrat passé en la forme administrative a les mêmes effets que le jugement d'expropriation; il opère la translation de propriété en la libérant de toutes charges. Si les deux parties ne s'entendent pas, le préfet demande l'**expropriation** au tribunal civil.

L'expropriation, acte d'autorité administrative et incident de l'opération des travaux publics, était de la compétence exclusive des agents administratifs pendant la Révolution, et des Conseils de préfecture après l'an VIII. On dit, sans apporter d'ailleurs de preuves, que l'expropriation était trop facilement prononcée. Aussi sur l'initiative de Napoléon lui-même et pour consolider le droit de propriété ébranlé par des théories nouvelles, la loi du 3 mars 1810 décida que l'expropriation serait prononcée par l'autorité judiciaire. Mais la procédure judiciaire a entraîné souvent des lenteurs préjudiciables et cette compétence exceptionnelle en matière de travaux publics ne saurait se justifier si le propriétaire trouve devant le tribunal administratif les mêmes garanties que devant le tribunal judiciaire.

Le tribunal civil contrôle sinon l'utilité des travaux dont l'appréciation est laissée à l'administration, du moins l'existence de toutes les formalités de la procédure antérieure qui sont protectrices des droits des propriétaires, puis rend le jugement prononçant l'expropriation. Le **jugement d'expropriation** opère, même avant la transcription au bureau des hypothèques la translation de propriété et résout tous les droits réels existant sur l'immeuble (privilèges, hypothèques, servitudes, etc.), ainsi que les baux. Le propriétaire et les titulaires de ces droits n'ont plus qu'un droit de créance contre la personne administrative.

222. Règlement des indemnités. Pour faire valoir son droit de créance le propriétaire est averti par une **notification du jugement :** des autres intéressés, les uns (usufruitiers, locataires, fermiers, titulaires de servitudes) doivent être désignés par le propriétaire, les autres (créanciers privilégiés ou hypothécaires, sous-locataires) ne sont avertis de la transformation de leurs droits que par la publicité du jugement ou de la cession amiable qui sont transcrits au bureau du conservateur des hypothèques, et ils doivent se faire connaître eux-mêmes.

A tous, l'administration fait des **offres d'indemnité.** Si ces offres sont acceptées, la question est réglée. Sinon, les indemnités sont fixées par une autorité qu'on a voulu impartiale, le **jury d'expropriation.**

L'indemnité, comme pour tous les dommages causés par les travaux publics était, pendant la Révolution, fixée par les agents administratifs et fut, en l'an VIII, déterminée par le Conseil de préfecture. On a prétendu que les tribunaux administratifs s'étaient montrés trop rigoureux pour les propriétaires. Toujours est-il qu'ici encore sur l'initiative de Napoléon, la fixation de l'indemnité fut, par la loi du 3 mars 1810, attribuée aux tribunaux judiciaires. Mais ceux-ci, ignorant personnellement la valeur des terrains pris furent obligés de s'en rapporter à des experts n'offrant aucune garantie. Aussi des indemnités excessives furent-elles accordées. La loi du 7 juillet 1833 a confié le soin de déterminer les indemnités à un jury dans l'espoir que les jurés se montreraient, comme contribuables, soucieux des deniers publics, si, comme propriétaires, ils étaient portés à estimer très haut la valeur de propriétés voisines des leurs. Mais, en fait, le sentiment du propriétaire l'a emporté chez eux et l'expropriation apporte généralement un bénéfice à l'exproprié.

Le jury d'expropriation pour les travaux publics ordinaires se compose de douze jurés ; il est dirigé par un magistrat désigné par le tribunal civil, mais il délibère hors la présence de ce magistrat.

Chaque année, pendant la session d'août, le Conseil général donne la *liste pour chaque arrondissement* des électeurs qui pourront être appelés à siéger au jury. Le tribunal du chef-lieu de département, ou la Cour d'appel s'il y en a une, choisit, sur cette liste, la *liste de session* comprenant seize jurés et quatre suppléants. Les jurés de la liste de session sont réunis par le magistrat directeur : les intéressés sont exclus, l'expropriant et l'exproprié peuvent récuser chacun deux jurés, les douze restant, complétés s'il est besoin par des suppléants, constituent le *jury de jugement*.

Exceptionnellement pour de petits travaux publics (chemins vicinaux et ruraux, tramways) siège un **petit jury** qui comprend seulement quatre jurés ; mais ceux-ci sont présidés par le magistrat directeur (généralement le juge de paix) qui assiste aux délibérations et vote en cas de partage.

Le jury, sans pouvoir statuer sur aucune question de droit soulevée, fixe *en argent* une indemnité qui ne doit être ni inférieure aux offres faites par l'administration ni supérieure à la demande du propriétaire et qui, couvrant tout le préjudice, ne doit réparer que le préjudice subi : ainsi le jury doit tenir compte de la *plus-value immédiate et spéciale* que la partie de l'immeuble non expropriée a acquise par suite de l'exécution du travail public ; en effet l'élargissement d'une rue, la création d'un square augmentent la valeur des immeubles riverains.

Enfin l'indemnité doit être *préalable*, c'est-à-dire, payée avant toute prise de possession par l'administration.

223. Au cours ou à la suite de la procédure d'expropriation deux incidents se peuvent présenter :

1º La **réquisition d'expropriation totale** peut être exercée par le propriétaire dont la parcelle expropriée pour les trois quarts n'a plus qu'une contenance inférieure à dix ares, ou dont la maison n'est qu'en partie expropriée, alors que l'autre partie ne pourrait être utilisée qu'après des dépenses considérables.

2º Le **droit de rétrocession** appartient au propriétaire dont le terrain exproprié n'a pas été employé aux travaux entrepris, et le **droit de préemption** pour la partie inutilisée est reconnu à celui dont la parcelle expropriée n'a été employée que pour partie.

SECTION III. — LE DOMAINE PRIVÉ.

224. Régime juridique. — Alors que sur le domaine public la collectivité administrative a des fonctions de garde, de conservation et d'aménagement, sur le domaine privé elle possède des droits réels de propriété, d'usufruit, de servitudes, ou des droits personnels de créance.

Les personnes administratives constituées par ces qualités de propriétaire, créancier, débiteur, sont soumises en principe aux règles du droit civil. Cependant comme leur patrimoine est géré par des agents administratifs qui n'agissent pas pour leur propre compte, comme leurs revenus constituent en définitive des ressources publiques, l'intérêt général a motivé en leur faveur des dérogations au droit commun. Quelques-unes de ces dérogations se justifient assurément moins facilement aujourd'hui qu'à une époque où les agents moins surveillés pouvaient dilapider plus aisément les deniers publics et ou l'Etat rencontrait plus de difficultés pour recouvrir ses créances. Elles constituent le régime du domaine privé, régime qui présente quelques variantes suivant qu'il s'agit du domaine privé de l'Etat, de celui du département, de la commune ou des établissements publics.

§ 1. — Le domaine privé de l'État.

Le domaine privé de l'Etat présente surtout un intérêt fiscal. A une époque où les contribuables paient à peu près le maximum d'impôts qu'on leur peut demander, l'Etat pour toutes ses œuvres sociales cherche des ressources dans l'extension de son domaine industriel et ses monopoles.

Le domaine privé comprend le domaine immobilier, le domaine industriel, les créances et les dettes.

225. Le domaine immobilier est parfois affecté à un service public par un décret qui assigne tel édifice à tel service. Mais il se compose surtout d'immeubles non bâtis et principalement de forêts. Il est administré en principe par les ministres et généralement par le *ministre des finances :* les ministres représentent l'Etat personne morale et passent en son nom les contrats. Cependant les préfets ont parfois cette représentation avec le concours de *l'administration des Domaines* ou de celle des *Eaux et Forêts.*

Les acquisitions des biens du domaine privé proviennent de contrats, mais surtout de dons et legs, de successions, car l'Etat hérite des biens qui n'ont pas d'autres héritiers (art. 768 C. civ.) ou de la désaffectation du domaine public routes déclassées, anciennes fortifications).

Les aliénations ne peuvent être ordonnées en principe que par une loi : il en est ainsi par exemple de celle des forêts. Cependant pour les immeubles non soumis à des lois spéciales et dont la valeur est inférieure à un million, un décret suffit.

Les ventes sont effectuées aux enchères par le préfet assisté du directeur départemental des domaines. L'administration a des prérogatives exceptionnelles pour se faire payer le prix : elle peut exiger le *paiement avant l'entrée en possession*; elle peut lancer contre le débiteur du prix une *contrainte* administrative qui donne le droit de le saisir sans autre formalité; elle peut prononcer la *déchéance* de l'acheteur qui ne paie pas le prix au jour convenu. Le contentieux des ventes nationales appartient au Conseil de préfecture.

226. Le **domaine industriel** comprend des exploitations assez nombreuses, productives de revenus.

De celles-ci cependant, les unes ont plutôt le caractère de services publics parce que l'Etat ne fait que prêter son concours au public sans fournir une marchandise ; il en est ainsi des *Postes, Télégraphes et Téléphones,* des *chemins de fer* dont le réseau est aujourd'hui assez important depuis le rachat de l'Ouest (1908).

D'autres, au contraire, ont bien le caractère d'une exploitation commerciale : elles sont établies tantôt dans un but d'éducation de l'art ou de l'industrie (*manufactures* d'objets d'art de Sèvres, de tapis des Gobelins), tantôt dans un but exclusivement fiscal qui motive le monopole entre les mains de l'Etat (monopoles du *tabac*, des *allumettes*, des *poudres*, et les projets de monopoles des assurances, du pétrole, etc.).

227. Les créances et les dettes. — Les créances de l'Etat ont besoin de garanties sérieuses pour assurer la rentrée des deniers publics : aussi l'Etat a-t-il des *privilèges* sur les biens de ses comptables et des contribuables De plus, le Trésor n'a jamais besoin de faire intervenir les tribunaux pour contraindre à payer un quelconque de ses débiteurs (concessionnaires de travaux publics, acquéreurs de biens nationaux, etc.). Un ministre, pour les affaires de son département, constate la créance par un *arrêté de débet*, c'est-à-dire un arrêté qui constitue débiteur le particulier, et le ministre des finances lance une *contrainte* administrative, titre exécutoire qui emporte hypothèque judiciaire et permet de saisir le débiteur.

Les dettes de l'Etat ne sont pas moins privilégiées que ses créances. Elles comprennent, en dehors de la Dette publique, toutes celles qui naissent des contrats divers et notamment des marchés de fournitures ou des traitements de fonctionnaires. Mais *l'Etat ne peut être déclaré débiteur que par l'autorité administrative*, c'est-à-dire qu'avant de poursuivre l'Etat en paiement il faut demander au ministre s'il reconnaît la dette ; en cas de contestation, on recourt alors contre la décision du ministre devant la juridiction administrative. Une fois la dette déclarée, le ministre doit payer, et, en fait, il paie toujours. Mais s'il refusait de payer, le créancier ne pourrait faire procéder à la saisie des biens du domaine privé parce que, dit-on, la puissance publique ne peut se saisir elle-même. Enfin, le créancier de l'Etat qui ne se serait pas fait payer dans le délai de cinq ans après la reconnaissance de sa dette serait déchu de ses droits (*déchéance quinquennale*).

§ 2. — Le domaine privé départemental

228. Ce domaine est très peu étendu car le département est de création relativement récente ; aussi comprend-il à peu près exclusivement des immeubles affectés soit à des services départementaux, soit à des services généraux (tribunaux, prisons, hôtels de préfecture et de sous-préfecture). Il est géré par le Conseil général et le préfet, mais les délibérations du Conseil général emportant désaffectation d'un immeuble destiné à un service d'intérêt général ne sont exécutoires que sauf veto du gouvernement.

§ 3. — Le domaine privé communal.

Celui-ci, au contraire, est très considérable. Près de onze mille communes possèdent des bois qui, au total, couvrent plus de deux millions d'hectares, soit le quart de la propriété forestière.

229. Son contenu. — Il comprend d'abord les **immeubles affectés** à un service public municipal (hôtels de ville, musées, etc.) ou à un service général (casernes, écoles).

Il contient, en outre, les **immeubles exploités** et productifs de revenus au profit de la commune. Ces biens entrent dans le domaine par tous modes d'acquisition ; mais les legs auxquels la famille du testateur fait opposition ne peuvent être acceptés par le Conseil municipal qu'avec autorisation donnée par décret en Conseil d'Etat. Ils ne peuvent être aliénés qu'avec l'autorisation du préfet ou, pour les bois, du Président de la République.

Enfin les communes possèdent un **domaine industriel** qui chaque jour se développe par les *régies municipales :* eau, gaz, électricité.

Les **créances** communales, autres que les impôts, sont recouvrées sur des *états* qui, dressés par le maire et visés par le sous-préfet, permettent la saisie du débiteur sauf opposition devant les tribunaux.

Les **dettes** des communes ne donnent pas au créancier le droit de faire saisir le domaine, mais le créancier trouve des garanties contre le mauvais vouloir d'une commune débitrice dans la tutelle administrative qui permet au préfet d'inscrire d'office au budget communal la somme nécessaire à l'acquittement de la dette. Les dettes peuvent naître non seulement des contrats communaux, mais encore des responsabilités de la commune pour tous les faits de ses agents et spécialement pour les dommages causés par les attroupements qu'une police insuffisante ou mal dirigée n'a pu disperser.

230. Les communaux. — Il est enfin, dans le domaine communal, des biens laissés à l'usage individuel des habitants et que l'on appelle les « communaux » : forêts, pâturages, terres vaines et vagues, tourbières, etc...

Ces biens ne font pas partie du domaine public parce qu'ils sont aliénables de leur nature, qu'ils produisent des fruits perçus privativement par chaque habitant de la commune et que l'usage en est réservé à ces seuls habitants alors que tout le monde peut se servir du domaine public.

Ils ne constituent pas non plus une propriété indivise entre les habitants de la commune parce que si ceux-ci en ont la jouissance, ces biens appartiennent cependant à la collectivité et ne peuvent être partagés. Le partage des communaux, prescrit un moment par le gouvernement révolutionnaire pour intéresser les populations rurales à l'œuvre de la Révolution, est aujourd'hui interdit.

Cette interdiction constitue une protection de la classe rurale contre la misère, car tout habitant de la commune est assuré d'avoir des terres à cultiver ou du bois à récolter. Il lui suffit pour cela d'être légalement domicilié dans la commune, ce dont décident en cas de contestation, les tribunaux judiciaires.

Le Conseil municipal détermine le mode de jouissance des communaux, jouissance *en commun* qui permet à chaque habitant d'envoyer au pâturage communal tant de têtes de bétail, ou par *allotissement* qui remet tel lot de terre à tel habitant, ou encore par *partage de fruits* dans lequel la municipalité fait couper une forêt et donne tant de stères de bois à chaque individu ou à chaque foyer. Les contestations sur le mode de jouissance relèvent des tribunaux administratifs.

Quand un groupe d'habitants dans la commune a des droits patrimoniaux propres, différents de ceux de tous les habitants, ce qui se produit quand deux communes ayant des biens sont réunies en une seule ou quand des immeubles sont légués seulement à un hameau, cette collectivité spéciale est érigée en *section de commune*. Celle-ci n'a pas d'organe spécial ; elle est gérée par le Conseil municipal commun. Mais si, dans un acte quelconque, dans un procès, ses intérêts venaient à être en opposition avec ceux du reste de la commune, elle est représentée par une *Commission syndicale* (V. nᵒ 186).

**231. Le domaine des établissements publics spé-
ciaux** (Chambres de Commerce, Universités Légion d'honneur,
Institut, etc.) est parfois fort important, surtout celui des
établissements d'assistance et de bienfaisance (hospices, hôpitaux, bureaux de bienfaisance).

Sa gestion est soumise aux mêmes règles que celle du domaine des autres personnes administratives (baux administratifs, insaisissabilité, règles de comptabilité publique, etc.). Mais,
de plus, ces établissements sont soumis à la *règle de la spécialité* :
l'administration supérieure ne les autoriserait pas à accepter
des legs qui auraient pour charge ou condition l'accomplissement d'un acte étranger aux attributions spéciales de l'établissement gratifié. Ainsi une Université ne peut accepter que des
dons et legs qui ont pour but de favoriser l'enseignement. Si un
legs est fait à un établissement incompétent pour accomplir la
condition, le legs est attribué à celui des autres établissements
publics qui a le droit de la réaliser. Ainsi le legs fait à une Université pour distribution de secours aux pauvres de la ville serait
attribué au bureau de bienfaisance. Par cette jurisprudence,
la volonté du testateur est plus sûrement interprétée que si on
appliquait les règles du droit civil et déclarait caducs soit le
legs soit la condition d'affectation.

CHAPITRE III

LES SERVICES FINANCIERS. — LE BUDGET
ET LES IMPOTS.

232. Les services financiers. – La gestion des services
publics entraîne de grosses dépenses. Le gouvernement et l'administration ne peuvent y pourvoir qu'en exigeant des individus les
sommes d'argent nécessaires ou impôts. L'impôt n'est légitime
qu'autant qu'il est indispensable et bien employé. Cette nécessité
apparaît par le programme de dépenses et de recettes que
dressent les personnes administratives : ce programme, c'est le

budget. La perception et l'affectation des deniers publics dont le chiffre total s'élève chaque année à plus de quatre milliards, doivent être règlementées de manière à assurer le recouvrement certain des impôts et à éviter le gaspillage dans les dépenses : de là les règles de la *comptabilité publique* et celles du *contrôle de l'exécution du budget*. Enfin l'équité commande de répartir la charge des services publics entre tous les individus de la nation : c'est l'objet du *système fiscal*.

Section I. — Le Budget.

Le budget, c'est l'acte par lequel sont prévues et autorisées les dépenses et les recettes de l'Etat pour une année.

233. Préparation et vote du budget. — Il est préparé par le gouvernement. Chaque ministre établit les prévisions de dépenses pour son ministère et l'envoie au ministre des finances : celui-ci, après avoir centralisé les tableaux de chaque ministère, dresse seul le projet de recettes. Le projet général du budget approuvé par le Conseil des ministres est, au nom du Président de la République, présenté au vote de la Chambre des Députés.

Nous avons vu que le vote de l'impôt était historiquement et politiquement l'attribution la plus importante du Parlement : c'est la nécessité d'obtenir l'assentiment des représentants des contribuables à l'établissement des nouveaux impôts qui a obligé la royauté à convoquer les Etats-généraux en 1789 et provoqué la Révolution française ; cette fonction du Parlement constitue pour lui le meilleur moyen de contrôle sur le Gouvernement : les Chambres peuvent développer ou restreindre les services publics en augmentant ou en diminuant les crédits affectés à chacun d'eux ; elles peuvent, par le refus du budget comme en 1877, sanctionner la responsabilité politique des ministres en leur retirant le moyen de gouverner.

Le budget est voté d'abord par la Chambre, puis par le Sénat (V. nº **137**) : dans chaque assemblée, il est procédé d'abord au vote des dépenses, puis à celui des recettes. C'est qu'en effet l'impôt n'est nécessaire que dans la mesure où il est indispensable pour payer les dépenses publiques.

Dans le budget départemental et le budget communal, au contraire, le vote des recettes précède celui des dépenses, parce que les ressources du département et de la commune ne sont pas illimitées : le maximum de centimes additionnels est fixé par le Parlement pour le premier et par le Conseil général pour la seconde, il ne peut donc être dépensé au delà.

234. Contenu du budget. — Le budget contient la prévision de toutes les recettes et de toutes les dépenses.

La *règle de l'universalité* ou des produits bruts veut que les dépenses d'une administration ne viennent jamais en déduction de ses recettes. Ainsi l'administration qui perçoit les impôts ne peut en déduire les frais de perception avant de les faire parvenir au Trésor. Inversement, la marine, vendant un vieux cuirassé, ne peut retenir la somme qu'elle reçoit de cette vente pour l'affecter à ses dépenses. La raison d'être de cette règle, c'est que toutes les recettes et toutes les dépenses doivent être effectivement votées et affectées par les représentants de la nation. Le budget fait apparaître ainsi plus clairement les dépenses de chaque service et permet le contrôle de sa gestion.

Au contraire, dans le budget départemental et dans le budget communal, des centimes additionnels reçoivent une affectation spéciale aux chemins vicinaux dont le législateur a voulu ainsi assurer le développement.

La *règle de l'unité* exige que toutes les opérations budgétaires entrent dans un seul état de recettes et de dépenses : c'est, en effet, là le seul moyen de voir si on réalise l'équilibre des recettes et des dépenses, condition d'une bonne gestion.

Aussi a-t-on supprimé les *budgets extraordinaires* dont les recettes étaient souvent constituées par des emprunts. Toutefois, à côté du budget général on admet encore des *budgets annexes* (chemins de fer, monnaies, imprimerie nationale) : on conçoit cette exception en faveur d'exploitations industrielles parce qu'elle permet de faire apparaître le résultat de cette gestion qui ne constitue souvent qu'une expérience, mais il faut condamner la pratique des *comptes spéciaux du Trésor* gageant certaines dépenses sur des recettes parfois non réalisées et qui provoquent des emprunts imprévus.

234 bis. Les **prévisions de recettes et de dépenses** sont établies sur des estimations aussi exactes que possible. Il faut éviter le déficit qui résulterait d'une estimation insuffisante des dépenses et d'une appréciation trop élevée des recettes. Pour les dépenses, on ne peut procéder que par *appréciation directe*, d'après les besoins probables des services. Pour les recettes, deux procédés sont employés : on évalue immédiatement le produit des impôts directs, parce qu'il est toujours à peu près constant (V. n° **253**). Au contraire, pour les autres impôts (impôts indirects, exploitation des monopoles, recettes du domaine), on applique la *règle de la pénultième année*, c'est-à-dire qu'on prend comme produit éventuel le chiffre du produit de ces mêmes impôts pendant l'avant-dernière année. Celle-ci, en effet, donne les derniers résultats connus au moment de la préparation du budget. Le budget de 1911 est ainsi préparé sur les résultats de l'année 1909.

235. Les **autorisations budgétaires** données par le Parlement de percevoir des impôts et de payer des dépenses, sont à la fois préalables et spéciales.

Elles sont *préalables* : avant le vote du budget on ne peut ni recouvrer les impôts, ni engager des dépenses. Mais si le budget n'est pas voté le 31 décembre, le Parlement donne au gouvernement le droit d'engager des dépenses et de percevoir les impôts indirects pour un mois, deux mois ou trois mois, c'est-à-dire pour 1/12, 2/12, 3/12 de la durée du budget total. C'est ce qu'on appelle la **loi des douzièmes provisoires.** Quant aux impôts directs, la loi qui les établit a été votée au mois de juillet précédent : elle est mise en vigueur et pour toute l'année par la première loi de douzième votée. En outre, si au cours de l'exécution du budget, des crédits votés pour une dépense deviennent insuffisants, le gouvernement devra demander des *crédits additionnels* sauf dans des cas exceptionnels où il les peut ouvrir par décret (V. n° **148**).

Les autorisations sont *spéciales*. Le gouvernement doit dépenser tel crédit mis à sa disposition pour tel service, pour ce service et non pour tel autre, sinon il y aurait dépense sans crédit quand aucun crédit n'a été ouvert pour l'objet de la dépense, ou même *virement de crédit* quand le ministre affecte à un service la somme votée pour un autre. Il ne peut dépenser au delà de la somme qui lui est allouée pour telle dépense, sinon il y a *dépassement de crédit*. Enfin il ne peut employer un crédit ouvert pour une dépense d'une année budgétaire à une dépense d'une autre année. La violation de la *règle de la spécialité* a pour sanction la responsabilité du ministre, mais nous avons vu que la responsabilité politique n'était guère mise en jeu pour ce motif et que la responsabilité civile ne pouvait que difficilement trouver un juge (V. n° **157**).

Section II. — La Comptabilité Publique.

236. Annalité et Exercice. — Le budget n'est voté que pour *une année.* Les tentatives d'établir un *budget consolidé* pour plusieurs années, au moins pour des œuvres de longue durée comme les constructions d'une flotte de cuirassés, n'ont pas eu de succès en France. Si donc au 31 décembre, des dépenses ou des recettes du budget n'ont pas été engagées, les crédits sont annulés et les recettes devront faire l'objet d'une nouvelle autorisation budgétaire.

Cependant les dépenses déjà engagées et qui constituent des dettes non encore payées au 31 décembre, les recettes ou impôts réclamés et qui constituent des créances non encore recouvrées à la même date, sont toujours considérées comme appartenant au budget de l'année qui prend fin. Ce maintien est nécessaire pour qu'il soit possible ultérieurement de comparer les prévisions et les opérations réelles. C'est le système de *l'exercice financier* qui déborde ainsi sur l'année civile. L'exercice ne peut toutefois se prolonger indéfiniment sinon le budget ne serait jamais réglé. Dès lors, les dépenses engagées au 31 décembre ne seront comprises dans les comptes de l'exercice que si elles sont mandatées avant le 31 mars et payées effectivement avant le 30 avril suivant. Sinon, elles sont reportées au budget de l'année suivante et inscrites au compte d'*exercice clos.*

Dans le budget départemental l'exercice financier ne dure que jusqu'au 31 janvier pour les mandats et à fin février pour les paiements. Dans le budget communal ces deux dates sont reportées aux 15 et 31 mars.

237. La procédure des dépenses doit apporter aux créanciers de l'Etat la garantie qu'ils seront payés, et au contribuable celle qu'on ne fera pas de dépenses qui n'aient été votées par le Parlement.

a) **L'engagement des dépenses** est, en principe, le fait du ministre et parfois celui de certains de ses subordonnés (préfets, intendants militaires). La dépense ne peut être engagée qu'en vertu et dans les limites des crédits votés dans le budget.

Aussi dans chaque ministère tout acte du ministre comportant une dépense est-il visé par un *contrôleur des dépenses* engagées qui vérifie si à la dépense correspond un crédit. En fait, ce contrôle est insuffisant et sans sanction, puisque sans le visa, l'engagement de l'Etat reste parfaitement valable.

b) **Liquidation et ordonnancement.** — La dette née doit, avant tout paiement au créancier, être l'objet d'une procédure spéciale, c'est-à-dire que le ministre vérifie son existence et recherche si elle n'est pas éteinte par prescription ou par la déchéance de cinq ans qui frappe toutes les dettes de l'Etat.

Elle est *liquidée*, c'est-à-dire déterminée quant à son montant, d'après les pièces justificatives fournies par le créancier.

Elle est *ordonnancée*, c'est-à-dire qu'elle fait l'objet d'une *ordonnance de paiement* délivrée par le ministre ordonnateur principal ou d'un *mandat de paiement* délivré par d'autres agents administratifs appelés ordonnateurs secondaires.

L'ordonnance ou le mandat impute la dépense sur un crédit budgétaire et donne ordre à un comptable de l'Etat de verser la somme due au créancier.

c) **Le paiement** est encore l'occasion d'une garantie nouvelle : comme *les fonctions de payeur et celle d'ordonnateur sont séparées*, le payeur doit, avant de verser les fonds au créancier, vérifier si toutes les règles de la comptabilité ont été observées.

S'il constate des omissions, il doit refuser de payer ; un paiement irrégulier engagerait sa responsabilité pécuniaire. Son refus est accompagné d'une déclaration motivée remise au créancier. Celui-ci se retourne contre l'ordonnateur qui peut, ou régulariser l'ordonnance ou adresser au payeur une *réquisition de payer*. Le payeur peut alors verser les fonds ou en référer au ministre des finances : dans ces deux cas, il est couvert par la réquisition.

Tels sont les principes de la comptabilité régulière et légale.

En fait, souvent des agents administratifs reçoivent des fonds publics ou même s'en font délivrer par des mandats fictifs pour des services non rendus, afin d'avoir de l'argent libre pour des

dépenses non prévues au budget. Ces agents deviennent personnellement responsables des fonds indûment détenus et la gestion
de leur « *caisse noire* » une fois découverte est soumise au juge
des comptables.

238. La **procédure des recettes** doit avoir pour but de
faire rentrer régulièrement dans les caisses de l'Etat tout ce qui
est dû et d'éviter cependant que des exactions soient commises
au détriment des débiteurs.

Les créances de l'Etat ont pour origine des contrats de travaux
publics, des dons, legs ou les lois d'impôt. Spécialement pour
l'impôt, tout percepteur qui se ferait remettre des contributions
sans que le budget ou les douzièmes provisoires aient été votés
encourrait une responsabilité pécuniaire et pénale.

Une procédure de **constatation** et de **liquidation** est imposée
aux créances comme aux dettes. Elles sont perçues en vertu de
titres de recouvrement : *rôle nominatif* des impôts directs signé
par le préfet, *arrêtés de débet* pris par le ministre contre les
comptables de l'Etat, *états de recouvrement* dressés par les
ministres et les maires, etc. De ces titres, les uns sont exécutoires
par eux-mêmes et les autres au moyen d'une *contrainte* décernée par l'autorité administrative, c'est-à-dire qu'ils permettent
de saisir le débiteur et de faire vendre ses biens sans avoir
recours aux tribunaux. Ainsi le recouvrement des recettes de
l'Etat ne peut être retardé par une procédure quelconque :
si la perception est faite à tort, le débiteur après avoir payé,
pourra recourir à la juridiction compétente pour se faire rembourser.

Pour les recettes comme pour les dépenses, *le fonctionnaire
qui manie l'argent est autre que celui qui établit le titre de la
créance.* S'il en est différemment en matière de douane et d'enregistrement, en matière d'impôts directs, par exemple, c'est
l'administration des Contributions directes (le contrôleur) qui
établit le rôle nominatif des impôts et c'est le percepteur qui
reçoit l'argent. Les créances de l'Etat sont garanties par la
responsabilité pécuniaire des comptables pour les créances non
recouvrées et par des privilèges ou hypothèques sur les biens des
débiteurs. Ainsi tout ce qui est dû à l'Etat doit entrer dans
les caisses du Trésor.

239. Le **service de la Trésorerie** paie les dépenses et recouvre les créances de l'Etat sous la direction du Ministre des Finances.

Son organisation repose, avons-nous dit, sur le principe de la *séparation des comptables d'avec les administrateurs*. Ceux-ci sont partagés en services différents (contributions directes, enregistrement, domaine et timbre, contributions indirectes, douanes, etc.), qui ont à leur tête un directeur au Ministère des Finances. Comme ils n'ont pas de fonds publics entre les mains, il n'est pas nécessaire de prendre à leur égard des garanties autres que celles communes à tous les fonctionnaires. Il en est différemment des comptables. Ceux-ci sont ou des *comptables de deniers* qui ont une caisse et détiennent des deniers publics (Caissier-payeur central, trésoriers payeurs généraux au chef-lieu de chaque département, receveurs des finances au chef-lieu de l'arrondissement, percepteurs dans les cantons), ou des *comptables de matières* qui ont la garde de matériaux appartenant à l'Etat.

La protection des deniers publics exige que l'on prenne des garanties contre leurs malversations, détournements ou erreurs de caisse. Ainsi, les comptables de deniers sont astreints à verser un *cautionnement* ; ils voient leurs biens et même ceux de leurs femmes grevés de *privilèges* et *d'hypothèques légales*.

Des mouvements de fonds pourraient être nécessaires pour transporter matériellement l'argent des caisses des comptables où il y en a trop dans celles où il n'y en a pas assez. Pour éviter ces déplacements dispendieux, le Trésor a un *compte-courant à la Banque de France* ; les comptables qui ont trop d'argent le versent à la succursale de la Banque, ceux qui n'en ont pas assez pour leurs paiements vont en chercher ; les comptes sont réglés à Paris par voie de compensation, sur simples écritures, par la *Direction du mouvement général des fonds* au ministère des finances.

Enfin, si le Trésor n'effectuait ses paiements qu'avec ses recettes, il pourrait être parfois embarrassé ; au début de l'année, les dépenses courent normalement, au contraire les recettes sont plus rares car on ne paie pas ses impôts directs au mois de janvier. Il a donc été constitué au Trésor un *fonds général de roulement* avec les dépôts des caisses d'épargne et de la caisse des dépôts et consignations, avec les avances des trésoriers-payeurs généraux, de la Banque de France, enfin avec des emprunts demandés au public moyennant un léger intérêt, emprunts temporaires de un mois à un an (*Bons du Trésor*) ou de un an à six ans (*obligations à court terme*) dont l'émission a d'ailleurs un maximum fixé par la loi.

Section III. — Controle de l'exécution du Budget.

La surveillance de la gestion des fonds publics est assurée par un contrôle administratif, un contrôle juridictionnel et un contrôle parlementaire.

240. Le **contrôle administratif** s'exerce à la fois sur les ordonnateurs et sur les comptables.

En cours de gestion, les *supérieurs hiérarchiques* contrôlent l'opportunité des dépenses engagées et mandatées par les ordonnateurs secondaires. Les *inspecteurs des finances,* placés sous la direction du ministre, vérifient chez les comptables la légalité, c'est-à-dire la conformité avec les règlements de comptabilité, des paiements effectués par leurs caisses.

A la fin de la période budgétaire, les *ordonnateurs* rendent de leur gestion pour tout l'exercice financier un *compte administratif* des mandats émis et les *comptables* rendent un *compte de caisse* pour les recettes et paiements effectués du 1.er janvier au 31 décembre.

241. Le **contrôle juridictionnel** ne s'exerce que sur les comptables. Il est l'œuvre d'un tribunal administratif, la **Cour des Comptes** dont l'indépendance est assurée par l'inamovibilité des juges.

La Cour comprend : un premier Président et trois Présidents de Chambre, des Conseillers-maîtres, des Conseillers référendaires, des auditeurs de première et de deuxième classe, un procureur général, un avocat général et un greffier.

La Cour juge les comptes et non les comptables.

La Cour juge les comptes. Ceux-ci sont adressés chaque année dans les trois mois qui suivent la fin de l'année civile à la direction générale de la comptabilité au Ministère des Finances, avec toutes pièces justificatives des opérations faites. Ils sont transmis par le Ministère à la Cour des Comptes. Ils sont examinés par les conseillers référendaires et parfois par des auditeurs désignés ; ils sont jugés par les conseillers maîtres sur le rapport de l'un d'eux. La Cour rend des *arrêts provisoires* lorsqu'elle a besoin de demander de nouvelles explications au comptable, ou des *arrêts définitifs.* Ces arrêts prononcent la décharge du comptable en le déclarant *quitte* envers le Trésor ou même en le déclarant *en avance,* ou, au contraire, le condamnant à solder le *débet,* c'est-à-dire ce dont il est redevable envers le Trésor. Ces arrêts sont susceptibles d'être attaqués par un *pourvoi de revision* devant la Cour elle-même ou par un *recours en cassation* devant le Conseil d'Etat.

Mais *la Cour ne juge pas les comptables* : si elle constate des faux, des malversations, elle les signale au Ministre des Finances qui seul a qualité pour exercer la poursuite devant les tribunaux criminels. Ainsi se complète le contrôle des comptables.

242. Le **contrôle parlementaire** s'exerce, au contraire, sur les ordonnateurs principaux, c'est-à-dire sur les ministres. Les comptes de ceux-ci sont soumis pour avis à deux autorités : 1º à la *Commission de vérification des comptes des Ministres*, nommée chaque année par le Président de la République et composée de sénateurs, de députés, de membres du Conseil d'Etat et de la Cour des Comptes ; 2º à la *Cour des Comptes*.

L'examen de celle-ci, le seul sérieux, porte sur la conformité des comptes des comptables avec ceux du ministre ordonnateur : elle la constate sans juger, par des *déclarations de conformité*. Elle réunit ses observations avec ses avis ou vœux de réforme dans un rapport adressé au Président de la République, imprimé et distribué aux membres du Parlement.

Le Parlement juge alors la gestion du ministre en votant la *loi portant règlement définitif du budget* ou *loi des Comptes*. Mais, en fait, ce contrôle n'a guère de valeur pratique : la loi des comptes est votée beaucoup trop longtemps après l'exécution du budget ; ce ne sont plus les mêmes ministres qui sont au pouvoir et d'ailleurs, nous avons vu les difficultés pratiques auxquelles se heurte la mise en jeu de la responsabilité civile des ministres (V. nº **137**).

Le **contrôle des budgets locaux** est assuré par des procédés analogues à celui du budget de l'Etat.

Dans l'exécution du *budget départemental*, les comptes d'administration du Préfet ordonnateur sont examinés par la Commission départementale, par le Conseil général et réglés par le Président de la République. Les comptes de gestion du Trésorier payeur-général sont examinés par la Commission départementale, le Conseil général et jugés par la Cour des Comptes.

Dans le *budget communal*, les comptes du maire ordonnateur sont examinés par le conseil municipal et réglés par le préfet ; les comptes de caisse du receveur municipal ou du percepteur qui en tient lieu sont examinés par le conseil municipal et jugés par le conseil de préfecture ou par la Cour des Comptes selon l'importance de la commune.

Section IV. — Les Impots.

243. Les ressources de l'Etat. — La source principale des revenus de l'Etat provenait jadis de l'exploitation du domaine. Celui-ci s'est encore étendu de nos jours par des exploitations industrielles (V. n° **226**). Mais ces exploitations ne sont pas toujours très productives. Elles tendent d'ailleurs à devenir des services publics dont la fourniture, quand elle n'est pas gratuite, est cependant considérée comme devant être donnée au prix coûtant à tous les citoyens. Par contre, les dépenses publiques se sont multipliées et toutes les œuvres de solidarité sociale doivent grever de plus en plus les budgets futurs. L'Etat, en fait, de plus en plus recourt à l'impôt. Le problème de l'imposition n'en acquiert que plus d'importance.

244. Les impôts réels : l'impôt direct et l'impôt indirect. — On 'a autrefois considéré l'impôt comme le prix des services et notamment de la sécurité procurée par l'Etat. Recherchant les meilleurs impôts, on accordait la préférence à ceux qui étaient les plus commodes à percevoir. On s'est donc attaché surtout aux *impôts réels*, c'est-à-dire à ceux qui frappent les choses et les faits qu'on voit (propriété d'une maison, consommation d'alcool) et dans l'imposition desquels l'administration, ignorant la personne du contribuable, se base exclusivement sur des signes extérieurs (valeur locative de la maison occupée, possession de voitures) qu'elle tient pour des manifestations de la richesse.

De ces impôts, les uns appelés *impôts directs* parce que la prestation en est exigée directement du contribuable, frappent des situations stables et permanentes (loyer, propriété foncière propriété bâtie). Mais s'ils présentent des avantages de stabilité, s'ils sont peu coûteux à percevoir, ils sont aussi peu productifs, car il n'est pas aisé d'exiger en une seule fois le versement d'une grosse somme de la part du contribuable.

Les autres, au contraire, sont appelés *impôts indirects* parce que pour la plupart, ils sont perçus indirectement à l'occasion de faits de consommation et que le contribuable ne s'en aperçoit pas, croyant dans le prix qu'il donne pour l'achat de la matière, ne payer que la valeur de la marchandise livrée (sucre, sel, boisson, pétrole, tabac, etc.). Aussi ces impôts, s'ils coûtent cher à percevoir par suite de la multiplicité des agents qu'ils exigent pour la surveillance et la recette, peuvent produire beaucoup pour l'Etat et donnent même de grosses plus-values dans les périodes de prospérité, de grande activité industrielle et commerciale.

Ces conceptions sont cependant de plus en plus abandonnées.

245. L'impôt personnel. — L'impôt, tout d'abord, n'est pas le prix d'un service rendu : ainsi les classes pauvres profitent plus que les riches de beaucoup de services publics (assistance, enseignement, etc.), et cependant nul n'ose prétendre que les premières devraient payer plus d'impôt que les secondes. Il est des gens qui n'ont jamais été à l'Opéra et cependant ils paient leur part de la subvention nationale accordée à cet établissement. Nous payons aujourd'hui enfin les intérêts des dépenses effectuées par la génération précédente pour la guerre de 1870 et pour les cinq milliards exigés par l'Allemagne, et cependant ce n'est pas nous qui avons fait cette guerre. Si l'impôt est exigé de tous les individus pour toutes les dépenses d'intérêt général ne profitant parfois qu'à une classe de la société et pour toutes les charges imposées à l'Etat par les générations passées comme par la génération présente, c'est qu'il constitue une *obligation de solidarité nationale*, de cette solidarité qui, nous l'avons vu, lie entre eux tous les individus de la nation et rattache les générations passées aux générations présentes et futures.

Cette obligation s'impose donc à tout individu dans la mesure de ses forces personnelles. *L'impôt ne doit donc pas être réel mais personnel.*

L'impôt réel est injuste parce qu'il ne tient pas compte des facultés respectives des contribuables. Il en est ainsi surtout dans l'application des impôts indirects qui entrent pour les quatre cinquièmes dans notre budget (3 milliards 200 millions sur 4 milliards). Quand ces impôts atteignent des objets de première nécessité, comme le sucre ou le sel, ils frappent de la même taxe l'ouvrier et le grand industriel qui consomment la même quantité de sucre ou de sel. De plus, l'impôt réel, même direct, méconnaît encore ce fait que la faculté du contribuable diminue avec le nombre de ses enfants, de ses charges de famille puisque le contribuable chargé de famille, loin de voir ses impôts diminués constate au contraire leur augmentation à mesure qu'il est obligé de prendre un loyer plus élevé et de consommer davantage.

L'impôt doit être personnel parçe que les facultés des contribuables varient indépendamment de leurs dépenses. Elles varient avec leur fortune : le riche peut payer plus que le pauvre. Aussi doit-il le faire dans une mesure plus que proportionnelle à sa fortune. Il est plus aisé à celui qui gagne 100.000 francs de payer 1.000 francs qu'à celui qui gagne 1.000 francs de payer 10 francs. Dès lors, on peut établir un *impôt progressif* : on fera payer, par exemple, 10 francs à celui qui gagne 1.000 francs, soit 1 % ; 125 francs à celui qui gagne 10.000 francs, soit 1,25 % ; 300 francs à celui qui a 20.000 francs de revenu, soit 1,50 % ; 2.000 francs à celui qui gagne 100.000 francs, soit 2 %.

246. Impôt sur le capital et impôt sur les revenus.

— Les facultés contributives varient aussi avec la nature de la richesse possédée. On peut frapper soit le *capital*, soit le *revenu*.

En réalité, il faut atteindre l'un et l'autre pour éviter de laisser échapper à l'impôt, soit les capitaux qui ne produisent pas de revenus (objets d'art ou de luxe), soit les revenus du travail.

Mais il est juste de tenir compte de leur origine : ainsi le capital *acquis à titre gratuit* (donation, succession) devra être plus imposé que le capital *acquis à titre onéreux* (achat d'un immeuble), parce que le second est un produit de l'activité personnelle ; le *revenu du travail* doit l'être moins que le *revenu du capital,* parce que le premier prend fin avec l'épuisement des forces du travailleur et que le second est permanent. On doit donc imposer d'une façon différente des revenus différents de leur nature, c'est ce qu'on appelle faire la *discrimination des revenus.*

247. Méthodes d'imposition. — L'impôt personnel n'est pas établi comme l'impôt réel, d'après des *signes extérieurs*. Sans doute, il est commode et discret d'induire de certains faits facilement constatés, le revenu dont ils sont la manifestation extérieure, mais ce sont là des fictions injustes et incomplètes : *injustes* parce que deux contribuables de fortune fort différente peuvent cependant payer le même loyer ou habiter une maison de même valeur, et le fait est fréquent à la campagne ; *incomplètes*, parce qu'elles laissent échapper à l'impôt des sources importantes de revenus (créances, salaires, etc.).

Il est donc préférable d'user de la *méthode de constatation directe*. Par un premier procédé, le fisc recourt à une *taxation d'office* pour déterminer le chiffre d'impôts que le contribuable doit payer. On peut frapper ainsi toute richesse, mais la taxation est *arbitraire* si l'administration n'a pas le moyen d'obliger le redevable à dévoiler ses affaires et ses ressources, elle est *inquisitoriale* si elle possède ces moyens. Suivant un second procédé, déjà employé pour les successions, le fisc exige du contribuable une *déclaration* de ses capitaux ou de ses revenus : mais la déclaration ouvre la porte à des fraudes qu'on ne peut encore constater et punir que par des recherches dans les affaires privées. Ce sont ces difficultés de procédure qui ont retardé la réforme en France du système des impôts réels qu'il nous faut maintenant étudier.

§ 1. — La contribution personnelle.

248. La contribution personnelle est une véritable capitation ou impôt sur chaque tête d'habitant. Mais elle ne tient aucun compte des facultés personnelles des contribuables. Elle est, en effet, égale pour tous les individus, quelle que soit leur fortune. Elle s'élève à la *valeur de trois journées de travail ;* le prix de la journée de travail est fixé pour chaque commune, par le Conseil général entre 0 fr. 50 et 1 fr. 50. Elle est due par tous les habitants, français et étrangers, à l'exception des femmes mariées, des enfants, des domestiques à gages et des indigents.

§ 2. — **Impôts sur les revenus du capital**.

Ils portent sur les revenus des immeubles, des valeurs mobilières.

Les impôts sur les revenus des immeubles sont l'impôt foncier et l'impôt des propriétés bâties.

249. L'impôt foncier ou **contribution foncière des propriétés non bâties** frappe le revenu net moyen de la propriété. Il est établi d'après la nature de la culture à laquelle elle sert.

Mais cette culture, déterminée jadis par le cadastre ou plan communal de toutes les parcelles de terrain, s'est modifiée depuis la confection du plan cadastral. Dès lors, les évaluations de revenus faites à ce moment, dans la première moitié du xixᵉ siècle ne correspondent plus aujourd'hui à la réalité : des vignes ont succédé à des jachères ou inversement. Dès lors, l'impôt est fort inégalement réparti. Pour rétablir l'égalité, pour réaliser ce qu'on appelle la *péréquation de l'impôt foncier*, il faudrait refaire le cadastre, opération dispendieuse pour laquelle cependant l'Etat offre aux communes un concours pécuniaire. La loi du budget de 1907 a prescrit une nouvelle évaluation, sinon parcellaire, du moins globale, c'est-à-dire pour l'ensemble des biens d'un même propriétaire, évaluation qui est en cours d'exécution.

L'impôt est dû par le propriétaire ou par l'usufruitier.

En sont exemptés totalement les propriétés affectées à un service public et, pour trente années, les terrains reboisés. De plus, les dégrèvements partiels sont accordés aux propriétaires dont les cotes sont inférieures à 25 francs.

250. L'impôt sur les maisons ou **contribution foncière des propriétés bâties** séparé du précédent depuis 1890, porte sur le revenu net (3,20 % du revenu) de tout bâtiment. Ce revenu net est déterminé d'après la valeur locative réelle de l'édifice, sous déduction de 25 % pour les maisons et de 40 % pour les usines, quotité représentant la perte annuelle de valeur et les réparations d'entretien.

En sont exemptés les bâtiments servant aux exploitations rurales (granges, écuries), les édifices affectés à un service public, et, pour un temps, les constructions nouvelles et les habitations à bon marché.

251. Les impôts sur les valeurs mobilières frappent assez lourdement les titres (obligations, actions, etc.) émis par les sociétés financières et les personnes administratives.

Les valeurs mobilières françaises paient *un impôt du timbre* au moment de leur émission ou par une taxe annuelle ; un *droit de transmission* au moment des mutations à titre onéreux (titres nominatifs) qui, pour les titres au porteur, est transformé en un impôt annuel sur le revenu ; un *impôt de 4 % sur ce revenu* retenu sur le coupon et payé au Trésor par la société qui a émis le titre ; un impôt sur les opérations de bourse, au moment de l'achat ou de la vente ; un impôt de 8 % sur les lots (obligations à lots).

Les valeurs étrangères subissent un régime encore plus complexe.

Seule, la rente française et les rentes coloniales assimilées, ne paient ni timbre, ni droit de transmission, ni impôt sur le revenu.

§ 3. — L'impôt sur les bénéfices industriels.

252. L'impôt des patentes frappe non seulement les revenus du commerce et de l'industrie, mais encore celui des professions libérales (avocats, médecins, etc.). Les autres profits ou salaires sont exemptés.

Il comprend : 1º Un *droit fixe* déterminé pour chaque profession d'après la population de la commune ; 2º Un *droit proportionnel* fixé d'après des signes extérieurs : (valeur locative des bâtiments servant à la profession et à l'habitation des patentables). Les grands magasins sont frappés d'une patente spéciale.

§ 4. — Impôts sur l'ensemble des revenus.

La contribution des portes et fenêtres et la contribution mobilière ont pour but de frapper l'ensemble de la fortune du contribuable, mais ils sont établis sur des présomptions très défectueuses.

253. La contribution des portes et fenêtres présume que le revenu de l'imposé est proportionnel au nombre d'ouvertures de l'appartement ou de la maison qu'il occupe. Les faits démentent aisément cette induction : en réalité, cet impôt est un impôt sur l'air et la lumière. Supprimé en 1892, il continue provisoirement à être perçu jusqu'à ce qu'il ait été remplacé. Il est réclamé au propriétaire qui, sauf conventions contraires, le peut recouvrer sur le locataire.

254. La **contribution mobilière** présume, avec un peu plus de vraisemblance, que le revenu du contribuable est proportionnel à la *valeur locative de son habitation personnelle*. Cette présomption n'est pas encore parfaitement exacte parce que le loyer des particuliers varie avec la profession, le genre de vie ou les charges de famille. Aussi, en fait, dans beaucoup de communes rurales où riches et pauvres occupent des maisons sensiblement égales par leur valeur locative, les répartiteurs se basent pour établir l'impôt, sur la fortune présumée des contribuables. Le procédé est illégal et condamné par la juridiction administrative.

La loi permet aux Conseils municipaux : 1º de déduire du loyer imposable une certaine somme (au maximum 375 francs), de sorte que les petits contribuables qui ont un loyer inférieur ne paient rien et que ceux qui ont un loyer supérieur paient seulement pour la différence ; 2º de déduire, en outre, 1/10 de la cote pour chaque personne (enfants ou ascendants), en sus de la première, à la charge du contribuable ; 3º De payer une partie de l'impôt avec les produits de l'octroi.

§ 5. — Le projet de réforme fiscale de 1909.

255. Les différentes catégories d'impôts que nous venons d'étudier ont fait souvent l'objet de projets de réforme. Ils font partie, notamment, d'un projet fiscal déposé par le Gouvernement devant la Chambre des Députés, voté par elle en 1909, et actuellement soumis au Sénat.

Tous ces impôts seraient remplacés par deux impôts sur le revenu : 1º Un **impôt général sur les différents revenus.** Ceux-ci sont classés en sept catégories : 1º *Revenu des propriétés non bâties* ; 2º *Revenu des propriétés bâties* ; 3º *Revenu des capitaux mobiliers* ; 4º *Bénéfices industriels et commerciaux* ; 5º *Bénéfices agricoles* ; 6º *Traitements et salaires* ; 7º *Revenu des professions libérales.* Chacune de ces catégories est frappée d'un taux spécial conformément au principe de la *discrimination des revenus.* 2º Un **impôt complémentaire sur le revenu global** qui frappe la totalité des revenus des catégories précédentes additionnés pour chaque contribuable lorsque ce total dépasse 5.000 francs. Il est progressif.

Le projet actuel évite ainsi des critiques adressées aux projets antérieurs. Il n'est pas un *impôt unique* lequel, frappant trop lourdement le contribuable, provoque des fraudes et rend intolérables les inégalités fatales qui se glissent dans tout impôt ; quand les impôts sont multiples une compensation s'établit entre les erreurs qui sont au détriment de tel contribuable et celles dont il profite. D'autre part, ce n'est pas un impôt sur le capital qui n'atteint qu'une minorité de la nation alors exploitée par la majorité. Cependant ce danger pourrait naître du chiffre élevé du revenu exempté de l'impôt complémentaire.

§ 6. — Autres impôts du système fiscal français.

256. Les impôts sur les actes juridiques (mutations de biens, actes de procédure, etc.). En général, les actes de la vie juridique sont constatés par écrit. L'impôt sur ces actes est perçu par suite de l'obligation pour les parties de rédiger l'acte ou d'en fournir copie sur un *papier timbré*, ou de faire *enregistrer* cet acte pour lui faire produire des effets de droit.

a) **L'impôt du timbre** frappe, en principe, tous les actes civils et judiciaires, toutes les écritures destinées à être produites en justice. Les uns et les·autres doivent être dressés sur du papier timbré du sceau de l'Etat dont le prix varie avec la dimension : (*timbre de dimension*) 0,60, 1 fr. 20, 1 fr. 80. Les effets de commerce et les titres de bourse sont astreints au droit de *timbre proportionnel* qui varie avec la valeur du titre. Un *timbre spécial* doit être apposé sur les quittances, reçus, affiches, etc.

b) **L'impôt d'enregistrement** (*droits d'acte* et *droits de mutation*) atteint les baux, mutations de propriétés, les actes de procédure, de constitution d'hypothèque, d'un *droit fixe* dont le taux diffère suivant la nature de l'acte, ou d'un *droit proportionnel* qui s'élève avec la valeur sur laquelle il porte. Spécialement l'impôt sur le capital recueilli par succession est perçu sous forme d'impôt d'enregistrement et est progressif.

257. Les impôts de consommation frappent les revenus censés révélés par les dépenses. Nous avons dit combien cette présomption était inexacte lorsque l'impôt atteint non pas des objets de luxe mais des matières nécessaires à la vie. De ces impôts les principaux sont les **contributions indirectes** et les douanes.

a) Les **contributions indirectes** frappent les boissons hygiéniques (vins, cidres, poirés) d'un *droit de circulation*, les bières d'un *droit de fabrication*, l'alcool d'un *droit de consommation* et d'un *droit d'entrée* dans les villes de plus de 4.000 habitants.

Par privilège, les bouilleurs de crû ou propriétaires distillant le produit de leur récolte (vins, cidres, marcs, prunes, cerises), ne sont ni taxés, ni contrôlés lors de la fabrication et peuvent donc consommer personnellement leur alcool sans payer de droits. Seul, l'alcool qui sort de chez eux est astreint au paiement de l'impôt. Mais l'absence de contrôle à la fabrication facilite les fraudes.

b) Des **impôts indirects spéciaux** atteignent encore le sucre, le sel, les transports, d'autres sont perçus par voie de *monopole de fabrication* (allumettes), ou de *monopole de fabrication et de vente* (poudres, tabacs).

c) Enfin, des **impôts somptuaires**, c'est-à-dire frappant des objets de luxe, sont établis sur les voitures, automobiles, cercles, billards, etc.

<h3 align="center">§ 7. — Le recouvrement des Impôts</h3>

Le recouvrement des impôts comporte une série d'opérations qui ont pour but, suivant les règles formulées par l'économiste Adam Smith, de déterminer d'une façon certaine et non arbitraire, non seulement la quotité d'impôts exigée de chaque individu, mais encore les formes, époques, délais du paiement, les garanties du Trésor ainsi que celles du contribuable.

258. La **détermination de l'assiette de l'impôt** c'est l'indication de la matière imposable. Elle varie suivant qu'il s'agit d'impôts directs ou d'impôts indirects, division d'ailleurs arbitraire puisqu'elle ne porte que sur la façon dont est atteinte la richesse de l'individu.

. *a*) Les **impôts indirects** sont déterminés, liquidés en une seule opération par les agents qui constatent la fabrication de la marchandise soumise à la taxe ou sa circulation et perçoivent en une fois l'impôt dû.

b) Les **impôts directs** et **taxes assimilées** (chevaux, voitures, taxes sur les cercles, billards) sont, au contraire, en général, perçus périodiquement après plusieurs opérations. Les noms des contribuables sont inscrits sur des registres ou matrices après la constatation des éléments imposables. Ces registres sont revisés chaque année (mutation), d'après l'état des choses existant au 1er janvier. L'administration des contributions directes en envoie au préfet une copie qui constitue le *rôle nominatif*. Le préfet, par sa signature, rend le rôle exécutoire et l'adresse, pour leur circonscription, aux percepteurs. L'administration des contributions directes fait parvenir alors à chaque contribuable une copie de l'article du rôle qui le concerne, ou *avertissement*.

259. La **détermination de ce que chacun doit payer** se fait suivant plusieurs procédés : celui de la répartition, celui de la quotité, celui du forfait.

a) Dans le **procédé de la répartition**, la loi fixe le montant total que l'ensemble des contribuables devra payer. Le Parlement partage la somme globale entre les départements, le conseil général divise le contingent départemental entre les arrondissements, le conseil d'arrondissement répartit celui de l'arrondissement entre les communes et, dans chaque commune, les répartiteurs font la même opération entre les contribuables. Les impôts de répartition, ce sont l'impôt foncier des propriétés non bâties, la contribution mobilière, l'impôt des portes et fenêtres.

Ce moyen primitif évite sans doute au contribuable des rapports directs avec l'agent du fisc et donne à l'Etat un produit certain, mais au total il fournit peu et aboutit à des inégalités choquantes entre les contribuables de différentes régions.

b) Le **procédé de la quotité** applique, au contraire, à la matière imposable un tarif légal fixé d'après la valeur du capital ou du revenu imposé, ou d'après la quantité de la marchandise taxée. Il est employé pour l'impôt des patentes, de la propriété bâtie, le 4 % des valeurs mobilières et tous les impôts indirects.

Il maintient l'égalité des contribuables devant l'impôt et procure des plus-values au Trésor avec le développement de la richesse générale.

c) Par le **forfait** ou l'**abonnement**, le contribuable est déchargé d'une surveillance constante du fisc et de paiements multiples qui sont remplacés par une somme globale. Il a à peu près disparu.

La dette individuelle d'impôt fixée, il faut la recouvrer.

260. La perception de l'impôt. — Jadis, on donnait à un individu ou à une société, le droit de percevoir l'impôt moyennant le paiement d'une somme globale.

La **ferme** des impôts a donné lieu a bien des abus car le fermier se montrait très dur à l'égard des contribuables en retard et, comme il prélevait un bénéfice, le produit entrant dans les caisses du Trésor était moindre. Aussi le procédé n'est-il plus guère employé que par des villes pour la perception des taxes d'octroi ou des places de marchés publics.

L'impôt est aujourd'hui perçu par des receveurs du Trésor qui sont parfois les agents chargés de la taxation (ex. : douanes), et plus généralement des comptables distincts : percepteurs, receveurs des finances et trésoriers payeurs généraux.

Le paiement de l'impôt doit être fait en argent.

Celui des impôts indirects est versé en une seule fois lors de la fabrication ou de la consommation de la marchandise taxée ; au contraire les impôts directs sont payables par douzièmes.

261. Les garanties du Trésor pour le recouvrement de l'impôt sont des plus efficaces.

a) **Contre les fraudes**, le fisc a des moyens préventifs et répressifs.

Préventivement, il a des *droits de surveillance*, particulièrement en matière de contributions indirectes.

Celles-ci sont, en général, perçues par voie de *déclaration*. Le contribuable doit déclarer qu'il fait circuler telle marchandise taxée à la consommation ou qu'il fabrique tel produit taxé à la fabrication. L'administration surveille les établissements de production (ex. : brasseries, raffineries), où les magasins des entrepositaires (négociants en boissons). Elle a le droit d'y pénétrer à tout instant et d'y laisser en permanence des agents, c'est ce qu'on appelle le système de l'*exercice*. De même, elle surveille la circulation des marchandises soumises à l'impôt : celles-ci doivent être accompagnées d'un *passavant* ou titre descriptif de la marchandise, d'un *congé*, ou quittance du paiement des droits par le destinataire ou consommateur, ou d'un *acquit à caution*, engagement pris par un négociant de payer les droits dûs. D'une manière générale, quoique sous le contrôle de l'autorité judiciaire, l'administration des contributions indirectes peut pénétrer chez tout individu soupçonné de fraude.

b) **Contre la mauvaise volonté des redevables,** le Trésor a des moyens d'exécution rapides et énergiques.

En matière d'impôts directs le percepteur adresse au retardataire une sommation *sans frais* (papier vert), puis une *sommation avec frais* (papier jaune), puis un *commandement de payer,* enfin il peut directement faire saisir le débiteur, soit par huissier, soit par un porteur de *contrainte.*

En matière d'impôts indirects, l'administration délivre également des *contraintes* exécutoires sur simple visa du juge de paix.

c) **Contre l'insolvabilité d'un imposé,** le Trésor est garanti par des *privilèges* et par *l'hypothèque judiciaire* résultant de la contrainte, ce qui l'assure d'être payé avant les autres créanciers.

262. Les **garanties des contribuables** consistent dans les recours dont l'ensemble constitue le contentieux de l'impôt.

Chaque citoyen peut d'abord, en cette matière, user du **droit de pétition.** Après une taxation légale, il ne peut solliciter qu'une faveur : il peut, par exemple, demander au ministre des finances la *remise* totale ou partielle d'une amende en matière d'impôt indirect ; il peut, en matière d'impôt direct, adresser au préfet et, en cas de refus de celui-ci, au ministre des finances, une *demande en remise ou modération.*

Contre une taxation illégale, il a d'abord la faculté d'adresser une **réclamation gracieuse.** Ainsi, contre un impôt direct indûment réclamé, il peut, dans le mois qui suit la publication du rôle, déposer à la mairie une réclamation sans frais ni formalité.

Si l'administration des contributions n'accorde pas le dégrèvement demandé, le contribuable a alors un **recours contentieux** porté devant un juge par une procédure simple, rapide et peu coûteuse. Ainsi, en matière d'impôts directs, le contribuable adresse une *demande en décharge ou réduction* à la sous-préfecture ou à la préfecture, dans les trois mois de la publication du rôle. Il le fait sur papier libre quand sa cote d'impôt n'est pas supérieure à 30 francs et sur papier timbré (0 fr. 60) quand sa cote dépasse ce chiffre. La réclamation est transmise au Conseil de préfecture qui statue, sauf appel au Conseil d'Etat. En matière d'impôts indirects, le contribuable adresse une simple requête au tribunal civil (contributions indirectes, timbre, enregistrement), ou même au juge de paix (douanes) qui statuent après une instruction sur simples mémoires écrits, sans avoué, ni avocat

263. Impôts locaux. — Nous n'avons étudié jusqu'ici que les impôts d'Etat. C'est qu'en effet, les collectivités administratives inférieures ont peu d'impôts spéciaux.

Le **département** ne tire ses ressources que des *centimes additionnels aux contributions directes*, c'est-à-dire qu'il peut ajouter à l'impôt d'Etat, un, deux, trois, etc. centimes pour chaque franc que l'on paie à l'Etat. Ce moyen a l'avantage de ne pas exiger une procédure spéciale pour l'établissement de l'impôt départemental, et il évite des frais de recouvrement, car l'impôt additionnel est perçu en même temps que le principal par les receveurs de l'Etat. Mais il diminue la facilité de perception de l'impôt d'Etat qui devient ainsi plus lourd.

La **commune** a la même faculté de voter des *centimes additionnels*. Mais, de plus, elle a des *impôts spéciaux* : ce sont, en général, des *taxes assimilées* aux contributions directes et recouvrées comme elles sur rôle nominatifs par le percepteur ou le receveur municipal : ex. : taxe sur la valeur locative de locaux commerciaux ou industriels, taxes sur les chiens, voitures, cercles, etc. Elle tire souvent aussi des ressources considérables des *octrois*, impôts de consommation sur les matières comestibles ou industrielles introduites dans la ville.

CHAPITRE IV

LA JUSTICE

Section I. — Principes de l'Organisation Juridictionnelle.

Il ne suffit pas que l'Etat détermine les droits respectifs de tous les individus et ceux des personnes administratives, il faut encore qu'il en assure le respect par des tribunaux auxquels chacun peut s'adresser. Aussi la justice est-elle historiquement et logiquement un des premiers services organisés par l'Etat : les lois valent moins par elles-mêmes que par la manière dont elles sont appliquées et un bon gouvernement suppose d'abord une bonne organisation de la justice.

L'organisation de la justice doit avoir pour but non seulement d'assurer le respect de la loi par tous les individus mais encore de leur donner confiance dans l'impartialité et la capacité des juges et d'ouvrir à tous, même aux plus pauvres, l'accès des tribunaux. La poursuite de ces buts divers conduit à poser les principes suivants qui dominent l'organisation de nos juridictions.

264. Publicité, motifs des jugements, liberté de la défense. — 1º La justice est publique : la publicité garantit les justiciables contre le danger de la partialité des juges ainsi placés sous le contrôle permanent du public. Elle exige :

a) Que les *débats* de tout procès aient lieu dans des salles d'audience où toute personne peut accéder librement. Exceptionnellement le huis clos (c'est-à-dire la porte fermée) peut être ordonné par le tribunal, soit dans un intérêt national (affaires d'espionnage) soit dans l'intérêt de la décence publique (affaires de mœurs, de divorce, etc.).

b) Elle veut que le *jugement*, bien que délibéré en secret dans la chambre du conseil par les juges, soit toujours prononcé en séance publique. Ainsi les particuliers, qui ont assisté aux débats et se sont fait une opinion sur l'affaire, peuvent contrôler le jugement du tribunal.

Dans la procédure civile, l'instruction de l'affaire est faite par les parties elles-mêmes sans le concours du juge, par des débats oraux et publics. Il en résulte parfois des surprises d'audience, des incidents soulevés par les parties, et par suite des lenteurs et des frais. Dans la procédure administrative, au contraire, l'instruction de l'affaire est faite par le juge sur des pièces écrites et parfois sans débats oraux ni publics. La procédure administrative en est plus rapide et moins coûteuse, mais elle présente moins de garanties.

2º **Les jugements doivent être motivés** : les juges font connaître dans leur jugement les raisons qui ont déterminé leur sentence. Le public peut ainsi en apprécier la valeur.

3º **La défense doit être libre** : chacun peut se défendre lui-même en justice ; il peut également se faire assister d'un conseil ou avocat, tant devant le tribunal appelé à le juger que devant le juge d'instruction qui l'interroge comme prévenu d'un délit. Le défendeur qui plaide lui-même ou l'avocat qui parle pour lui ne peuvent être poursuivis pour diffamations ou injures à raison de leurs plaidoiries, du moment qu'il s'agit de faits relatifs à la cause ; ils doivent au contraire être protégés par le tribunal contre toute manifestation.

265. 4º **Les juges doivent être indépendants** vis-à-vis des justiciables c'est-à-dire à la fois de l'administration et des particuliers.

La Révolution avait assuré cette indépendance par l'**élection** des juges (loi du 16 avril 1790). Mais, dès qu'on n'exigea plus des conditions de pratique judiciaire antérieure, des incapables furent élus et des tribunaux furent dans l'impossibilité de rendre des jugements. Aussi le Directoire, en fait, nomma-t-il beaucoup de juges et le système de la nomination fut rétabli en l'an VIII. Le recrutement des juges par l'élection n'est demeuré en vigueur que pour les tribunaux de commerce et pour les Conseils de Prud'hommes. Celui du jury qui siège dans la Cour d'assises se fait encore par une sorte d'élection indirecte à laquelle se superpose un tirage au sort.

L'indépendance des juges est aujourd'hui généralement assurée par l'**inamovibilité**. Celle-ci consiste dans le droit pour le magistrat de ne point être privé ou suspendu de ses fonctions ni changé de résidence sans son consentement ou sans l'avis conforme d'un conseil indépendant, du Conseil supérieur de la magistrature constitué par tous les juges de la Cour de cassation.

Mais cette garantie n'est ni générale, ni absolue. Elle n'est pas générale : elle n'est pas accordée à tous les juges et notamment aux juges de paix ou aux juges administratifs qui n'ont que des garanties inférieures. Elle n'est pas absolue : car le magistrat peut être influencé non pas seulement par la crainte d'une destitution, mais encore par le désir d'un avancement que donne le ministre. L'institution récente d'un *tableau d'avancement* (décret du 18 août 1906) pour les magistrats judiciaires n'a *guère* obvié à ce danger car il laisse une trop grande latitude au ministre et il n'a d'effet que pour une seule année. A plus forte raison les juges administratifs qui ne bénéficient pas de cette institution ne jouissent pas d'une indépendance suffisante vis-à-vis du gouvernement.

265*bis*. 5º **Les juges doivent être capables.** — Deux conceptions du juge se sont fait recevoir dans notre pays : celle du juge de profession et celle du juge-citoyen.
Le juge de profession est un fonctionnaire permanent de l'Etat, nommé par lui après des preuves d'instruction technique et professionnelle : il est parfaitement capable de résoudre les questions de droit que soulèvent les procès, mais l'exercice permanent de la fonction dans un milieu d'hommes ayant reçu la même éducation risque de déformer l'esprit d'équité et de rompre l'harmonie nécessaire entre les jugements rendus et la conscience publique. *Le juge citoyen* appelé accidentellement à juger reste parfaitement

en communauté d'esprit avec l'opinion publique, mais l'insuffisance de sa culture juridique l'empêche souvent de bien remplir sa fonction.

La conception du juge-citoyen est en usage dans les pays à législation primitive et simple et peut encore être maintenu dans les civilisations avancées pour la solution de questions de fait ou de litiges qui doivent être solutionnées plutôt en équité qu'en droit : ainsi, la France a organisé le *jury criminel* formé de simples citoyens pour décider du fait de la culpabilité de délinquants et des *tribunaux de commerce* ou de prud'hommes recrutés parmi les citoyens commerçants ou ouvriers.

Mais la conception du juge de profession doit l'emporter dans les pays à législation développée et complexe ; c'est elle qui domine en France.

Les juges de profession ne devraient être nommés qu'après des garanties sérieuses de leurs connaissances techniques et professionnelles. Cependant, la loi n'a pas encore assuré d'une façon sérieuse le recrutement de tous les juges. Pour être juge de paix, il suffit d'avoir exercé pendant quelques années une fonction publique quelconque. (Cependant un projet de loi déposé le 1ᵉʳ juillet 1910 au Sénat par le garde des Sceaux propose de faire subir aux candidats un examen professionnel). Les autres juges judiciaires doivent avoir le grade de licencié en droit et deux ans de stage comme avocats : la loi de finances de 1906 avait bien prescrit l'établissement d'un concours à l'entrée de la carrière, mais le concours a été remplacé en 1908, par un simple examen professionnel dont beaucoup de candidats sont dispensés et le ministre a conservé le droit de nommer des candidats en dehors de ceux qui ont subi ce concours. Quant aux juges administratifs, nous avons vu que les conseillers de préfecture pouvaient n'offrir que la garantie insuffisante de la licence en droit et que l'entrée au Conseil d'Etat n'est pas ouverte seulement à ceux qui ont subi le concours avec succès.

266. 6° Gratuité de la justice : l'assistance judiciaire. — La justice doit être gratuite pour être accessible à tous. Les plaideurs n'ont plus en effet aujourd'hui à acquitter des honoraires entre les mains des magistrats : les juges sont payés par l'Etat.

Sous l'ancien régime, au contraire, les plaideurs devaient verser à leurs juges des honoraires appelés *épices* parce que ces honoraires consistèrent d'abord simplement en petits bonbons épicés. C'est qu'en effet, les juges achetaient leurs charges et devaient retrouver dans les honoraires la rémunération du capital engagé. Aussi les juges avaient-ils intérêt à multiplier les procès, à les éterniser par de nombreux incidents de procédure.

La gratuité de la justice n'implique pas cependant l'absence de tous frais pour le plaideur : celui-ci doit payer les honoraires de tous les auxiliaires qu'il emploie et dont le ministère est souvent nécessaire (avocats, avoués, huissiers, etc.); de plus, tous les actes de procédure sont frappés d'impôts de timbre et d'enregistrement. Une tentative de réforme des frais de justice, faite il y a quelques années, n'a abouti qu'à augmenter ces frais et honoraires dans une proportion considérable. Aussi a-t-elle été suspendue.

Les pauvres cependant peuvent aborder le prétoire grâce à l'assistance judiciaire.

L'assistance judiciaire a été créée par la seconde République qui a voulu faire remise aux indigents de toutes les dépenses que peut entraîner un procès (loi du 22 janvier 1850 modifiée par les lois du 19 juillet 1901 et 4 décembre 1907). Elle a pour but de les dispenser prov soirement du paiement des impôts sur les actes de procédure et de leur assurer le concours gratuit des huissiers, avocats et avoués.

Toute personne, qui veut faire valoir en justice devant un tribunal quelconque ses droits méconnus et qui n'a pas les ressources nécessaires, peut adresser sur papier libre une demande d'assistance au maire de sa commune ou au Procureur de la République du tribunal de son domicile. Elle y joint un certificat du percepteur relatif à ses impositions ou une copie de l'article du rôle des contributions directes qui la concerne, et une déclaration affirmée devant le maire certifiant son état d'indigence. La demande est examinée par le *bureau d'assistance judiciaire* institué près le tribunal d'arrondissement, la cour d'appel, la Cour de cassation ou le Conseil d'Etat suivant la juridiction devant laquelle doit s'engager le procès. Le bureau cherche à concilier les parties ; s'il n'y réussit pas, il examine si la demande est sérieuse et si celui qui demande l'assistance n'a vraiment aucune ressource.

S'il rejette la demande, le plaideur ou le ministère public peuvent en appeler au bureau près le tribunal supérieur et, en dernier ressort, au ministre de la justice.

S'il l'accorde, le plaideur reçoit un avocat désigné d'office par le bâtonnier du barreau intéressé et il est dispensé provisoirement des impôts et droits divers qui sont avancés par le Trésor public. S'il succombe dans le procès, remise définitive lui en est faite. S'il triomphe, les frais sont recouvrés sur l'adversaire.

L'assistance judiciaire est accordée d'office aux ouvriers victimes d'accidents du travail pour leurs demandes d'indemnités.

Section II. — La Dualité des Juridictions.

267. Unité ou pluralité de juridictions. — Deux systèmes se partagent l'organisation juridictionnelle des pays civilisés.

Le **système de l'unité** de juridiction fait juger tous les procès par une seule hiérarchie de tribunaux, quels que soient les objets de la cause, qu'il s'agisse de matières administratives ou de matières civiles. Il a l'avantage de ne pas susciter de conflits de compétence entre les tribunaux de deux ordres et d'assurer une interprétation unique de la loi. Mais, par contre, il donne aux juges une compétence trop large pour qu'ils connaissent parfaitement le droit de tous les procès qu'ils ont à juger et il fait de l'autorité judiciaire la supérieure hiérarchique de l'autorité administrative contrôlée par elle. Il a cependant la préférence des pays anglo-saxons.

Le système de la pluralité des juridictions partage au contraire les procès suivant leur nature entre plusieurs catégories de tribunaux indépendants les uns des autres. Généralement il fait juger les procès civils par des tribunaux judiciaires et les procès administratifs par des tribunaux administratifs.

Sans doute ce partage peut retarder la solution du procès quand s'élève un litige préalable sur la question de savoir à quel ordre de tribunaux l'affaire doit être portée ; sans doute il peut provoquer des interprétations différentes de la même loi par les deux catégories de tribunaux ; mais il a tous les avantages de la division du travail et de la spécialisation des fonctions : les procès seront mieux jugés par des juges qui seront spécialisés dans le droit privé ou dans le droit administratif et l'autorité administrative sera mieux comprise dans ses actes et ses besoins par des juges de l'ordre administratif.

C'est ce second système qui s'est établi en France non par suite des considérations pratiques ci-dessus exposées, mais pour des raisons politiques et à la suite d'une évolution historique qu'il importe de retracer.

268. La séparation des autorités administratives et judiciaires. — La règle est née au début de la Révolution française d'un motif politique. Les Parlements ou corps judiciaires de l'ancien régime avaient fréquemment empiété, non seulement sur le pouvoir législatif en édictant des règles générales de droit (arrêts de règlement) et en refusant l'enregistrement des lois, enregistrement nécessaire à leur exécution, mais encore sur l'autorité administrative en empêchant l'exécution des ordres de l'administration et en citant à leur barre les intendants qui refusaient de se soumettre à leurs arrêts. De plus, ils étaient hostiles aux réformes libérales réclamées au XVIIIe siècle par l'opinion publique et avaient empêché la réalisation de celles entreprises par les ministres de Louis XVI, Turgot, Necker et Malesherbes. L'œuvre révolutionnaire pouvait être arrêtée par cette hostilité. Aussi, par la loi des 16-24 août 1790, maintes fois réitérée par les Constitutions et lois révolutionnaires, fut-il fait défense aux juges de s'opposer à l'exécution des lois et de juger les actes de l'administration.

Dès lors, les procès soulevés par les actes d'administration enlevés à la compétence des tribunaux judiciaires n'eurent *plus d'autres juges que les administrateurs actifs eux-mêmes* (ministres, directoires de département et directoires de district). Le fait de soustraire les actes administratifs à tout contrôle juridictionnel, de ne les soumettre qu'au contrôle gracieux et hiérarchique des administrateurs laissait à l'administration la faculté d'accomplir des actes arbitraires.

Heureusement, en l'an VIII, des conseils administratifs furent placés à côté des administrateurs (Conseil d'Etat près le chef de l'Etat, Conseil de préfecture près le préfet) avec mission de *donner leur avis* aux administrateurs sur les réclamations des administrés. Toute la justice administrative était en droit une *justice retenue* puisqu'en définitive toute réclamation aboutissait au Conseil d'Etat donnant seulement un avis sur le procès au chef de l'Etat qui statuait seul par décret. Seulement en fait cet avis fut généralement suivi ; l'autorité des Conseils se développa à mesure qu'ils reçurent au cours du XIXe siècle une organisation de plus en plus calquée sur celle des véritables tribunaux (organisation de la procédure, élimination de leur sein des administrateurs actifs, développement de leur indépendance). Enfin le droit de rendre directement la justice leur a été définitivement donné par la loi du 24 mai 1872 qui a institué la *justice déléguée* du Conseil d'Etat.

Depuis lors, il y a bien deux catégories de tribunaux : les tribunaux judiciaires et les tribunaux administratifs.

Mais leur compétence respective a varié et n'est pas encore définitivement fixée.

269. Compétence des tribunaux judiciaires et des tribunaux administratifs.

Sous le Premier Empire, tous les procès entre particuliers allaient devant les tribunaux judiciaires, tous ceux dans lesquels l'administration ou le Trésor public étaient intéressés devaient être portés devant les Conseils administratifs. Etant donné le peu de garanties qu'offraient alors ces Conseils, les fonctionnaires pouvaient à peu près impunément commettre des abus de pouvoirs.

Aussi, sous la Restauration, portée d'ailleurs à faire revivre les institutions de l'ancien régime et à mépriser les institutions révolutionnaires et impériales, la confiance des administrés développa la compétence des tribunaux judiciaires. Et peu à peu, parmi les procès administratifs, tous ceux qui n'intéressaient que le domaine privé, tous ceux pour dommages portés aux propriétés furent revendiqués par l'autorité judiciaire. A la fin du XIXᵉ siècle s'était établie cette jurisprudence que, si tous les actes administratifs d'autorité dans lesquels l'administration donne des ordres et use de prérogatives que ne possèdent point les particuliers devaient être jugés par les tribunaux administratifs, du moins tous les actes administratifs de gestion, dans lesquels l'administration agit comme le ferait un simple particulier (contrats) étaient de la compétence des tribunaux judiciaires.

Cependant, depuis longtemps, les lois d'organisation et de procédure avaient fait des conseils administratifs de véritables tribunaux présentant des garanties sérieuses d'impartialité et de compétence pour les justiciables, jugeant avec une procédure plus souple, plus rapide et moins coûteuse que celle des tribunaux judiciaires : aussi une réaction en faveur des tribunaux administratifs s'est-elle opérée.

Aujourd'hui, en principe, tous les procès entre particuliers restent de la compétence des tribunaux judiciaires, mais des litiges qui s'élèvent à l'occasion d'actes d'administration quelques-uns seulement, par exemple ceux relatifs à la gestion du domaine privé, vont devant les mêmes tribunaux ; la plupart au contraire, et notamment tous ceux qui touchent au fonctionnement des services publics, doivent être portés devant les tribunaux administratifs.

La règle de la séparation des autorités administrative et judiciaire délimite ainsi la compétence respective des deux ordres de tribunaux : le contentieux, c'est-à-dire l'ensemble des procès se divise de la façon suivante :

a) *Le contentieux judiciaire par nature* comprend tous les procès entre particuliers, les actions relatives à la gestion du domaine privé des personnes administratives et aux fautes personnelles des fonctionnaires (V. n° 295). Les tribunaux judiciaires peuvent même connaître de la légalité des règlements administratifs en ce sens qu'ils peuvent refuser d'appliquer un règlement qu'ils estiment illégal.

b) *Le contentieux judiciaire par détermination de la loi* comprend exceptionnellement et en vertu de textes formels, le jugement de certains actes pour lesquels une législation déjà ancienne a cru, à bon droit au moment où elle fut édictée, donner des garanties supérieures en les déférant aux tribunaux judiciaires : exemple : expropriation, réquisitions militaires.

c) *Le contentieux administratif par nature* englobe tous les procès concernant le fonctionnement des services publics et supposant l'application des règles spéciales du droit administratif ; exemple : actions en responsabilité pour dommage causé par un service public, recours en annulation contre les actes d'autorité.

d) *Le contentieux administratif par détermination de la loi* comprend exceptionnellement des litiges qui, par leur nature, devraient être déférés à l'autorité judiciaire mais que des textes ont confiés aux juges administratifs ; exemple : les ventes domaniales.

270. Sanctions de la règle de la séparation des autorités : le Tribunal des conflits. — La règle de la séparation des autorités est d'abord sanctionnée par le code pénal qui punit les magistrats judiciaires et les agents administratifs qui commettent des empiètements sur la compétence de l'autre autorité (art. 127 et suiv.)

De plus, un tribunal supérieur à la fois à l'autorité judiciaire et à l'autorité administrative est chargé d'appliquer la règle et de résoudre les conflits de compétence qui s'élèvent entre les deux ordres de tribunaux : cette autorité c'est le Tribunal des conflits.

Le Tribunal des conflits est chargé de départager l'autorité administrative et l'autorité judiciaire : il y a donc égalité des deux autorités dans la composition du tribunal.

Le Tribunal comprend : *trois conseillers à la Cour de cassation* élus par leurs collègues, *trois conseillers d'État* en service ordinaire élus également par leurs collègues, *deux juges* et *deux juges suppléants* élus par les six précédents. Le Tribunal choisit dans son sein un vice-Président. Mais si, dans une délibération il y a égalité des voix en deux sens opposés, le *Ministre de la Justice*, président de droit, vient présider et voter. Enfin, le Tribunal comprend un ministère public composé de deux commissaires du gouvernement et de deux suppléants nommés par le Président de la République et choisis moitié parmi les avocats généraux de la Cour de cassation et moitié parmi les Maîtres des Requêtes du Conseil d'Etat.

271. La **procédure du conflit d'attributions** est différente suivant qu'il s'agit d'un conflit positif ou d'un conflit négatif. Il y a *conflit positif* d'attributions quand l'autorité administrative et l'autorité judiciaire se prétendent toutes deux compétentes pour statuer sur un procès. Il y a *conflit négatif* quand les deux ordres de tribunaux se déclarent incompétents pour connaître d'un litige.

Le **conflit positif** se présente dans deux hypothèses :

1° *Un procès judiciaire est porté devant un tribunal administratif.* — Si celui-ci se déclare compétent, il viole la loi ; cependant dans cette hypothèse, la procédure n'a pas été organisée ; il n'y a pas de moyen juridique pour lui arracher la cause. C'est que l'on n'a pas pensé aux empiètements de l'autorité administrative en établissant la règle de la séparation, ce ne sont pas ceux-là qu'on redoutait en 1790 ! D'ailleurs, le justiciable n'a plus aujourd'hui d'intérêt à voir sa cause jugée par tel ordre de tribunaux plutôt que par tel autre. Le défendeur peut en tout cas provoquer l'intervention du Tribunal des conflits en se constituant demandeur devant un tribunal judiciaire. On se trouve alors dans la seconde hypothèse.

2° *Un procès administratif est porté devant un tribunal judiciaire.* — L'administration peut mettre en œuvre la procédure du conflit. Cependant l'abus du conflit, pendant la période directoriale et le Premier Empire pendant lesquels le conflit était jugé par le chef de l'Etat, avait constitué entre les mains du gouvernement, un moyen d'arrêter le cours de la justice pour soustraire les fonctionnaires à des poursuites légitimes, ce qui permettait de leur faire exécuter impunément des ordres arbitraires. Aussi l'ordonnance de 1828 a-t-elle limité l'usage du conflit en interdisant de l'élever devant les tribunaux de simple police, les justices de paix, les Cours d'assises, la Cour de cassation. En principe, la procédure ne peut être engagée que devant les tribunaux correctionnels, tribunaux civils de première instance et Cours d'appel.

Quand le demandeur porte sa cause devant le tribunal judiciaire, celui-ci peut d'office se déclarer incompétent. S'il ne le fait pas, le *préfet*, par l'intermédiaire du Procureur de la République, adresse au tribunal un mémoire appelé *déclinatoire d'incompétence*. Sur ce mémoire, le tribunal doit statuer par un jugement spécial d'ailleurs susceptible d'appel et de recours en cassation. Si les tribunaux judiciaires se déclarent incompétents, la procédure est terminée ; le demandeur, s'il persiste dans son procès, devra aller devant un tribunal administratif. Si, au contraire, le tribunal se déclare compétent, le préfet peut alors prendre un *arrêté de conflit* communiqué par le Procureur de la République au tribunal. Celui-ci doit surseoir à statuer. Le Procureur transmet le dossier de l'affaire au Ministère de la Justice qui le fait parvenir au Tribunal des conflits. Le Tribunal des conflits, dans le délai de deux mois, juge non pas le procès au fond, mais l'arrêté de conflit du préfet. S'il estime que le tribunal judiciaire était incompétent, il valide l'arrêté du préfet, le tribunal judiciaire est définitivement dessaisi, le demandeur n'a plus que la ressource de porter sa cause devant un tribunal administratif. S'il pense, au contraire, que le juge judiciaire était compétent, il annule l'arrêté de conflit du préfet. Le procès devant le tribunal judiciaire reprend alors son cours.

Le **conflit négatif** d'attributions suit une procédure plus simple. Quand le demandeur a successivement porté son procès devant un tribunal judiciaire et devant un tribunal administratif qui, l'un et l'autre, se sont déclarés incompétents, il y a eu certainement erreur de l'un des tribunaux car tout procès doit avoir un juge. Le demandeur s'adresse alors directement par ministère d'avocat au Tribunal des conflits qui dira l'autorité compétente.

Dans tous les cas précédents, il s'agit d'un conflit d'attributions entre tribunaux d'ordre différents; s'il s'élève un **conflit de juridictions** entre deux tribunaux de même ordre, deux tribunaux judiciaires ou deux tribunaux administratifs, par exemple entre un tribunal civil et un tribunal de commerce, entre le tribunal civil d'un arrondissement et celui d'un autre arrondissement, celui-ci est résolu par la voie du *règlement de juges* par le tribunal supérieur commun aux deux juridictions, c'est-à-dire par le Conseil d'Etat pour l'ordre administratif et généralement par une Cour d'appel ou la Cour de cassation pour l'ordre judiciaire.

Section III. — Les Tribunaux Judiciaires.

272. L'autorité judiciaire comprend deux sortes de tribunaux :

1º Les **juridictions civiles** qui ont pour mission de statuer sur les litiges d'intérêt privé qui naissent entre deux personnes, par exemple, pour l'exécution d'un contrat de vente. Ce sont les tribunaux de première instance, jugeant comme tribunaux civils les justices de paix, les conseils de prud'hommes, les tribunaux de commerce, les Cours d'appel.

2º Les **juridictions répressives** qui sont chargées de frapper de peines les auteurs d'infractions punissables aux lois qui assurent l'ordre social : ce sont les tribunaux de simple police, les tribunaux de première instance jugeant comme tribunaux correctionnels, les cours d'assises.

Les unes et les autres sont placées sous le contrôle de la *Cour de cassation.*

§ 1. — Les juridictions civiles.

273. L'arbitrage. — Les procès entre particuliers sont portés devant des juges désignés par l'Etat. Cependant des parties peuvent, par un contrat sous seing privé appelé *compromis*, confier le soin de trancher leur litige à de simples particuliers qui prennent le nom *d'arbitres*.

On peut, en principe, passer un compromis pour tous litiges. Il est fait exception pour toutes les causes qui doivent être communiquées au ministère public parce que le fait de les confier à des particuliers aurait pour effet de supprimer cette communication. Or, celle-ci a généralement un but de protection spéciale en faveur de certaines personnes incapables de défendre elles-mêmes leurs intérêts ; procès privés des mineurs, des aliénés internés dans un établissement, divorces, etc... ou litiges administratifs de l'Etat, des départements et des communes.

Le compromis doit indiquer : 1º l'objet du litige qui doit être déjà né ; 2º le nom des arbitres et éventuellement la faculté pour eux de nommer un tiers arbitre ; 3º leurs pouvoirs : il peut leur être donné la faculté de juger non pas en droit, mais en équité, ils portent alors le nom d'amiables compositeurs ; 4º la durée de leurs pouvoirs : à défaut de cette indication, ils devront statuer dans le délai de *trois mois*.

Le jugement des arbitres devient exécutoire par une ordonnance du Président du tribunal civil ; il est susceptible d'appel devant le tribunal, si les parties n'ont pas renoncé à cette faculté dans le compromis.

274. Le **tribunal de première instance** dans chaque arrondissement constitue le *juge de droit commun* en matière civile, c'est-à-dire qu'il connaît de toutes les affaires qu'un texte de loi n'a pas attribuées à un autre tribunal.

Il juge en premier et dernier ressort, c'est-à-dire sans appel, de toutes les affaires mobilières dont l'intérêt ne dépasse pas 1.500 fr. en principal, et de toutes les affaires immobilières dont l'intérêt ne dépasse pas 60 fr. de revenu. Au-dessus de ces chiffres, il ne statue que sauf recours devant la Cour d'appel. Il connaît en outre des appels des jugements des juges de paix et des Conseils de prud'hommes.

Il est composé, suivant le nombre des affaires qu'il a ordinairement à juger, de 3 à 15 membres dont un président, des vice-présidents et des juges titulaires ou suppléants parfois partagés entre plusieurs Chambres.

Le **Président** a des attributions spéciales : il juge les *référés*, c'est-à-dire les affaires urgentes pour lesquelles il donne une solution provisoire, légalise les actes de l'état civil et actes notariés, tente de concilier les époux demandeurs en divorce, et répartit les causes entre les Chambres du tribunal.

Le **tribunal** siège : 1º en *audience ordinaire* ; 2º en *Chambre du Conseil,* c'est-à-dire dans une salle fermée au public pour délibérer et voter après les plaidoiries, pour faire des actes de *juridiction gracieuse,* c'est-à-dire dans lesquels il n'y a pas de procès entre parties, tels que homologation des délibérations des conseils de famille, rectification des actes de l'état civil changements de noms demandés par des particuliers, examen des projets d'adoption, et pour faire certains actes de *juridiction contentieuse,* c'est-à-dire dans lesquels il y a conflit entre les parties, tels que prononciation de la déchéance de la puissance paternelle, examen de l'arrêté de conflit d'attributions.

275. Le juge de paix. — Il y en a un dans chaque canton et quelquefois plusieurs dans les cantons très peuplés. Il est à la fois, en matière civile :

a) Un *arbitre* entre patrons et ouvriers pour le jugement des difficultés qui s'élèvent dans l'exécution du contrat de travail (loi du 22 décembre 1892).

b) Un *conciliateur* qui doit, avant toute procédure, éclairer les plaideurs sur leurs droits respectifs et leur montrer les inconvénients de procès longs et coûteux.

c) Un *juge qui au contentieux,* connaît en principe, en matière civile mobilière, de toutes les demandes jusqu'à concurrence de 300 fr. sans appel et de 600 fr. sauf appel et, en matière immobilière, de toutes les actions possessoires par lesquelles le possesseur d'un immeuble demande au juge de faire cesser le trouble apporté à sa possession par un tiers ou à se faire réintégrer dans la possession d'un immeuble dont il a été violemment expulsé. Il accomplit en outre des actes de *juridiction gracieuse* : il préside les conseils de famille, reçoit la déclaration des parents qui émancipent leurs enfants.

276. Un **conseil de prud'hommes,** rénové des jurandes de l'ancien régime, peut être créé par décret dans les villes industrielles pour statuer sur les difficultés auxquelles donne lieu le contrat de travail entre patrons et ouvriers.

Il est composé de juges *élus* pour six ans et renouvelés par moitié tous les trois ans. Il comprend un nombre égal de prud'hommes patrons élus par les patrons, et de prud'hommes ouvriers ou employés élus par les ouvriers et employés des deux sexes.

Il a une double mission :

a) Le *bureau de conciliation* composé d'un patron et d'un ouvrier tente de concilier les parties qui doivent se présenter elles-mêmes.

b) Le *bureau général* ou *bureau de jugement*, composé en nombre égal de patrons et d'ouvriers, juge les affaires non conciliées : en cas de partage des voix, le juge de paix vient présider le bureau et voter dans l'affaire. Le bureau est compétent en premier ressort jusqu'à 1.000 fr. sauf appel devant le tribunal civil, et en premier et dernier ressort, c'est-à-dire sans appel, jusqu'à 300 fr.

277. Un **tribunal de commerce** peut être créé par décret dans les centres commerciaux pour statuer sur les procès relatifs aux actes de commerce suivant les règles du droit commercial. Lorsque cette juridiction n'a pas été instituée, les affaires commerciales sont soumises au tribunal de première instance jugeant commercialement. Le tribunal de commerce est compétent pour statuer sur les afffaires dont l'intérêt ne dépasse pas 1.500 fr. en premier et dernier ressort et sur les affaires plus importantes sauf recours à la Cour d'appel.

L'**indépendance des juges** de commerce vis-à-vis du gouvernement est assurée par *l'élection* pour une durée de deux années ; ils sont rééligibles une année après la cessation de leurs fonctions. Sont électeurs, les commerçants des deux sexes domiciliés dans la circonscription et y exerçant leur profession depuis cinq ans au moins. Sont éligibles tous les électeurs du sexe masculin. Le Tribunal se compose d'un Président élu au scrutin individuel, et de deux à quatorze juges élus au scrutin de liste. Les fonctions des uns et des autres sont gratuites.

278. La **Cour d'appel** constitue un second degré de juridiction parce qu'elle examine à nouveau, tant en fait qu'en droit, un procès déjà jugé : elle peut confirmer ou réformer le premier jugement.

L'ancien régime avait multiplié les degrés de juridiction. On reprocha à ce système d'être une source de frais nouveaux pour les justiciables qui n'étaient jamais certains de voir leurs litiges réglés par les premiers juges, puisque l'une des parties pouvait, après la première décision, recommencer le procès devant de nouveaux juges. Aussi la Révolution limita-t-elle la juridiction à deux degrés, la première instance et l'appel. Encore, pour ne pas créer des corps judiciaires supérieurs trop puissants, fit-elle statuer sur l'appel des tribunaux voisins du premier et qui, par ailleurs, étaient eux-mêmes des tribunaux de premier degré. L'existence d'un second degré de juridiction constitue cependant une garantie nouvelle pour les justiciables et cette garantie est d'autant plus efficace que le contrôle des premiers juges est assuré par d'autres juges supérieurs, plus expérimentés et moins susceptibles d'erreur. Aussi, des tribunaux spéciaux d'appel ont-ils été institués en l'an VIII.

La Cour d'appel comprend dans son ressort ou circonscription toute une région de plusieurs départements : il y a en France vingt-cinq cours, une en Corse et une pour l'Algérie.

Elle est compétente pour statuer sur l'appel des jugements de première instance des tribunaux civils d'arrondissement et des tribunaux de commerce. Ses décisions prennent le nom d'*arrêts*.

Elle est composée d'un premier Président qui distribue les causes entre les différentes Chambres, de Présidents de Chambre et de conseillers partagés entre les *chambres civiles* qui jugent les appels civils des tribunaux de première instance, la *chambre des appels correctionnels* qui connaît en appel des jugements des tribunaux correctionnels, et la *chambre des mises en accusation* qui décide des poursuites criminelles devant les Cours d'assises.

Elle siège, soit en *audience ordinaire* et par chambre pour le jugement des appels, soit en *audience solennelle* dans laquelle deux chambres au moins doivent être réunies pour statuer sur les demandes de poursuite contre un juge (prise à partie), sur les questions d'Etat ou sur les affaires renvoyées après cassation, soit enfin en *assemblée générale* à huis clos pour les affaires de discipline judiciaire ou les avis à donner au gouvernement.

§ 2. — **Les juridictions répressives**.

Les juridictions répressives ont pour mission de punir les auteurs d'infractions contre les lois assurant l'ordre social.

279. Les **infractions** se divisent en trois catégories : les contraventions, les délits et les crimes.

Les **contraventions** sont les infractions punies de peines de simple police, c'est-à-dire d'une amende de 1 à 15 fr., ou de 1 à 5 jours de prison.

Les **délits** sont punis de peines correctionnelles, c'est-à-dire d'amendes supérieures à 15 fr. ou d'un emprisonnement durant plus de 5 jours.

Les **crimes** font encourir à leurs auteurs des peines infamantes (dégradation civique, bannissement) ou des peines afflictives et infamantes (mort, travaux forcés à perpétuité ou à temps, détention, réclusion).

La procédure des poursuites tendant à faire punir ceux qui ont commis des infractions aux lois qui assurent l'ordre social comprend trois phases successives : il faut que l'infraction soit constatée, qu'elle soit instruite, puis jugée.

280. *a*) La **constatation de l'infraction** est l'œuvre des *officiers de police judiciaire*, c'est-à-dire des gardes champêtres, des commissaires de police, des officiers de gendarmerie et parfois des gendarmes, des maires et adjoints, juges de paix, juges d'instruction, procureurs de la République. Tous sont chargés de rechercher les infractions dans leur circonscription territoriale, d'en rassembler les preuves et d'en livrer les auteurs aux tribunaux chargés de les punir. Ils peuvent d'ailleurs être informés des infractions commises par la *plainte* de la victime ou la *dénonciation* d'une personne quelconque.

Tous sont placés sous la surveillance et la direction du procureur général près la Cour d'appel.

280bis. *b*) **L'instruction** a un double objet. D'une part elle *examine les présomptions* de culpabilité ; elle garantit ainsi les justiciables contre des poursuites mal fondées qui porteraient atteinte à l'honneur et aux intérêts de ceux qui en seraient l'objet, même si leur innocence était reconnue. D'autre part, elle *qualifie l'infraction* pour déterminer quel juge doit punir l'auteur. Elle n'a donc de raison d'être que pour les poursuites de quelque gravité, délits ou crimes : pour les autres, elle retarderait sans intérêt la solution des poursuites qui ont lieu devant le tribunal inférieur et ne portent pas atteinte à l'honneur de l'inculpé. Mais elle doit présenter pour le justiciable des garanties d'autant plus sérieuses que l'infraction est plus grave : c'est pourquoi elle est l'œuvre d'un juge contrôlé lui-même dans les cas plus graves, dans le cas de crime, par un second degré de juridiction.

1° Le **juge d'instruction**, au premier degré, sur la requête du procureur de la République, recherche les présomptions de culpabilité. Il possède pour cela des pouvoirs très étendus.

Il peut se *transporter sur les lieux* du délit ou du crime, procéder à des *perquisitions* domiciliaires, *saisir* des pièces à conviction, ordonner des *expertises* ; il a le droit de *citer* devant lui et *d'interroger des témoins obligés de répondre* ; il invite l'inculpé à venir lui donner des renseignements en délivrant contre lui un *mandat de comparution* ou l'astreint à se présenter devant lui par un *mandat d'amener* qu'exécutent les officiers de police judiciaire ; il peut, s'il craint sa fuite, détenir l'inculpé en prison préventive par un *mandat d'arrêt* ou un *mandat de dépôt*, puis le mettre en liberté provisoire avec ou sans une caution qui répond de sa présence ultérieure aux actes de procédure et du paiement éventuel des frais et amendes en cas de condamnation. Mais il doit l'interroger sur son identité dans les vingt-quatre heures de son entrée dans la maison d'arrêt, pour éviter les erreurs dans l'arrestation ; il ne peut procéder aux interrogatoires ulérieurs qu'après avoir prévenu l'inculpé qu'il peut se faire assister d'un avocat et, si cet avocat a été choisi, qu'en présence de ce dernier.

Le juge d'instruction, après avoir examiné la nature de l'infraction, la valeur des présomptions de culpabilité qu'il a réunies contre l'inculpé rend, soit une *ordonnance de non-lieu* par laquelle il décide qu'il n'y a pas lieu à poursuites et relaxe l'inculpé qui ne lui paraît pas coupable, soit une *ordonnance de renvoi* par laquelle il renvoie l'inculpé devant le tribunal compétent en qualifiant le délit commis, soit enfin une *ordonnance de transmission* ou *de renvoi devant la Chambre des mises en accusation*, en cas de crime, par laquelle il transmet le dossier à la Chambre des mises en accusation.

2º **La Chambre des mises en accusation**, Chambre de la Cour d'appel du ressort, juge en appel de certaines ordonnances du juge d'instruction et notamment des ordonnances de renvoi devant le tribunal correctionnel rendues contre l'individu pré· venu d'un délit ; elle décide en premier et dernier ressort s'il y a lieu de déférer à la Cour d'assises celui qui est prévenu d'un crime.

Elle statue à huis clos hors la présence du prévenu ou de témoins et sauf recours en cassation.

280ter. *c)* **Les juridictions de jugement.** — Le jugement des infractions appartient soit, pour les contraventions, au tribunal du lieu où l'acte a été commis, soit, pour les crimes et délits, concurremment à celui du lieu de l'infraction à celui de la résidence ou du domicile de l'accusé, ou même à celui du lieu où il pourra être arrêté.

Les juridictions de jugement sont de trois ordres :

Le tribunal de simple police où un juge de paix, siégeant seul, punit les auteurs de contraventions.

Le tribunal correctionnel connaît, sauf appel devant la Chambre des appels correctionnels de la Cour d'appel, des délits autres que ceux de presse et en appel de certains jugements du tribunal de simple police. Il est composé de juges du tribunal de première instance,

La **Cour d'assises** juge les crimes et les délits de presse. Elle siège au chef-lieu de chaque département à des intervalles périodiques et généralement tous les trois mois. Elle est composée :

1º **De la Cour** comprenant trois magistrats dont un Président qui est un conseiller à la Cour d'appel du ressort et est désigné par le ministre de la justice.

2º **D'un jury de douze jurés.**

Il est formé chaque année une liste départementale des jurés à raison de un par 500 habitants ; une *liste cantonale* préparatoire contenant un nombre double de celui fixé pour le contingent du canton est établie par le juge de paix assisté des maires du canton ; les listes cantonales sont réunies et revisées au chef-lieu judiciaire de l'arrondissement par une Commission composée du Président du tribunal civil, des juges de paix et des conseillers généraux et qui dresse la liste *d'arrondissement*. Le Président de la Cour d'appel ou, dans les départements qui n'ont pas de Cour, le Président du tribunal du chef-lieu, dresse la *liste annuelle du département*. Ils procèdent, dix jours avant l'ouverture des assises, au tirage au sort parmi les membres de la liste, de trente-six noms qui constituent la *liste de session* sur laquelle, à l'ouverture des débats, est tirée au sort la liste des douze jurés et quatre suppléants qui forment le jury de jugement.

Le Président dirige les débats, le jury statue sur la culpabilité et la Cour prononce l'acquittement ou la condamnation.

Le *Président* peut interroger l'accusé, les témoins ; après le réquisitoire du ministère public et les plaidoiries des avocats, il dresse la liste des questions à poser au jury. Le *jury*, retiré dans la salle des délibérations, statue au scrutin secret par bulletins écrits remis au *chef du jury* (le premier juré sorti au tirage au sort), par oui ou par non sur la question de savoir si l'accusé est coupable, s'il y a à son acte des circonstances atténuantes qui obligeront la Cour à abaisser la peine d'un degré et lui permettront de l'abaisser de deux degrés, ou s'il y a des circonstances aggravantes (effraction, préméditation). Après la réponse (*le verdict*) apportée par le chef du jury, la *Cour* rend son arrêt qui prononce l'acquittement si l'accusé est déclaré non coupable ou la condamnation à une peine s'il est déclaré coupable.

§ 3. — **La Cour de Cassation**.

281. La Cour de cassation, appelée aussi Cour suprême parce qu'elle est la plus haute juridiction de l'ordre judiciaire, contrôle toutes les juridictions de cet ordre, civiles ou répressives :

elle veille à l'application et à l'exacte interprétation des lois par les tribunaux.

Ainsi elle annule pour violation de la loi tous les jugements illégaux en *dernier ressort* qui lui sont déférés par les parties ou le ministère public.

Elle ne constitue pas cependant un nouveau degré de juridiction, car elle tient pour acquis les faits acceptés par les premiers juges et n'examine que le droit appliqué par eux. Aussi, quand elle casse le premier jugement, doit-elle renvoyer l'affaire pour être jugée à nouveau devant une juridiction de même ordre que celle dont elle annule la décision. Le tribunal de renvoi peut statuer dans le même sens que le premier juge. Cependant, après une seconde cassation rendue par la Cour, toutes Chambres réunies, le troisième tribunal de renvoi doit s'incliner devant la solution de droit donnée par la Cour de cassation.

La Cour de cassation possède, en outre, diverses attributions : elle exerce, constituée en Conseil supérieur de la magistrature, un *pouvoir disciplinaire* sur tous les juges qui ne peuvent être destitués qu'avec son avis conforme ; elle procède à la *revision des procès criminels* quand un fait nouveau vient à faire présumer qu'un tribunal a commis une erreur judiciaire ; elle connaît des *demandes en règlement des juges* en cas de conflit négatif de juridiction (V. nº **271**).

La Cour est composée de quarante-neuf membres dont un premier Président, trois Présidents de Chambre et quarante-cinq conseillers. Ceux-ci sont répartis entre : 1º la *Chambre des requêtes*, qui recherche si le pourvoi en cassation contre le jugement d'une juridiction civile est recevable et sérieux ; 2º la *Chambre civile*, qui examine ce pourvoi au fond et décide si le jugement attaqué doit être ou non cassé ; 3º la *Chambre criminelle*, qui statue, sans examen préalable par la Chambre des requêtes, sur les pourvois dont elle est saisie en matière répressive.

§ 4. — Les auxiliaires de la justice.

282. Le ministère public, les avocats, avoués, huissiers, agréés. — Ce sont surtout des auxiliaires de la justice judiciaire, parce que la procédure administrative plus simple n'exige pas toujours leur concours que nécessite la procédure civile ou criminelle.

1º **Le ministère public.** Un magistrat spécial est établi auprès des tribunaux pour y représenter la société, l'intérêt général, l'ordre public et veiller à l'application de la loi.

Au criminel, il a seul en principe le droit de poursuivre ; *au civil*, il demande et doit avoir communication du dossier de toutes les affaires des établissements publics et des incapables (mineurs, femmes mariées), il est le mandataire des absents, du préfet plaidant pour l'Etat. Il agit d'office dans l'intérêt de l'ordre public (demandes en nullité de mariage, en interdiction d'aliéné, etc.).

Enfin il a des *attributions administratives* telles que l'inspection des établissements d'aliénés, la vérification de la tenue des registres de l'état civil par les maires.

Ces attributions sont dévolues près le tribunal de simple police aux *maires, adjoints* ou *commissaires de police ;* près le tribunal de première instance, à un *procureur de la République* assisté d'un ou de plusieurs substituts ; près la Cour d'appel, à un *procureur général* aidé d'avocats généraux et de substituts : près la Cour de cassation, par un *procureur général* assisté d'avocats généraux.

L'ensemble des magistrats exerçant les fonctions de ministère public près une juridiction forment le *parquet*, dénomination tirée de ce fait qu'autrefois les sièges des organes du ministère public étaient placés sur le parquet même de la salle d'audience, au pied de l'estrade où siègent les juges. Les membres du parquet sont parfois appelés la *magistrature debout* parce que ses magistrats se lèvent pour requérir l'application de la loi et par opposition avec l'expression de « magistrature assise » qui désigne les juges, lesquels ne sont pas astreints à se lever de leur siège pour exercer leurs fonctions.

Les magistrats du parquet constituent un corps hiérarchisé placé sous la direction du ministre de la justice : ils peuvent être révoqués ou déplacés au gré du ministre auquel ils doivent obéir.

2° Les **avocats** défendent la cause des justiciables en prenant la parole pour eux devant les tribunaux. Cependant leur ministère n'est pas obligatoire et tout plaideur peut se défendre lui-même. Les avocats peuvent en outre être appelés par le Président du tribunal à siéger pour remplacer un juge empêché.

La profession d'avocat est libre. Elle est ouverte même aux femmes. Elle exige seulement le grade de licencié en droit et la prestation d'un serment professionnel devant une Cour d'appel. Mais les avocats près un tribunal, dès qu'ils sont au nombre de plus de cinq, sont groupés en un *ordre* ou *barreau*. L'exercice de la profession est subordonné à l'admission, par le

Conseil de l'ordre, au tableau des *avocats stagiaires* ou *titulaires* du barreau. Ce Conseil élu par les avocats et ayant à sa tête un *bâtonnier élu* par le Conseil lui-même assure la discipline professionnelle.

3° Les **avoués** représentent les parties en justice. Ce sont des *mandataires nécessaires* devant les tribunaux de première instance en matière civile et devant les Cours d'appel en matière civile et commerciale. Ils font et reçoivent pour les plaideurs et en leur nom les actes de procédure.

En outre, près les petits tribunaux qui n'ont pas de barreau, ils peuvent plaider. De même les avocats près le Conseil d'Etat et la Cour de cassation sont à la fois avocats et avoués.

Les avoués sont des officiers ministériels nommés par le Président de la République sur la présentation de leur prédécesseur dont ils achètent la charge.

4° Les **huissiers** dont le ministère est également obligatoire *notifient les actes de procédure* aux plaideurs : ils assurent l'exécution des jugements en pratiquant les *saisies* sur les biens des condamnés et peuvent, pour cela, requérir l'aide de la force publique.

Ce sont également des officiers ministériels.

5° Les **agréés** sont de simples particuliers qui se chargent de représenter les parties devant les tribunaux de commerce et que l'agrément du tribunal recommande à la confiance du public. Mais ils ne sont ni reconnus ni organisés par la loi. Aussi leur ministère n'est ni obligatoire ni privilégié ; on peut se présenter soi-même devant le tribunal de commerce ou s'y faire représenter par un mandataire quelconque.

Section IV. — Les Tribunaux Administratifs.

283. Le **Conseil d'Etat** n'est pas seulement le Conseil de gouvernement que nous avons étudié (V. n° **161**), mais il constitue également un tribunal administratif : c'est même le *tribunal de droit commun* en matière administrative, c'est-à-dire, le tribunal devant lequel doivent être portés tous les procès administratifs qu'un texte de loi n'a pas déférés à une autre juridiction.

On considérait jadis le ministre comme juge de droit commun des affaires de son département ministériel sauf appel au Conseil d'Etat. C'est qu'en effet, en 1791, l'examen des litiges administratifs avait été attribué au roi en Conseil des ministres, et en l'an III, à chaque ministre pour les affaires de son ministère. Mais il ne s'agissait alors, nous l'avons vu, que de réclamations gracieuses ou hiérarchiques, les seules par lesquelles on pouvait alors attaquer les actes de l'administration et non de recours devant un juge.

Le Conseil d'Etat statue comme *juge en premier et dernier ressort* sur les élections des Conseils généraux, les recours pour excès de pouvoir, les marchés de fournitures de l'Etat, etc., comme *juge d'appel* des décisions des Conseils de préfecture ou de la Cour des comptes et comme *juge de cassation* des décisions de tous les tribunaux administratifs.

La **procédure** varie suivant l'importance de l'affaire ;

a) Le **petit contentieux** comprend les recours en matière de contributions directes et taxes assimilées, et les recours en matière d'élections.

La *requête* peut être présentée par la partie elle-même ou par un avocat au Conseil d'Etat. Elle est communiquée au défendeur et au ministre dans le service duquel a été accompli l'acte administratif attaqué.

Elle est à la fois *instruite* et *jugée* soit par la **section spéciale du contentieux** créée par la loi des finances du 8 avril 1910, soit par l'une des trois *sous-sections* en lesquelles elle est divisée et qui ont la même compétence que la section elle-même.

La section spéciale est composée d'un Président, de huit ou douze conseillers en service ordinaire pris dans la section de législation et dans les sections administratives auxquelles ils continuent d'appartenir, de maîtres des requêtes et d'auditeurs.

Cette section et ces sous-sections jugent en audience publique si un avocat a été constitué par le requérant pour soutenir son recours, sinon elles statuent à huis clos.

b) Le **grand contentieux** comprend toutes les affaires autres que celles d'élections et de contributions directes.

La *requête* doit alors généralement être présentée par un avocat au Conseil d'Etat. Cependant en sont dispensés le recours pour excès de pouvoir, les recours en matières de retraites, de pensions, d'assistance médicale, d'assistance aux vieillards. La requête est communiquée au ministre et au défendeur.

L'*instruction de l'affaire* est toujours confiée soit à la **section du contentieux**, soit à l'une des trois *sous-sections* en lesquelles elle a été également divisée.

La section du contentieux est composée d'un Président, de neuf conseillers, de maîtres des requêtes et d'auditeurs; chaque sous-section comprend trois conseillers. C'est le Président de la section qui envoie les affaires soit devant la section, soit devant une sous-section.

Le *jugement de l'affaire* est confié soit à la *section du contentieux*, soit à l'*assemblée publique du contentieux*.

La *section du contentieux* juge les affaires déterminées par le règlement du 31 mai 1910, c'est-à-dire : 1º les marchés de travaux publics ou de fournitures autres que les marchés portant concession de travaux ou de services publics ; 2º les dommages résultant de l'exécution de travaux publics, les occupations temporaires et les extractions de matériaux relatives aux mêmes travaux ; 3º les contraventions de grande voirie ; 4º les partages et la jouissance de biens communaux ; 5º les établissements dangereux, incommodes ou insalubres ; 6º les mesures d'assainissement des immeubles prises en exécution de l'article 12 de la loi du 15 février 1902 et la réparation ou la démolition des édifices menaçant ruine ; 7º l'assistance médicale gratuite et l'assistance aux vieillards infirmes et incurables quand ces affaires ne sont pas introduites sous la forme de recours pour excès de pouvoir ; 8º les pensions.

Cependant le Président peut toujours renvoyer une de ces affaires à l'assemblée publique du contentieux.

La section juge maintenant en audience publique, même si aucun avocat n'a été constitué.

L'*assemblée publique du contentieux* juge toutes les autres affaires, et notamment tous les *recours pour excès de pouvoir*. Elle statue également sur les recours qui auraient pu être jugés par la section mais que le Président de cette dernière a décidé de renvoyer à l'assemblée, et en général, sur toutes les affaires de l'une ou de l'autre section, ou des sous-sections dans lesquelles le renvoi à l'assemblée a été demandé par le commissaire du gouvernement, par un conseiller d'Etat de la section ou sous-section à laquelle l'affaire était soumise ou par le Vice-Président du Conseil d'Etat.

L'assemblée publique du contentieux est composée de la section du contentieux à laquelle sont adjoints huit conseillers en service ordinaire pris dans les sections administratives : elle est présidée par le Vice-Président du Conseil d'Etat et ne peut l'être par le Garde des Sceaux.

284. Le Conseil de préfecture dont nous avons vu l'organisation (V. nº **164**) juge les affaires qu'un texte formel de loi lui a attribuées : ventes domaniales, marchés de travaux publics et dommages causés par l'exécution des travaux, réclamations en matière d'impôts directs, recours contre les élections des Conseils municipaux, des maires, adjoints, délégués sénatoriaux et Conseils d'arrondissement, poursuites pour contraventions de grande voirie, etc. Le Conseil compétent est celui du département dans lequel le litige a pris naissance. Il ne statue que sauf appel au Conseil d'Etat.

Différentes juridictions administratives n'ont qu'une compétence limitée à une catégorie spéciale d'affaires. Tels sont la Cour des comptes (V. n° **241**), les Conseils de l'enseignement public (V. n° **53**), le Conseil du Contentieux des colonies, les Conseils de revision (V. n° **123**).

Section V. — Les Actions ou Recours.

285. Les actions en justice. — L'action c'est la faculté reconnue à chaque personne de réclamer en justice ce qui lui appartient ou ce qui lui est dû.

Pour pouvoir agir en justice quatre conditions sont en général nécessaires :

1° Il faut avoir *un droit* réel ou personnel reconnu et sanctionné par la loi. C'est ce droit contesté que constatera le juge et dont il assurera la réalisation au besoin par l'emploi de la contrainte.

Cependant cette condition qui s'impose aux actions judiciaires et aux recours administratifs de pleine juridiction n'est pas indispensable à l'exercice des recours en annulation d'un acte illégal de l'autorité administrative ou des recours en cassation contre les jugements d'un tribunal. Dans ces cas le requérant ne fait que provoquer l'annulation d'un acte accompli en violation de la loi, il se constitue l'auxiliaire de l'autorité. Aussi y a-t-il un intérêt public à lui faciliter l'accès des tribunaux.

2° Il faut en tout cas avoir *intérêt* à agir. Mais cet intérêt n'est qu'une condition de recevabilité de l'action, il prouve simplement que la demande est sérieuse.

3° Il faut avoir *qualité* pour agir, c'est-à-dire être titulaire du droit violé ou de l'intérêt lésé.

4° Il faut enfin être *capable*. Les mineurs, interdits ou aliénés, ne peuvent plaider. D'autres n'ont ce pouvoir qu'avec l'autorisation d'un tiers (mineur émancipé), ou l'autorisation de tuteurs (femmes mariées, établissements publics). Mais les associations qui ont la personnalité morale, les syndicats professionnels, légalement constitués peuvent agir en justice toutes les fois que l'intérêt qu'ils poursuivent est conforme au but de leur institution.

Nous n'avons pas à étudier ici les actions portées devant les tribunaux judiciaires, mais seulement les particularités que présentent celles intentées devant les juridictions administratives. Encore parmi ces dernières, celles intentées par les personnes administratives contre les particuliers suivent le droit commun. Au contraire, celles dirigées par les administrés contre l'administration présentent un caractère original et un intérêt capital.

§ 1. — Les recours administratifs.

L'administré lésé dans ses intérêts par l'acte d'un agent administratif peut s'adresser à l'administration elle-même avant de porter plainte par un recours juridictionnel devant un tribunal administratif.

286. Le recours gracieux et hiérarchique. — L'administré peut d'abord s'adresser à l'administration active par un recours gracieux ou par un recours hiérarchique.

a) Le *recours gracieux* est une réclamation par laquelle un administré demande à l'auteur de l'acte préjudiciable de bien vouloir le rapporter ou le réformer. Il est ouvert à tous sans aucune condition de forme. Mais son efficacité est limitée : l'auteur de l'acte incriminé n'est obligé ni de donner suite à la réclamation ni même de l'examiner.

b) Le *recours hiérarchique* est porté par l'administration à une autorité administrative supérieure à celle qui a fait l'acte.

Il ne peut être dirigé que contre les actes des agents centralisés (maires, préfets). En effet, ceux-là seuls font partie de la hiérarchie administrative et sont subordonnés à des agents supérieurs.

Il peut être porté successivement devant tous les chefs hiérarchiques de l'auteur de l'acte jusqu'en définitive au ministre. Le ministre, en effet, est le chef de la hiérarchie administrative, parce qu'il est responsable devant les Chambres des actes de ses subordonnés et qu'on ne peut être responsable que de ceux à qui on peut donner des ordres et dont on a le droit de réformer les actes.

Le supérieur hiérarchique peut suspendre, annuler, réformer

les actes de ses subordonnés pour tout motif de droit ou de fait, c'est-à-dire soit pour illégalité, quand l'acte a violé la loi ou les règlements, soit pour inopportunité, quand il apparaît que l'acte a été pris mal à propos.

Le recours constitue une sorte de pétition administrative ouverte à tous sans formes spéciales, sans conditions de capacité juridique, quel que soit le délai écoulé depuis que l'acte a été pris.

Mais il n'a que les *effets* d'une pétition, il ne suspend pas l'exécution de l'acte autorisé.

Cependant il produit un effet juridique important : il peut faire naître un recours contentieux ou en prolonger l'existence. Nous verrons, en effet, que par le recours juridictionnel, on ne peut attaquer que des actes juridiques et non des faits matériels comme la démolition d'un mur de clôture d'une propriété par les cantonniers de la route. En adressant une réclamation contre cette démolition à l'administration, j'obtiendrai une décision administrative, acte juridique que je pourrai attaquer par un recours contentieux devant un tribunal. L'administration ne peut pas éviter cette solution en ne me répondant pas, car son silence pendant quatre mois après ma réclamation équivaut à une décision de rejet, qui peut être attaquée au contentieux (loi du 17 juillet 1900).

Le recours hiérarchique prolonge même l'existence du recours contentieux. En effet, nous verrons que celui-ci doit être intenté dans le délai des deux mois après la publication ou la notification de l'acte attaqué. Si on use d'abord du recours hiérarchique, on peut obtenir une annulation ou une réformation de l'acte critiqué, c'est-à-dire une nouvelle décision attaquable elle-même dans les deux mois ou bien on aboutit à un rejet du recours formel ou tacite, c'est-à-dire à une confirmation de l'acte par le supérieur : dans ce cas, la jurisprudence du Conseil d'Etat décide que le recours contentieux peut être encore intenté dans les deux mois du rejet du recours hiérarchique si ce dernier a lui-même été formé dans les deux mois qui ont suivi l'acte attaqué.

Le recours gracieux et le recours hiérarchique ne sont pour les administrés que des garanties insuffisantes ; en effet, l'auteur de l'acte ou son supérieur ne sont point obligés de répondre à la réclamation du requérant, et d'autre part ils ne peuvent être impartiaux car ils sont dans l'affaire, à la fois, juges et parties.

Tout au contraire les recours juridictionnels sont portés devant des juges distincts et séparés des administrateurs et qui ne peuvent refuser de statuer sans commettre un déni de justice.

§ 2. — **Les recours juridictionnels.**

287. Les **recours juridictionnels** constituent une protection efficace des administrés contre les actes de l'administration.

Cette protection des administrés ne s'est organisée chez nous qu'à la suite d'une évolution tant jurisprudentielle que législative. Nous avons vu que dans le droit révolutionnaire les réclamations contre les actes administratifs ne pouvaient être portées que devant les administrateurs actifs, soit par le recours gracieux, soit par le recours hiérarchique. Ce système soumit les citoyens à l'arbitraire de l'administration. Pour donner des garanties aux administrés on adjoignit, en l'an VIII aux agents chargés de statuer sur ces recours, des auxiliaires qui, au cours du xix⁰ siècle, de simples donneurs d'avis sont devenus de véritables tribunaux (Conseil d'Etat). En passant ainsi des mains des administrateurs actifs dans celles des juges administratifs, les recours gracieux et hiérarchiques ont donné naissance à différentes catégories de voies de droit.

1° Les recours hiérarchiques, par lesquels on demandait à l'administrateur supérieur l'annulation d'un acte, examinés dès l'an VIII par le Conseil d'Etat avant que le chef de l'Etat statue lui-même, sont devenus des *recours juridictionnels en annulation* dont le plus important est le *recours pour excès de pouvoir.* Ces recours se sont développés au xix⁰ siècle. Le recours pour excès de pouvoir, par lequel on demande l'annulation d'un acte administratif illégal, n'a été créé par aucun texte, il résulte de la nécessité même de toute organisation administrative qui doit faire respecter les compétences respectives de chaque agent ; il a été créé entièrement par la jurisprudence du Conseil d'Etat. Celle-ci a étendu successivement le contrôle de la justice administrative au respect des compétences, des formes légales des actes, de la loi en général, dans son texte et même dans son esprit, assurant ainsi le respect de la légalité à la fois formelle et intentionnelle par tous les administrateurs. Cette évolution, timide dans la première partie du xix⁰ siècle, s'est accentuée sous le second Empire qui, refusant aux citoyens le contrôle constitutionnel résultant de la responsabilité politique des ministres, voulut du moins donner aux administrés une compensation efficace dans le contrôle juridictionnel de l'administration. Elle a encore progressé sous la Troisième République qui, non seulement a fait du Conseil d'Etat un véritable juge, mais encore a dispensé le recours pour excès de pouvoir de presque tous les frais de procédure.

2° Les recours gracieux et hiérarchiques par lesquels on demandait aux administrateurs une restitution ou une réparation de préjudice causé par un acte administratif, sont devenus, lorsqu'ils ont été examinés par de véritables tribunaux, des *recours de pleine juridiction.* Ceux-ci ne donnent pas seulement au juge le pouvoir d'annuler l'acte attaqué, mais encore assurent au requérant réparation complète, généralement par une indemnité pécuniaire, du préjudice qu'il a subi. Ces recours se sont multipliés depuis quelques années, surtout grâce au développement de la responsabilité des personnes administratives qui s'est étendue de leurs actes de gestion à leurs actes d'autorité.

3° Enfin, on devait jadis toujours demander à l'auteur, ou à son supérieur hiérarchique, le sens ou la portée d'un acte administratif, dont l'interprétation était nécessaire pour la solution d'un litige par un juge incompétent pour connaître de cet acte. Ainsi la solution d'une question de propriété agitée devant le tribunal civil peut dépendre de l'interprétation d'un arrêté d'alignement pris par le préfet. On demandait au préfet cette interprétation et comme celle-ci constituait un acte administratif, on pouvait en appeler à ses supérieurs hiérarchiques jusqu'au chef de l'Etat statuant en Conseil d'Etat. Quand le Conseil d'Etat a reçu un pouvoir propre de décision on a pu s'adresser directement à lui pour obtenir une interprétation des actes administratifs : ainsi se sont formés les *recours juridictionnels en interprétation*.

Recours en annulation, recours de pleine juridiction, recours en interprétation : telles sont les trois catégories de voies de droit qui peuvent être dirigées contre les actes de l'administration et que les tribunaux administratifs sont appelés à juger.

Les tribunaux administratifs jugent encore certaines actions répressives. Nous avons vu que les poursuites pour contraventions de grande voirie étaient portées devant les Conseils de préfecture.

I. — *Les recours en annulation.*

288. *A.* **Le recours pour excès de pouvoir.** — Le recours pour excès de pouvoir est le plus important des recours en annulation. C'est une voie de droit par laquelle on demande au Conseil d'Etat de mettre à néant un acte illégal de l'autorité administrative.

Lorsqu'un recours de cette nature lui est déféré, le Conseil d'Etat doit examiner deux questions : 1° le recours est-il recevable, c'est-à-dire réunit-il les conditions nécessaires pour être régulièrement formé ? 2° Le recours doit-il être admis au fond, c'est-à-dire, l'acte attaqué doit-il être annulé ?

289. 1° La **recevabilité du recours pour excès de pouvoir** est soumise à quatre conditions :

a) **L'intérêt.** — Le recours ne peut être intenté que par quelqu'un qui a intérêt à l'annulation de l'acte qu'il attaque.

Nous avons dit que pour les actions judiciaires et les recours administratifs de pleine juridiction, le demandeur devait invoquer la violation de son droit ; c'est que, dans ce dernier cas, le droit violé est la cause même du procès, et la réparation le but cherché. Au contraire, dans le recours pour excès de pouvoir, l'intérêt requis du demandeur n'est que la *justification du caractère sérieux de l'action.* On n'a pas voulu ouvrir le prétoire aux demandes fantaisistes. Mais cet intérêt est de plus en plus largement apprécié par le Conseil d'Etat. Lorsque le requérant invoque contre l'acte attaqué le grief assez vague de la fausse application de la loi, son recours n'est recevable que s'il justifie d'un intérêt très sérieux ou, comme on dit, d'un *intérêt renforcé*. Lorsqu'au contraire, il invoque une illégalité précise, il lui suffit de justifier d'un *intérêt quelconque*, pécuniaire comme celui qu'a un contribuable à ne pas se voir imposer une taxe illégale, ou moral comme celui qu'un catholique d'une commune possède à ne pas voir désaffecter l'église.

Jadis, la jurisprudence exigeait que cet intérêt fût direct et personnel au requérant ; mais aujourd'hui elle admet parfaitement que cet intérêt soit partagé avec les autres membres d'une collectivité. Ainsi le Conseil d'Etat a reçu le recours d'un électeur contre le sectionnement électoral d'une commune, les recours de citoyens réunissant les conditions exigées pour occuper un emploi public contre la nomination à cet emploi d'un individu qui n'avait pas qualité pour être nommé ; les recours de contribuables contre les délibérations de conseils municipaux engageant irrégulièrement les finances communales, etc.

Cette facilité de mettre en œuvre le recours pour excès de pouvoir vient de ce fait qu'il n'est qu'un recours hiérarchique transformé, un recours dont la forme est bien devenue juridictionnelle, mais dont le fond est resté administratif. Or, on le sait, le recours hiérarchique est ouvert à tous sans exception.

D'autre part, cette évolution de la jurisprudence vers l'élargissement de la recevabilité du recours a eu pour résultat de transformer le caractère même du contrôle juridictionnel du Conseil d'Etat : dès lors que les habitants d'une commune peuvent attaquer par ce moyen un règlement de police du maire, que les contribuables peuvent demander par ce recours l'annulation d'une délibération du Conseil municipal engageant les finances communales, le contrôle administratif des autorités décentralisées est totalement appelé à passer des mains de l'autorité préfectorale qui n'offre point aux administrés des garanties d'impartialité, dans celles du Conseil d'Etat dont la collégialité et la situation assurent l'indépendance.

b) **L'acte.** — Le recours pour excès de pouvoir ne peut être intenté que contre les actes unilatéraux susceptibles de porter préjudice et émanant d'une autorité administrative.

L'acte attaqué doit être, non pas un fait matériel, une voie de fait telle que la démolition de mon mur en bordure de la route, mais un acte *juridique*. Nous avons vu qu'un fait matériel peut être transformé en acte juridique par la voie de recours hiérarchique, même lorsque l'autorité administrative ne répond pas à la réclamation.

Cet acte doit être *unilatéral* et non contractuel : en effet, contre les contrats existent d'autres voies telles que le recours de pleine juridiction.

L'acte doit *porter préjudice* : il n'en serait pas ainsi de mesures préparatoires ou non exécutoires comme une enquête administrative.

Enfin l'acte doit *émaner d'un agent compris dans la hiérarchie administrative* et agissant en qualité d'agent administratif (ministre, préfet, maire, recteur), ou au moins soumis au contrôle administratif (Conseil général) : c'est que le recours n'est, en effet, qu'un recours hiérarchique transformé.

Au contraire, les organes de l'Etat, placés en dehors des cadres administratifs comme le Parlement, ou les agents administratifs agissant, en dehors de cette qualité, ne peuvent voir leurs actes attaqués par le recours pour excès de pouvoir : tel, le maire faisant un acte judiciaire en qualité d'officier de police judiciaire est soustrait au contrôle du Conseil d'Etat.

c) Le recours n'est recevable qu'en l'absence d'un **recours parallèle.**

Si le recours est écarté dès que le requérant a à sa disposition un autre recours juridictionnel, c'est qu'historiquement il n'était qu'un moyen subsidiaire créé par la jurisprudence pour suppléer à l'absence d'autres garanties : dès que celles-ci se retrouvent, le recours n'a plus de raison d'être. D'ailleurs la règle est par ailleurs justifiée : elle écarte les recours inutiles, elle empêche le Conseil d'Etat d'évoquer à lui tous les procès administratifs dont les administrés déposséderaient ainsi les autres juridictions ; elle évite les contrariétés de jugements qui se pourraient produire à propos d'un même acte entre la décision du Conseil d'Etat sur recours pour excès de pouvoir et celle d'une autre juridiction administrative sur un autre recours.

La jurisprudence appliqua d'abord assez sévèrement cette cause d'irrecevabilité. Elle refusait le recours pour excès de pouvoir à la partie qui pouvait arriver à un résultat simplement analogue par un autre moyen de droit : ainsi, celle-ci n'admettait pas le recours contre un règlement administratif illégal quand le requérant pouvait opposer l'exception d'illégalité à une poursuite qui aurait été dirigée contre lui à raison d'une contravention à ce règlement ; elle n'admettait pas de recours en annulation contre le rôle des contributions directes parce que le contribuable avait l'action en décharge, celui dirigé contre un sectionnement électoral de commune parce que l'électeur avait un recours en nullité contre l'élection.

Cependant on s'est aperçu assez vite qu'aujourd'hui le recours pour excès de pouvoir n'est plus un expédient de la jurisprudence créé pour suppléer à l'absence d'autres voies de droit, que les empiétements du Conseil d'Etat sur les autres juridictions étaient peu à craindre et d'ailleurs favorables aux justiciables puisqu'ils transportaient leur recours à la juridiction offrant le plus de garanties. Aussi la règle s'est-elle atténuée ; la jurisprudence admet le cumul des recours dès que le justiciable y trouve un intérêt quelconque. Ainsi le Conseil d'Etat reçoit le recours contre un sectionnement électoral parce que l'annulation de celui-ci évite de renouveler le recours contre toutes les élections dans lesquelles il peut être mis en œuvre, contre un règlement parce que l'exception d'illégalité ne permet de relaxer le prévenu que dans l'espèce en cause, tandis que le recours, faisant tomber le règlement pour l'avenir, rend impossible toutes poursuites ultérieures. D'une manière générale, la règle ne s'applique plus aujourd'hui que quand le recours parallèle permet d'aboutir exactement au même résultat.

d) **Délais et formes.** — Le recours pour excès de pouvoir ne peut être intenté que dans le délai de deux mois à partir de la publication s'il s'agit d'un acte général ou de la notification quand l'acte est individuel. Ce délai est prolongé par l'exercice du recours hiérarchique si ce dernier a été lui-même intenté dans les deux mois qui suivent l'acte attaqué.

Il est formé par une simple requête au Conseil d'Etat sur papier timbré (0,60). Il est dispensé d'avocat et enregistré en débet, c'est-à-dire que les frais d'enregistrement ne seront perçus que si le requérant échoue dans son procès.

290. 2° L'admission au fond du recours pour excès de pouvoir ou **causes d'annulation de l'acte attaqué.** — Le Conseil d'Etat ne peut jamais annuler une décision de l'administration active pour cause d'inopportunité, c'est-à-dire pour ce fait que l'acte a été pris mal à propos, C'est qu'en effet le Conseil est un juge chargé de dire le droit et non un administrateur chargé d'apprécier l'utilité d'un acte. Il ne peut annuler cet acte que pour *illégalité*.

Cette illégalité peut résulter des causes suivantes :

a) *La violation des règles de compétence* : un fonctionnaire pour accomplir un acte peut être incompétent *matériellement* en ce sens que l'acte devrait être fait par un agent d'un autre ordre : par exemple le préfet prend un arrêté de police rurale, qui devrait être l'œuvre du maire. Il peut être incompétent *territorialement* : l'acte est le fait d'un agent de l'ordre voulu par la loi mais qui statue sur des faits étrangers à sa circonscription: ainsi un préfet ne peut répartir les dépenses des commissions syndicales entre les communes propriétaires des biens indivis quand l'une de celles-ci est située en dehors de son département.

Enfin l'incompétence est *positive*, quand un agent fait un acte qui n'est pas dans ses attributions, elle est *négative* quand cet agent refuse de prendre une décision qui est de sa compétence,

b) *La violation des formes* : les fonctionnaires sont astreints à accomplir leurs actes dans des conditions de *forme*, de *temps*, de *lieu*, qui constituent des garanties pour les administrés ; l'omission d'une de ces formalités constitue un cas d'illégalité. Ainsi le Conseil d'Etat annulerait un règlement d'administration publique pris sans le avis ou ne portant pas dans son visa la mention que le Conseil a été entendu ; il casserait la mise à la retraite imposée par le ministre à un officier, sans l'avis d'un Conseil d'enquête.

c) *La fausse application de la loi*, qui ne peut être visée que par un requérant justifiant d'un intérêt très sérieux, ou, comme on le dit parfois, d'un droit acquis violé, consiste dans une illégalité quelconque, par exemple, dans la nomination par le ministre d'un fonctionnaire qui ne remplit pas les conditions légales pour être nommé à cette fonction.

d) *Le détournement de pouvoir* consiste dans le fait *de se servir de son pouvoir légal dans un but autre que celui voulu par le législateur* et pour lequel ce pouvoir a été donné. Souvent ce détournement de pouvoir est commis dans un intérêt fiscal : ainsi un maire décide que tous les produits agricoles apportés à la ville devront être vendus sur le marché et non au domicile des particuliers ; il use de ses pouvoirs de police non pour assurer l'ordre et la régularité des transactions, mais afin de faire acquitter par tous les objets vendus des droits de place au marché dans l'intérêt fiscal de la ville. Parfois le détournement de pouvoir a pour but de favoriser des entreprises particulières : ainsi un préfet réglementant la circulation des voitures près de la gare interdit à toutes de pénétrer dans la cour de la gare et n'autorise à le faire que celles d'un entrepreneur particulier : il use de ses pouvoirs de police dans le but de constituer un quasi-monopole du transport des voyageurs au profit d'un entrepreneur.

Si le détournement de pouvoir provoque l'annulation par le Conseil d'Etat de l'acte qui en est entaché, cependant le Conseil qui n'est point un administrateur mais seulement un juge n'a pas le droit de rechercher par une enquête personnelle si l'auteur de l'acte a abusé de ses fonctions : il ne peut invoquer que le détournement qui résulte des pièces du dossier remis entre ses mains.

291. Effets du recours pour excès de pouvoir. — Ces effets sont encore déterminés par le caractère administratif et hiérarchique du recours. Alors qu'une action en justice produit seulement des effets entre les parties et que le jugement qu'elle provoque demeure inexistant pour tous ceux qui n'ont pas pris part au procès, le recours pour excès de pouvoir donne lieu à un jugement qui produit des *effets absolus*, à l'égard de tous.

Le Conseil d'Etat peut annuler l'acte attaqué. Dès lors celui-ci n'a plus d'existence légale ; la situation est identique à celle qui existerait si l'acte avait été retiré par son auteur ou annulé par le supérieur hiérarchique de ce dernier. Mais le Conseil ne peut réformer l'acte, c'est-à-dire substituer à la première une nouvelle décision, parce qu'il n'est pas lui-même un administrateur. Pour la même raison, il n'a pas le droit de prescrire les mesures qui devront être prises par l'administration pour l'exécution de sa décision. Ainsi, annule-t-il la révocation illégale d'un fonctionnaire, il ne peut ordonner sa réintégration dans les cadres de l'administration. Mais en fait l'autorité administrative assure toujours l'exécution intégrale et dans toutes ses conséquences des décisions du Conseil.

D'autre part si le Conseil d'Etat rejette le recours, l'acte attaqué est maintenu. Mais un nouveau recours pour excès de pouvoir peut toujours être formé contre le même acte pour un autre motif.

292. *B.* Le **recours en cassation** n'est qu'un recours pour excès de pouvoir : il obéit aux mêmes principes. Seulement il est dirigé non plus contre les actes des agents administratifs, mais contre les jugements des juridictions administratives inférieures. Il est porté au Conseil d'Etat contre les jugements des autres juridictions administratives : Cour des comptes, conseils de revision, conseils de l'enseignement public.

Cependant le recours administratif en cassation comme l'action judiciaire de même nature n'a qu'un effet relatif aux parties en cause. De plus, au lieu d'annuler purement et simplement le jugement attaqué comme il le fait pour les actes, le Conseil d'Etat renvoie le demandeur devant une autre juridiction du même ordre que celle dont il annule le jugement. Le tribunal de renvoi devra se conformer à l'interprétation du Conseil d'Etat, non pas après une seconde cassation comme en matière judiciaire pour laquelle il existe un texte de loi, mais dès après la première cassation qui, de suite, a l'autorité de la chose jugée.

II. — Les recours de pleine juridiction.

293. Les **recours de pleine juridiction** sont ceux par lesquels on demande au juge une restitution ou une réparation pécuniaire : la décharge d'une contribution directe exagérée ou indûment imposée, une indemnité pour occupation temporaire d'un terrain par l'administration en vue de l'exécution de travaux publics, le paiement d'une pension, etc.

Le recours est recevable à la fois contre les actes d'autorité et les actes de gestion.

Il n'est recevable que contre *des actes*. Aussi quand un préjudice a été causé par un *fait* administratif, la victime doit d'abord en demander la réparation à l'autorité elle-même (ex : au ministre pour l'Etat). Le refus de ce dernier seulement constitue un acte juridique qui peut alors être attaqué devant les tribunaux administratifs. On a vu dans cette obligation un privilège de l'administration, celui de ne pouvoir être attaquée que quand elle a déjà elle-même pris une décision exécutoire. En réalité, il y a là un dernier écho de la théorie qui faisait du ministre le juge de droit commun en matière administrative. Mais pratiquement, c'est là un moyen qui peut se justifier par l'avantage d'obtenir fréquemment une solution amiable quand le ministre accorde la satisfaction réclamée.

D'ailleurs, en jurisprudence, le Conseil d'Etat entend la règle d'une manière très libérale: les observations du ministre, en réponse à la communication de la requête du demandeur adressée au Conseil d'Etat directement, sont considérées comme constituant une *décision préalable*.

Le recours doit être intenté dans le délai de deux mois, par ministère d'avocat.

Il est admis au fond comme toute action judiciaire, quand le requérant justifie non pas seulement, comme dans le recours en annulation, d'une lésion de ses intérêts, mais encore de la *violation d'un droit individuel* que sanctionne la loi.

De même que le propriétaire d'un fonds inférieur, privé d'eau par la captation d'une source opérée par le propriétaire du fonds supérieur, ne peut intenter aucune action devant le tribunal civil, de même le tenancier d'un café ne peut demander une indemnité à la commune dont le maire a déplacé le marché et l'a privé de sa clientèle habituelle. Au contraire, mon voisin dégrade ma propriété, je puis l'attaquer devant le tribunal civil ; l'administration par erreur au cours d'un travail public extrait des pierres de ma carrière, je puis lui demander une indemnité devant le tribunal administratif : dans les deux cas, il y a atteinte à mon *droit* de propriété.

Les effets du recours de pleine juridiction sont à la fois plus étendus et plus restreints que ceux du recours en annulation : le tribunal administratif peut non seulement annuler, mais encore réformer l'acte administratif, c'est-à-dire lui substituer une nouvelle décision. Mais, comme pour toute action judiciaire, l'arrêt n'a d'effet qu'entre les parties en cause, il est non avenu pour les tiers qui ne peuvent s'en prévaloir pour obtenir la même satisfaction sans intenter eux-mêmes une nouvelle action.

Les principaux recours en annulation, ceux qui sont le plus fréquemment portés devant les juridictions administratives, ce sont les actions en responsabilité.

294. Les actions en responsabilité contre les personnes administratives. — Les personnes administratives sont responsables des préjudices qu'elles peuvent causer aux administrés par le fonctionnement des services publics.

Parfois, cette responsabilité est proclamée par un texte : ainsi l'Etat s'est déclaré responsable envers les victimes de certaines erreurs judiciaires, la commune doit indemniser ceux qui ont éprouvé des dommages du fait d'attroupements non dispersés ; d'une manière générale, l'administration indemnise les propriétaires expropriés ou dont les terrains ont été dévastés par des occupations temporaires pour travaux publics, par des manœuvres militaires, etc.

En dehors de tout texte, le principe de la responsabilité a été longtemps discuté : pendant longtemps, la doctrine et la jurisprudence ont estimé que les *actes de puissance publique*, jugements des juges ou décisions unilatérales des administrateurs ou des législateurs, constituaient des actes de souveraineté ne pouvant donner naissance à une action en réparation des préjudices individuels qu'ils causaient. Au contraire, on déclarait les personnes administratives responsables des *actes de gestion* de leurs agents dans les termes mêmes du droit commun, du droit privé, c'est-à-dire de l'article 1384 du Code civil qui donne à la victime *le droit* d'exiger du commettant réparation du préjudice causé par ce préposé.

La jurisprudence du Conseil d'Etat déclare aujourd'hui les personnes administratives (Etat, départements et communes) responsables de tout préjudice qu'elles causent contrairement *à l'équité*, tant par leurs actes de gestion (contrats de travaux) que par leurs actes de puissance publique (révocations de fonctionnaires, actes de police).

Cependant le préjudice qui prend naissance dans une faute des agents administratifs peut donner naissance tantôt à une action personnelle contre l'agent, tantôt à une action contre la personne administrative elle-même.

295. Les actions en responsabilité personnelle contre les agents doivent être reçues dans certains cas. Si on déclarait les fonctionnaires toujours responsables personnellement et pécuniairement de leurs fautes, ils redouteraient toute initiative, ils ne feraient jamais rien. Si on ne leur imposait jamais aucune responsabilité, ils agiraient inconsidérément, sans crainte de léser les particuliers.

A ces deux desiderata opposés, la jurisprudence a donné satisfaction en décidant que les fonctionnaires répondraient de leurs fautes graves ou *fautes personnelles* : ce sont celles qu'un agent de zèle moyen ne doit pas commettre. Ainsi un détenteur de deniers publics ne doit point se les approprier même temporairement, un instituteur ne doit pas proférer dans sa classe de propos blessant la décence et les mœurs. Au contraire, les agents sont déchargés de toute responsabilité pour les fautes légères, ou *fautes de service*, celles qu'un fonctionnaire attentif peut commettre : ainsi un facteur peut par erreur involontaire donner à une lettre une fausse direction. De ces fautes de service, la personne administrative seule doit réparation.

La responsabilité des fonctionnaires n'existe que pour fautes personnelles. Celles-ci, commises même dans l'exercice des fonctions, ne constituent pas des actes administratifs, mais des actes privés. Elles doivent donc être jugées par les tribunaux judiciaires, alors seuls compétents pour accorder réparation à la victime.

Les **magistrats** et **officiers de police judiciaire** ne peuvent être attaqués que par la procédure dangereuse de la *prise à partie* devant la Cour d'appel ou la Cour de cassation. Les requérants doivent obtenir l'autorisation préalable du tribunal compétent pour juger l'action en responsabilité. Si leur demande est rejetée, ou si après qu'elle a été admise le jugement acquitte le magistrat, le demandeur est condamné à une forte amende.

Les **agents administratifs** ne pouvaient également jadis être poursuivis en dommages intérêts qu'après une autorisation, celle du Conseil d'Etat. Celui-ci tranchait la question de la valeur de la faute en refusant la poursuite lorsqu'il jugeait que l'erreur commise était une faute de service et en l'accordant lorsqu'il estimait que cette erreur constituait une faute personnelle. Cette autorisation, cette garantie des fonctionnaires (art. 75, constitution de l'an VIII) avait son utilité: c'était une mesure protectrice contre les poursuites inconsidérées et vexatoires qui, librement ouvertes, eussent paralysé les agents de l'administration.

Mais le gouvernement en abusa, sous plusieurs régimes et notamment sous l'Empire, pour faire commettre des actes illégaux par ses agents : ceux-ci obéirent, assurés qu'ils étaient qu'aucune poursuite ne serait autorisée contre eux. Un mouvement d'opinion contre ce privilège aboutit au décret du 19 septembre 1870 qui supprima la garantie des fonctionnaires et déclara qu'on les pourrait poursuivre librement.

Mais le décret de 1870 n'a pas produit tous ses effets, par suite de l'application du *principe de la séparation des autorités.* En effet, la faute personnelle du fonctionnaire, acte privé, est de la compétence des tribunaux judiciaires; la faute de service, acte administratif, est généralement de la compétence des tribunaux administratifs. Si le demandeur poursuit le fonctionnaire devant le tribunal judiciaire, celui-ci est appelé à se déclarer compétent ou incompétent selon qu'il estime qu'il y a faute personnelle ou faute de service. S'il se déclare compétent et que l'administration soit d'un avis différent, le préfet élèvera le conflit. En définitive, le tribunal des conflits sera appelé à décider du caractère de la faute, comme le faisait le Conseil d'Etat avant 1870. S'il voit dans le fait commis une faute personnelle de l'agent, il cassera l'arrêté de conflit et laissera la poursuite devant le tribunal judiciaire suivre son cours ; s'il estime être en présence d'une faute de service, il validera l'arrêté de conflit, dessaisissant ainsi définitivement le tribunal judiciaire et renverra le demandeur à se pourvoir contre l'administration elle-même devant un tribunal administratif.

Si les fonctionnaires sont irresponsables de leurs fautes personnelles, les personnes administratives ne le sont donc en principe que des fautes de service de leurs agents. Cependant la jurisprudence tend à appliquer en cette matière le principe civil de la responsabilité subsidiaire du commettant : toutes les fois que le préposé coupable d'une faute personnelle ne peut cependant pécuniairement en assurer la réparation, la victime de l'agent insolvable pourra alors recourir contre le Trésor public. Déjà le législateur a substitué la responsabilité civile de l'Etat à celle des membres de l'enseignement public pour les accidents survenus dans leurs écoles (loi du 20 juillet 1899).

III. — *Les recours en interprétation.*

296. Les **recours en interprétation** sont des voies de droit par lesquelles, au cours d'une procédure devant une juridiction, on demande préjudiciellement à une autre autorité de déterminer le sens ou de statuer sur la validité d'un acte administratif. Ainsi lorsqu'un procès devant un tribunal judiciaire ne peut être résolu que par l'interprétation d'un acte administratif, la règle de la séparation des autorités veut que le tribunal surseoie à statuer jusqu'à ce que le demandeur ait obtenu l'interprétation de l'acte par l'autorité administrative seule compétente pour le faire.

L'interprétation des *actes administratifs d'autorité* doit être demandée en principe à l'auteur de l'acte ou à son supérieur hiérarchique. Cependant, comme le supérieur hiérarchique de toute l'administration est le chef de l'Etat, et comme celui-ci donnait autrefois l'interprétation en Conseil d'Etat, la délégation de pouvoirs propres au Conseil d'Etat a eu pour conséquence de permettre de porter directement le recours au Conseil.

L'interprétation des *actes administratifs contractuels* ne peut être l'œuvre d'une seule des deux parties qui ont contracté; elle doit donc être donnée par le juge du contrat qui peut être, suivant le cas, administratif ou judiciaire. Exceptionnellement et en dehors de tout litige, un ministre peut toujours demander au Conseil d'Etat d'interpréter un contrat de l'Etat afin, par exemple, de négocier en connaissance de cause avec une compagnie concessionnaire de chemin de fer des modifications au contrat de concession.

Cependant l'autorité judiciaire peut être compétente pour apprécier la validité ou déterminer le sens d'un acte administratif, lorsqu'elle est juge du fond du litige. Spécialement elle a le droit, avant d'en faire l'application au procès qu'elle juge, de statuer elle-même sur la légalité d'un règlement contre lequel le défendeur oppose *l'exception d'illégalité.*

Contre un règlement administratif illégal, l'administré peut se défendre par deux moyens. Il peut d'abord intenter un recours pour excès de pouvoir en vue de faire annuler le recours par le Conseil d'Etat. Il peut également enfreindre le règlement, se laisser poursuivre devant le tribunal de simple police, et, devant le juge, plaider l'illégalité du règlement que le juge peut reconnaître en acquittant le prévenu.

Il n'est pas nécessaire ici de recourir à l'interprétation par voie administrative.

En effet, *pratiquement*, il est indispensable que le juge de l'action soit juge de l'exception. Sans cela, ou bien le tribunal pourrait être obligé de sanctionner de graves violations des droits individuels, par exemple de punir ceux qui contreviendraient à un arrêté d'un maire interdisant d'aller à la messe, ou bien il serait obligé d'attendre l'interprétation administrative du règlement, c'est-à-dire la solution d'une procédure parfois longue. Or, en matière pénale, il faut, pour que la peine soit exemplaire, que la condamnation soit prononcée le plus tôt possible après la perpétration du délit.

Théoriquement, d'autre part, la séparation des autorités ne fait pas obstacle à la compétence judiciaire. En effet, un juge avant de punir est obligé d'examiner si l'acte est légalement punissable : nul ne peut être puni qu'en vertu d'une loi établie et légalement appliquée (art. 8, Déclaration des droits). Le juge, dit-on, a la plénitude de la justice pénale. S'agit-il d'un procès civil ? Le juge doit encore appliquer la loi. La séparation des autorités peut avoir eu pour but, en 1790, de soustraire les actes de l'administration à tout examen de l'autorité administrative. Mais son interprétation actuelle signifie plutôt qu'une autorité ne doit pas se prêter à l'exécution d'un acte illégal de l'autre. Ce contrôle réciproque est même le but du principe de la séparation (V. n° 81 et suiv.).

Ce contrôle de la *légalité des règlements administratifs* fait si bien partie de la mission du juge du fond du procès, qu'il est exercé par les juridictions de tout ordre (civiles, administratives, judiciaires). Il n'a pas été créé par l'article 471-15° du Code pénal, puisqu'il s'applique en matière civile et commerciale et qu'il était même exercé, dès 1810, par la Cour de cassation, c'est-à-dire bien avant la rédaction de l'article 471 dont le texte actuel date de 1832.

Section VI. — Actes non susceptibles de recours.

Les recours sont une protection donnée aux administrés contre les actes d'agents administratifs qui n'offrent pas de garanties suffisantes. La recevabilité des recours est donc établie en considération des auteurs des actes attaqués. Spécialement les recours juridictionnels, nés historiquement des recours hiérarchiques, ne peuvent être dirigés que contre les actes des autorités qui appartiennent ou ont appartenu à la hiérarchie administrative.

297. Les **actes des autorités parlementaires** échappent à tout recours judiciaire ou administratif parce que, d'une part, la nation a fait confiance a ses représentants directement élus par elle et qu'elle contrôle elle-même par des élections fréquentes, et que, d'autre part, le Parlement ne fait pas partie de la hiérarchie administrative.

Le Parlement accomplit des actes législatifs et des actes administratifs. Contre ces actes, il ne peut être intenté de *recours de pleine juridiction*, de demande en indemnité, si le législateur n'a pas lui-même accordé une réparation à ceux qui souffriront de l'exécution de la loi. Ainsi, une loi créant un monopole comme celui du tabac, des télégraphes, dépossède les fabricants de tabac, les propriétaires de lignes télégraphiques ; en droit cependant, ceux-ci ne peuvent se plaindre. Une loi interdisant l'emploi d'un produit toxique, comme la céruse, dans les travaux de construction, ne donne également aucun droit à indemnité aux fabricants.

Nous savons aussi qu'il n'y a pas de *recours en annulation* contre les lois, même inconstitutionnelles, contre les actes administratifs du Parlement, accomplis par les deux chambres, par une seule, par une commission parlementaire, par le Président de la Chambre, par les questeurs agissant en cette qualité. Un député ne peut demander à des tribunaux administratifs ou judiciaires d'annuler une peine disciplinaire qui lui a été infligée ou de lui faire restituer la partie de l'indemnité parlementaire qui lui a été retenue par application de cette peine. Un auditeur ne peut se plaindre à aucune juridiction d'avoir été expulsé de la Chambre ou de s'en voir refuser l'entrée.

298. Les **actes de Gouvernement,** c'est-à-dire certains actes politiques ou diplomatiques, sont également insusceptibles de recours.

La jurisprudence qualifiait ainsi jadis tout acte de l'administration accompli dans un but politique ou approuvé par un ordre du jour des Chambres. Mais on ouvrait par là une large porte à l'arbitraire, car, suivant le cas, un acte administratif quelconque eût pu prendre ce caractère.

On veut s'attacher aujourd'hui, avec plus de raison, à la qualité de l'auteur de l'acte accompli pour déterminer si celui-ci est ou non attaquable. On distingue alors entre le gouvernement dont les actes sont par leur nature politiques et inattaquables d'avec l'*administration* dont les actes demeurent susceptibles de recours. Le gouvernement, ce seraient les ministres et le Président de la République ; l'administration comprendrait les agents subordonnés. « Le gouvernement, a-t-on dit, c'est la tête de la société, l'administration en est le bras. »

Mais nous avons vu qu'il n'y avait aucune distinction juridique entre l'administration et le gouvernement, que l'une et l'autre font partie d'une même hiérarchie; par suite les actes de l'un et de l'autre peuvent être attaqués par la voie des recours administratifs et le sont fréquemment.

Aussi, en fait, la théorie des actes de gouvernement se borne-t-elle à énumérer quelques actes d'administration qui, pour des raisons diverses et étrangères à cette théorie, ne peuvent être déférés aux tribunaux. Ces actes, ce sont : 1º ceux qui ont trait aux rapports du gouvernement et des Chambres ; 2º les actes internationaux ou diplomatiques (traités, annexions, etc.) ; 3º les actes de protection des nationaux à l'étranger (ex. : réclamation d'une indemnité par le gouvernement français à un Etat étranger pour un français dont la maison de commerce a été détruite dans cet Etat par des troubles locaux) ; 4º les mesures de sûreté publique concernant les étrangers (ex. : expulsion du territoire français) ; 5º les faits de guerre (ex. : démolition d'un mur ou d'une maison en présence de l'ennemi).

CONCLUSION

**299. Valeur de notre organisation constitution-
nelle et administrative.** — Après avoir ainsi donné une
vue d'ensemble de notre organisation constitutionnelle, administrative et financière, on ne peut s'abstenir de porter un
jugement sur sa valeur politique.

Il est parfois de bon ton de critiquer la forme parlementaire
de notre gouvernement, d'accuser de stérilité la lutte des partis
sur laquelle il repose, d'invoquer l'instabilité des ministères
qui n'ont pas le temps de réaliser les réformes qu'ils promettent,
de déplorer l'effacement, d'aucuns disent l'inutilité, de la Présidence de la République.

Mais n'entend-on pas aussi de la bouche des partisans des
régimes déchus ou des partis d'opposition des critiques en sens
contraire portant sur l'activité du Parlement qui multiplie les
interventions de l'Etat dans le domaine des affaires privées.
Est-ce que depuis quelques années, grâce à des coalitions permanentes de partis, les ministères n'ont pas eu une existence
assez longue ? Si le Président de la République porte encore le
poids des événements de 1800, de 1851, de 1877, son autorité
cependant s'affermit à mesure que nous nous éloignons de ces
périodes critiques et pour lui permettre d'exercer toutes ses
attributions constitutionnelles, il suffirait, avons-nous vu,
d'élargir le corps électoral qui le nomme et d'y faire entrer les
conseillers généraux.

En somme, le régime parlementaire est celui qui, depuis un
siècle, a eu en France la plus longue existence, celui seul
depuis 1789 qui ait déjà donné à notre pays quarante ans de
gouvernement légal sans révolution, parce qu'il a assuré à tous
les citoyens le plus de liberté politique.

Notre administration est également parfois en mauvaise
posture devant une opinion d'ailleurs peu éclairée. On dit iro-
niquement que « l'Europe nous l'envie ». Le fait est cependant
exact : des juristes anglais et allemands rendent hommage aux

progrès de notre droit administratif et confessent que nous avons servi de modèle à toute l'Europe.

C'est qu'en effet l'administration active, malgré les multiples révolutions du XIXe siècle, malgré les fréquents changements de ministres dans la Troisième République, malgré les tentatives faites pour l'asservir par les partis politiques auxquels elle s'efforce de résister, a continué sa marche normale et a géré assez impartialement les intérêts de la collectivité. D'autre part les tribunaux administratifs, développés par le législateur et par la jurisprudence elle-même, soutenus par l'opinion publique qui réclame pour ses juges toutes les garanties des juges judiciaires, ont peu à peu soumis au Droit toutes les manifestations de l'autorité publique. Le Conseil d'Etat, sous l'influence de juristes éminents qui y ont pris place, a donné une extension prodigieuse au recours pour excès de pouvoir par lequel tout citoyen peut obliger chaque administrateur à respecter la loi ; il a suppléé ainsi à l'insuffisance du contrôle hiérarchique et du contrôle parlementaire et mis un frein à la politique électorale qui tente d'envahir l'administration.

300. Projets de réforme. — Sans doute cette organisation administrative apparaît aujourd'hui un peu vieillie : ses cadres ont été créés trop étroits par la Révolution qui voulait à bon droit briser le particularisme provincial pour constituer l'unité nationale et ils ne tiennent aucun compte des affinités économiques.

Mais s'il serait difficile de créer de toutes pièces une organisation nouvelle qui heurterait des habitudes et des intérêts locaux, du moins des retouches partielles et préparatoires de projets plus vastes paraissent devoir bientôt être soumis au Parlement : la déclaration gouvernementale lue aux Chambres le 9 juin 1910 annonce la mise à l'étude d'un projet d'organisation régionale superposée à l'organisation départementale. « Cette organisation régionale, déclare le Président du Conseil, comporterait des assemblées qui auraient à connaître de grands intérêts dont l'ampleur dépasse la limite des départements. Elle permettrait de supprimer certains des organes existants, au fur et à mesure que son fonctionnement ferait apparaître

leur inutilité et sans heurter trop violemment les habitudes
locales que leur ancienneté même rend respectables. Elle faci-
literait des simplifications administratives sans cesse réclamées
mais toujours ajournées, parce qu'elles ne se concilient guère
avec les complexités d'une organisation vieillie. Elle donnerait
un nouvel essor à la vie locale en lui fournissant des éléments
supplémentaires d'activité et elle ouvrirait ainsi la voie à une
décentralisation chaque jour plus large et plus effective. »

De plus il est indispensable de défendre l'organisme administratif contre la politique de parti qui veut y pénétrer et y
apporter avec elle l'arbitraire et le favoritisme, c'est-à-dire l'in-
justice. Pour exiger du fonctionnaire qu'il demeure impartial
vis à vis de ses subordonnés et vis à vis de tous les administrés,
il faut le rendre indépendant du parti politique temporairement
au pouvoir. Or cette indépendance, il ne la peut conserver que
par deux moyens : par l'association ou par des garanties légales.
L'association des fonctionnaires d'un même service leur permet
sans doute de se défendre mutuellement ; le mouvement syndicaliste chez les agents de l'administration a été sinon provoqué, du moins grandement aidé par des mesures arbitraires,
prises à leur égard ou par des faveurs faites à leur détriment.
Mais il est destructif de la discipline nécessaire dans tout groupement d'individus et particulièrement dans une administration hiérarchisée, et il soustrait les agents au contrôle du public
dont ils doivent cependant demeurer les serviteurs. La loi, au
contraire, sanctionnée par le contrôle du Conseil d'Etat, peut
protéger le fonctionnaire contre les mesures injustes qui l'atteignent dans ses intérêts, sans nuire à l'autorité hiérarchique et
au contrôle du public : de cette pensée est né le projet de statut
des fonctionnaires soumis actuellement aux Chambres, projet
réglementant les droits et les devoirs des agents administratifs.

Ainsi rajeunie et améliorée, notre administration pourvoira
mieux aux besoins du public et saura concilier ces deux éléments de tout progrès social, l'ordre et la liberté.

Paris-Lille, Imp. A. Taffin-Lefort. — 10-106.